上海文化发展系列蓝皮书
THE BLUE BOOK SERIES ON
SHANGHAI CULTURAL DEVELOPMENT

总 编 / 荣跃明

# 上海公共文化服务发展报告（2016）

SHANGHAI PUBLIC CULTURE SERVICE REPORT (2016)

## 推动公共文化服务社会化专业化

主　编 / 徐清泉
副主编 / 郑崇选

上海社会科学院出版社
SHANGHAI ACADEMY OF SOCIAL SCIENCES PRESS

# 《上海公共文化服务发展报告 2016》
# 编委会

# 摘　要

本书围绕“推动公共文化服务社会化专业化”主题，结合“十三五”时期上海推进现代公共文化服务体系建设的具体实践和紧要方面，切入全市层面、区县层面及机构层面的相同相关工作业务领域，深入研究总结推动落实公共文化服务社会化专业化的内在规律和实践经验，有针对性地分析制约文化生产力发展的瓶颈问题，努力探寻富有操作性的破解思路，同时还对国内其他地区的实践动态，乃至境外海外相关典型个案作必要的研究关照。

全书由以下五个内容板块组成，即总报告、社会化专业化研究、专题个案研究、节庆活动研究及比较与借鉴等。本书对于文化管理者、文化经营者、文化专家学者及高等院校学生等跟踪把握上海公共文化服务实践发展动向，研究分析我国现代公共文化服务体系建设理论和实践问题，有一定的参考价值。

# Abstract

Centred around the theme "Towards Socially Engaged and Professionalised Public Culture Service", this book examines and summarises the intrinsic logic and practical experiences in terms of promoting socially engaged and professionalised public culture, analyses bottle-neck problems that hinder the development of cultural productive forces and identifies feasible solutions. The book investigates relevant work at municipal level, district and town level and organisational level, with reference to key issues in regards to building a modern public cultural service system within Shanghai's 13th five-year plan. At the same time, this book elaborates on practices in other areas in China and typical cases in other countries. The book consists of five sections: General Report, Studies of Socially Engaged and Professionalised Public Culture Service, Case Studies, Research on Festival Activities, and Comparisons and Lessons. The book offers a valuable source for administrators and managers in the cultural sector, cultural studies scholars and university students who wish to track practices of public cultural service in Shanghai and inquire into the establishment of a modern public cultural service system in China from both theoretical and practical perspectives.

# 目　录

## Ⅰ　总报告



## Ⅱ　社会化专业化研究

## Ⅲ 专题个案研究



## Ⅳ 节庆活动研究

## V　比较与借鉴

# CONTENTS

## Ⅰ. General Report



## Ⅱ. Studies of Socially Engaged and Professionalised Public Cultural Service

## Ⅲ. Case Studies



## Ⅳ. Research on Festival Activities

## V. Comparisons and Lessons

# Ⅰ 总 报 告

## 1 以社会化专业化增强公共文化服务发展动力

### ——2015年上海公共文化服务发展报告

上海市公共文化服务工作协调小组办公室，
上海社会科学院文学研究所公共文化研究室钱泽红（执笔）

2015年，上海公共文化建设以党的十八大和十八届三中、四中、五中全会精神及习近平总书记系列重要讲话精神为指引，认真贯彻中办、国办《关于加快构建现代公共文化服务体系的意见》，按照上海市对文化工作的总体要求，以率先建成现代公共文化服务体系为目标，结合"十三五"规划的编制，把握"保基本、重内涵、激活力、提效能"的总基调，立足于机制创新、内容创新、服务创新，以基层公共文化建设为重点，加强政府职能转变，不断推进公共文化服务的标准化、均等化、社会化、专业化，为上海建设社会主义现代化国际大都市和具有全球影响力的科技创新中心提供了坚实的文化支撑。为了全面反映2015年上海现代公共文化服务体系建设的整体状况，上海市公共文化服务工作协调小组办公室会同上海社会科学院文学研究所公共文化研究室编写本报告。

## 一、 2015 年上海公共文化服务基础数据

2015 年,全市共拥有博物馆、纪念馆、陈列馆 125 家,各级各类美术馆 54 家,各级公共图书馆 238 家,区级文化馆 24 个,标准化社区文化活动中心 226 个,居村委会综合文化活动室 5 245 个,农家书屋 1 514 家,百姓健身房 125 家,青年中心 479 家,社区学校 212 个,社区创新屋 79 家,工人文化宫、俱乐部、文体中心、体育场(馆)等文体场馆共 23 个。共认定市级非物质文化遗产代表性项目 41 项,扩展进入前四批名录的项目 16 项,市级非物质文化遗产代表性项目总数达到 220 项。市中心图书馆“一卡通”有效读者证 288.82 万张。①

## 二、 2015 年上海公共文化服务基本情况

### (一) 加强公共文化服务顶层设计

#### 1. 制定并颁布《上海市贯彻〈关于加快构建现代公共文化服务体系的意见〉的实施意见》

依据 2015 年 1 月中共中央办公厅、国务院办公厅《关于加快构建现代公共文化服务体系的意见》,制定了《上海市贯彻〈关于加快构建现代公共文化服务体系的意见〉的实施意见》(以下简称《实施意见》)和《上海市基本公共文化实施标准(2015—2020 年)》(以下简称《实施标准》),于 2015 年 8 月以市委办公厅、市政府办公厅名义正式发布。

《实施意见》明确提出率先建成现代公共文化服务体系的总目标,指明未来上海市公共文化建设的重点是:统筹推进公共文化服务均衡发展;增强公共文化服务发展动力;进一步完善公共文化产品和服务供给;推进公共文化服务与科技融合发展;深化公共文化服务体制机制创新。《实施意见》还明确了上

① 数据来源:上海市文化广播影视管理局公共文化处(非物质文化遗产处)提供。

海市公共文化发展在组织领导、财政支撑、人才队伍和法制建设四个方面的保障措施，制定了上海市推动公共文化建设的时间表和路线图，与同时颁布的《实施标准》一起，作为“十三五”时期上海市公共文化建设的纲领性文件，用以全面指导未来全市公共文化建设。

2. 加快非物质文化遗产保护立法进度

为稳步推进非物质文化遗产保护工作，2015 年完成了《上海市非物质文化遗产条例》（草案）起草工作，目前此项条例已经在 2015 年上海市人大全体会议上表决通过，将于 2016 年颁布实施。非遗保护地方性立法，是上海市文化创新发展的点睛之笔，为本市非物质文化遗产保护工作提供了制度化、规范化保障。

3. 制定相关行业“十三五”规划

上海市相继完成了博物馆、美术馆、图书馆发展“十三五”规划，并向全社会公示，征求意见。

博物馆发展规划将优化博物馆发展体系，强化博物馆集聚区建设，营建重点博物馆项目作为“十三五”期间的首要任务，目标是到 2020 年，基本形成布局合理、功能完善、特色鲜明、结构优化，以国有博物馆为主体、非国有博物馆为补充的博物馆体系，并达到国际大都市博物馆发展水平。

美术馆发展规划提出“十三五”期间上海市美术馆建设的主要任务是完善美术馆空间格局和功能布局，完成一批重点建设项目，在未来五年内，进一步建立和完善阶梯型上海美术馆生态结构，力争涵盖更多的艺术类型，服务于人民日益多样化的审美需求。

图书馆发展规划提出“十三五”期间上海图书馆事业的主要发展目标是进一步优化公共图书馆服务体系的布局，重点推动市、区县两级图书馆新馆或改扩建建设，积极推进大型居住区、基本管理单元等新的城市规划区域配套图书馆建设，完善公共图书馆城乡一体化服务新格局，提高图书馆服务信息化、现代化水平。

4. 召开全市公共文化工作会议

2015 年 2 月，上海市公共文化服务工作协调小组召开上海“2015 年寻差距、找不足，提供人民群众满意的公共文化服务工作座谈会”，专题部署社区文化活动中心社会化专业化管理工作。2015 年 4 月,上海市委、市政府召开上海市公共文化建设工作会议,总结 2014 年度上海公共文化建设工作,部署 2015 年全市范围内公共文化建设工作,并对上海市首批 101 个公共文化建设创新项目进行表彰,引导全社会积极参与公共文化建设。

5. 推动街头艺人立法

上海市文化主管部门与华东政法大学社会管理学院开展合作启动《上海市街头艺人表演活动管理条例》立法调研工作,基本掌握了本市街头艺人生活现状、街头表演管理的法律环境,论证了地方立法的必要性和可行性,提出了立法建议,形成了《上海市街头艺人演出活动管理立法调研报告》和《上海市街头艺人表演管理条例》草案,并将该立法项目申报上海市人大 2016 年立法正式项目。

6. 推出《博物馆、美术馆服务规范上海标准》

2015 年 3 月,上海市正式出台了《博物馆、美术馆服务规范上海标准》,填补了国内在文化、博物旅游行业服务标准的空白,与 2014 年推出的剧场服务标准和未来计划出台的电影院服务标准一起,将共同构建起本市公共文化设施运行和管理的服务标准体系。

### (二) 统筹推进公共文化服务均衡发展

1. 完善社区文化活动中心设施网络

上海市继续大力推进社区文化活动中心的达标建设,截至 2015 年底,全市共建设标准化社区文化活动中心 226 个,覆盖了 2014 年底前设立的 209 个建制街道乡镇。2015 年新析出的四个街道的标准化社区文化活动中心建设也列入规划。“十二五”期间,上海新增了大型居住社区的社区文化活动中心配套建设、域外农场大型社区的社区文化活动中心建设,以及由于市政建设规划、行政区域合并等原因,造成行政区域扩大、人口数量激增的区域社区文化活动中心分中心建设。

2. 优化重大文化设施空间布局

上海市加强上海图书馆东馆、上海博物馆东馆和上海大歌剧院等市级重大文化设施项目落户浦东的规划研究，推动项目立项、启动概念方案和建筑设计国际征集和招标工作。同时，上海市历史博物馆（上海革命历史博物馆）、中国近现代新闻出版博物馆等一批项目规划选址和立项前期工作也在有序进行。2015 年正值中国人民抗日战争暨世界反法西斯战争胜利 70 周年，上海市文化主管部门积极协调推进淞沪抗战纪念馆、四行仓库抗战纪念地、金山卫抗战遗址纪念园、上海犹太难民纪念馆、上海大韩民国临时政府旧址等抗战主题纪念设施改造、建设，优化了上海市博物馆的主题类型，营造了珍惜和平、创新发展的氛围。

3. 不断缩小公共文化服务的城乡差距

在满足各社区文化活动中心基本要求的同时，上海公共文化配送服务将文化资源分配向郊区倾斜，加大对金山、奉贤、崇明的配送力度，这三个远郊区县人均公共文化配送资源倾斜额度由 2014 年的 5%提高到 8%，经费从 3.36 元增加到 4.40 元，增幅达到 27.7%，①进一步缓解了中心城区资源聚集、远郊区县资源稀缺的状况。在服务人群方面，通过健全以需求为导向的配送机制，提升公共文化服务供给能力，覆盖了社区群众、外来务工人员、未成年人、残疾人等不同人群。

### （三）增强公共文化服务发展动力

1. 推动公共文化服务社会化、专业化发展

2015 年 3 月，上海市文广影视管理局出台社区文化活动中心社会化、专业化管理相关政策，发布了 1 个工作方案外加 6 个配套文件，即《关于推进上海市社区文化活动中心社会化专业化管理的工作方案》（征求意见稿）和《上海市社区文化活动中心社会化专业化管理服务标准》《上海市关于政府购买社区文化活动中心社会化专业化服务的参考流程》《上海市社区文化活动中心社会化专业化管理主体资质标准》《上海市社区文化活动中心社会化专业化管理监督管理办法》《上海市社区文化活动中心社会化专业化管理费用参

---

① 数据来源：上海市群众艺术馆 2015 年 11 月 30 日相关报告。

考》《上海市社区文化活动中心全权委托管理服务合约参考文本》。这一系列配套文件,今后将每两年修订一次,使上海市在探索社区文化活动中心社会化、专业化管理方面不仅做到了有规可依,有据可查,还可以根据本市公共文化发展的新形势和新变化,不断做出灵活调整。

上海社区文化活动中心社会化、专业化工作的总体思路为"积极推进专业化,循序渐进社会化,鼓励发展连锁化"。根据这一要求,从 2015 年 3 月开始,在徐汇、浦东、嘉定、闵行等 4 个国家和市级公共文化服务体系示范区试点社区文化活动中心社会化、专业化管理。

2015 年 7 月,中宣部、文化部在上海召开创新公共文化服务体系运行机制经验交流会,肯定了上海在社区文化活动中心运营管理方面的创新做法和经验。

2. 完善政府向社会力量购买服务制度

上海市文广局修订了《上海市文化广播影视管理局向社会力量购买服务管理办法》,逐步建立以项目申报、组织采购、项目评审、合同签订、项目监管、审计监督等为主要内容的规范化购买流程,将政府购买服务资金纳入预算管理,并严格资金的管理与使用,提高了政府向社会力量购买服务的质量水平和资金效率。2015 年 4 月,上海市文广影视局发布了 2015 年政府向社会力量购买服务的公告,向社会力量购买 17 类、70 项服务事项。

3. 培育和规范文化类社会组织

上海市积极探索有关文化类社会组织的准入、培育、支持、监管等制度,促进文化类社会组织健康蓬勃发展。2015 年上海市文化类社会组织发展状况良好,以上海市宣传系统为例,上海市文广影视局业务主管的文化类社会组织 203 个,其中社会团体 46 个(含行业协会 8 个),民办非企业 139 个(含民办博物馆 23 个),基金会 18 个,其中 2015 年新成立的社会组织 33 个,占现有文化类社会组织总数的16%。①上海市新闻出版局业务主管的社会组织 15 个,其中社会团体 13 个,民办非企业 1 个,基金会 1 个。②上海市文学艺术界联合会业

① 数据来源:上海市文化广播影视管理局公共文化处(非物质文化遗产处)提供。

② 数据来源:上海市新闻出版局提供。

务主管的社会组织24个，其中社会团体21个，民办非企业3个。[①]上海市社会科学界联合会业务主管的社会组织180个，其中社会团体163个，民办非企业17个。[②]中国福利会业务主管的社会组织6个，其中社会团体1个，民办非企业4个，基金会1个。[③]

4. 建立健全文化志愿服务体制机制

2015年，上海市向全市公开招募文化志愿者，并通过举办个性化、体系化、对接化的志愿服务培训，全方位、多元化提升文化志愿者服务效能，创新公共文化服务载体和方式，在建设本市公共文化服务体系进程中，营造多方参与、互通共享、优势互补的公益文化新气象。

公共文化服务基层单位工作任务繁重，但人员相对紧缺。为有效缓解这一矛盾，各区县在完善志愿服务方面也进行了有益尝试。如，杨浦区图书馆设立志愿者基地，鼓励志愿者践行志愿承诺、回馈社会，专业志愿者队伍从起步时的十余人已发展至如今的800余人，培育和打造了涵盖阅读推广、心理导航、科普教育等专业领域的8项品牌志愿服务项目。金山区强化志愿者建设，鼓励志愿者在提供基本文化服务的同时，在村级设施管理、活动策划、服务引导等方面发挥更大作用，同时引导文化志愿者在服务中实现自我管理、自我提升。

5. 加强公共文化人才队伍建设

2015年，上海市针对公共文化领域复合型、专业型人才较为缺乏的现状，加强人才队伍建设，加快文化人才的培育，采用灵活的培训模式，通过组织文化从业人员参加培训班、开展职工业务学习、选派干部职工深入社区文化活动中心、开展基层单位上门实地辅导等方式，提高公共文化从业人员业务能力，强化人才队伍综合素质。

（1）完成三年"万人培训"计划。2015年是"万人培训"计划收官之年，全年项目开班16个，讲座9场，培训3 500人次。[④]2015年的培训工作加大了对

---

① 数据来源：上海市文学艺术界联合会提供。

② 数据来源：上海市社会科学界联合会提供。

③ 数据来源：中国福利会提供。

④ 数据来源：上海市文化广播影视管理局公共文化处（非物质文化遗产处）提供。

现有基层文化从业人员的辅导，继续向广大社会组织开展公共文化培训，培训对象重点向街镇及村居文化人才倾斜，目的在于提升基层文化人才业务水平。"万人培训"将学习贯彻中办、国办《关于加快构建现代公共文化服务体系的意见》作为重点讲解内容，制定密切联系实际的课程，不断丰富培训形式，有力地提升了全市公共文化从业人员业务水平，培训满意率达到98.7%。

(2) 上海市对口支援边疆地区公共文化骨干培训。上海在大力推进国际文化大都市建设、构建现代公共文化服务体系的同时，紧跟国家"一带一路"战略部署，利用优势资源服务边疆地区。2015年先后举办西藏日喀则市非遗传统手工艺青年企业家来沪培训、新疆喀什四县基层文化干部送教培训，两地非遗和群众文化领域骨干人才共约150人参加了培训。

援疆培训聚焦非遗保护如何焕发活力，如何策划有鲜明特色的群文活动等方面，兼具前瞻性和实用性。培训工作选派上海一流师资力量授课，传授工作经验和方法，针对少数民族学员特殊性，以现场教学为主，重视师生讨论与互动，还建立了后续深度合作交流机制。上海对口帮扶并不局限于经费与技术，还帮助边疆地区建设文化骨干队伍，推进当地公共文化发展。

(3) 非物质文化遗产传承人群培训。2015年7~12月，上海市顺利完成文化部非遗传承人群培训任务。中国非物质文化遗产传承人群研修培训计划(上海)培训班在本市上海大学美术学院、上海工艺美术职业学院、上海视觉艺术大学3所高校成功举办。三校共有来自全国20余个省市，200余名非遗传承人走进大学校园，通过课程进修"拓眼界、打基础、增学养"，由大学老师指导非遗传承人探索非遗融入当代生活的创新之路。培训活动在全国非遗保护工作会议上获得文化部表扬。2015年7月30日至8月4日，上海市还首次举办非物质文化遗产保护传承传统医药专题培训班，100多名学员参加了培训。本次培训，探索通过文医结合体现中国传统文化的社会价值，唤起非遗传承人的文化自觉和文化责任。

### (四) 进一步完善公共文化产品和服务供给

#### 1. 健全公共文化服务配送机制

2015年上海市在公共文化服务配送方面，积极探索公共文化配送服务集约化发展，在充分整合现有资源的基础上，更合理地运用现代管理与技术，发挥市区资源联动机制的效益，进一步健全三级配送体系，做优、做精市级配送；做实、做强区级配送；激活、推动街镇配送，努力为不同人群提供多样化、多层次的公共文化服务，不断提高百姓满意度。在工作机制上，为使社区更加合理地享受文化资源配送，弥补市级资源分配不足，各区县积极开展调研活动，深入了解社区文化需求，增加配送主体，丰富配送项目和内容，优化公共文化资源配送网络平台，强化需求对接、市区联动、举手参与、购买服务、绩效评估五大机制，真正把质量优、互动性强、老百姓喜爱的文化产品输送到社区，丰富社区文化活动中心的服务内容。

2. 丰富公共文化资源配送内容

截至 2015 年 11 月底，上海东方公共文化资源配送服务平台为全市社区文化活动中心共配送沪剧、越剧、话剧、评弹及综合演出 1 437 场，东方讲坛讲座 687 场，社区文化指导员 17 183 人次，东方社区信息苑提供信息服务 1 616 万人次，公共文化信息化活动项目 66 250 场，公共文化服务拓展项目（包括讲座演讲、展览、活动）413 场（项），参与配送的社会主体比 2014 年增加了 34%。2015 年 17 个区县配送机构共配送演出 1 782 场，培训辅导 39 200 人次，讲座 420 场、展览展示 120 场，书报音像 63 267 册（件），公益票 10 万张，上海市配送服务受众总人次达到 2 325 万，市区两级服务总场次较 2014 年增加27%。①

3. 拓展上海市民文化节办节内涵

2015 年，上海市民文化节继续发挥公共文化服务平台效应，以“家”为主题，通过举办市民合唱大赛、市民手工艺大赛、中华语言文字大赛、中华传统戏曲大赛等五大赛事，结合市民舞蹈、市民科普、市民普法等百姓喜闻乐见的形式，共推出各类活动 47 000 多项，惠及群众 2 800 万人次，极大地丰富了上海市民文化生活，切实提高了社区文化活动中心的使用率。

2015 年上海市民文化节体现出新的特点。首先，结合市民多样化的文化需求，吸引了越来越多来自社会和市场的创意、资本、文化项目、人才，在文化

---

① 数据来源：上海市群众艺术馆提供。

节的平台上充分展示,活跃了市民文化节展现市民文化风采的“大舞台”;第二,以市民文化节为主要载体,各区县将各项传统文化活动纳入市民文化节统筹安排,打造贴近群众、贴近实际、贴近社区的特色群众文化活动品牌。市民文化节的举办推动各区县群众文化活动多部门、跨区域、跨行业的联合联办,提升了文化活动影响力;第三,从2015年起,上海开始筹备成立上海市民文化协会,今后将主要承担上海市民文化节的策划和运作,实现了文化节庆运作机制的创新。

4. 提升重大公共文化活动服务效能

“2015上海书展暨书香中国上海周”期间,针对读者对荐书、导读需求强烈的现状,积极宣传推广主题图书和相关阅读活动,在组织500余家出版单位携15万余种图书亮相书展的同时,更组织了近千位中外作家、学者和各界名人汇聚上海,在主会场和多个分会场举办了近700场活动,引导市民“精读”“深阅读”。上海市还越来越注重全民阅读的深度与广度,把书展吸引来的嘉宾更多地“引流”到区县,使区县分会场活动品质有所提升。

上海市作家协会以文学公益活动为载体,将文学服务向公共文化领域延伸,2015年共举办思南书集和思南读书会系列活动90余场,一大批国内外知名作家、学者、文化人士与读者对话交流,思南读书会凸显了文化和文学的魅力,激发了市民的文学阅读兴趣,正在成为文学爱好者心目中的上海文化新地标。2015年上海市作家协会成功举办“书香上海悦读季”系列活动,携手全市17个区县推出138场活动,邀请上海作家王安忆、叶辛、赵丽宏、王小鹰等开设文学讲座和阅读分享会,受到广大读者欢迎。

上海各级公共图书馆结合“抗日战争胜利70周年暨世界反法西斯战争胜利70周年”主题,在“4.23世界读书日”期间开展各类阅读推广活动621场(次),市民参与人数达到28.3万人次。①

2015年“文化遗产日”非遗系列活动紧紧围绕“非遗十年”主题,聚焦“传统手工艺”,发动全市百余家非遗项目保护单位,推出“2015非遗活动大放

① 数据来源:上海市文化广播影视管理局公共文化处(非物质文化遗产处)提供。

送”，包括10项重点活动、39个互动体验项目、13场讲座培训、21场展演、37个展览、20个专题非遗展馆，共140项全民非遗体验活动。[①]非遗系列活动鼓励市民通过观赏、聆听、触摸、学习、游戏，全面了解上海非物质文化遗产，拉近非遗与普通市民的距离，使市民更加热爱上海，更加热爱本土文化。2015年，上海市文化主管部门与上海市教委合作，推进非遗进校园活动，本市共有23所大学参与，吸引师生2 000余人次。

5. 激发群众文艺创作活力

群众文艺创作是社会主义文艺创作的重要组成部分，是群众文化繁荣发展的生命力和原动力，也是公共文化服务体系建设的重要任务。上海的群文创作在群众文艺工作者的努力下，已经形成了良性循环的发展态势，原创作品数量和质量不断提升，涌现了一批紧扣时代脉搏、反映现实生活、关注社会需求、表达百姓心声的文艺作品，满足了人民群众的精神文化需求，为上海的市民文化节、公共文化资源配送提供了坚实的内容支撑。

2015年“上海之春”群文新人新作展评展演活动，促进文艺创作出精品、出人才，体现出群众文艺创作百花齐放的新气象。群文原创作品紧紧围绕“纪念世界反法西斯战争70周年”和“中国梦”两大主题，以中华优秀传统文化为根脉，以创作生产优秀作品为中心环节，深入实际，深入生活，深入群众，在作品数量和质量上都有提升。展评展演活动在各区县、各单位层层选拔的基础上，全市共上报了音乐、舞蹈、戏剧、曲艺4个艺术门类共170多个原创作品，6天共举行了10场展演。经专家评审和建议，共有31个作品获“优秀新作奖”，88个作品获“新作奖”。[②]“上海之春”群文新人新作展评展演激发了全社会的文艺创作活力，获奖作品努力传播当代中国价值观念，体现中华文化精神，反映群众审美追求，实现了思想性、艺术性、观赏性的有机统一。

6. 营造良好城市文化氛围

2015年，上海市努力促进公共文化融合发展，推动文化活动走向广场、楼宇、地铁等城市公共空间、生活社区，更加贴近日常生活，贴近群众，营造良好

---

①② 数据来源：上海市文化广播影视管理局公共文化处（非物质文化遗产处）提供。

城市文化氛围。其中，文化陆家嘴系列活动经过一年多的探索，2015 年逐步形成一批品牌项目，如白领午间艺术讲座、爵士环城音乐会、“陆家嘴好声音”金融白领歌唱大赛等，公众参与度显著提高。文化陆家嘴系列活动在操作模式上呈现出参与主体更加多元、演出空间更加拓展、文化项目更加丰富的特点，在陆家嘴地区的金融白领中形成了较好的口碑。2015 年，陆家嘴地区还首次组织专业美术展览登陆商业楼宇，这是“文化陆家嘴”项目在营造区域文化氛围方面的又一次新尝试。而“文化地铁”项目，全年组织周末地铁音乐角公益演出累计达到 300 场；举办“2015 穿越时空，激荡心灵——中外诗歌进地铁”系列活动；在上海市地铁全网络 14 条地铁线路共计开通 25 列主题地铁“文化列车”，在 4 座地铁车站设立“中外诗歌墙”，展示近 200 首中外经典诗歌。让专业演出走进广场公园，让高雅艺术走进市民生活，在营造城市文化氛围方面发挥了积极的示范效应。

2015 年 10 月至 12 月，上海市以“城市更新”为主题，举办“2015 城市空间艺术季”。艺术季活动以“国际性、公众性、实践性”为宗旨，通过各类主题展览、案例展示、论坛沙龙、市民活动等内容，优化市民生活空间、工作空间、文化空间，提升上海城市空间的文化品质。

### （五）推进公共文化服务与科技融合发展

1. 促进“文化上海云”公共文化服务数字化建设

“文化上海云”建设采用“一个总平台+若干个子平台”的建设方式，按照“统一规范，分头推进，独立运营，系统整合”的原则，将建设任务分解到各市级文化场馆和各区县，明确建设主体，落实经费保障。2015 年 4 月，依据《关于推进文化上海云平台建设的通知》的要求，进一步明确了各区县、各单位推进“文化上海云”的建设标准、规范以及推进建设的时间表。经过近一年的努力，目前，嘉定、浦东、静安、徐汇、长宁、闵行、金山、松江、崇明、宝山、普陀等 11 个区县子平台已顺利上线运营，黄浦、杨浦、虹口、青浦、奉贤等 5 个区已启动了推进工作，市级总平台的建设立项工作也得到了有关部门的大力支持。从已经建成的区县来看，“文化上海云”有效解决了市民对公共文化服务“我要知道、我要参与、我要互动、我要评论”的需求，深受群众好评。

2. 建设信息化上海数字博物馆群

2015 年，上海市努力提高公共文化服务科技创新能力，按照建设智慧型城市的要求，进一步扩大数字博物馆、数字美术馆试点，打造上海数字博物馆群。此项工作以全市现有的博物馆、美术馆等资源为基础，加大数字文化资源开发，借助“三网融合”发展，依托各类新型载体，搭建基础信息齐全、使用快捷便利、服务功能强大的数字博物馆网络平台，提升公共文化服务的现代传播能力，努力建成中国一流的区域性数字博物馆群。

### （六）深化公共文化服务体制机制改革

1. 加大公益性文化事业单位改革力度

法人治理结构试点是推进事业单位改革的内在要求，也是构建现代公共文化服务体系的重要举措。浦东图书馆根据浦东新区创建公共文化示范区规划，为了进一步提升公共文化服务管理运行效能，更好地满足读者需求，开启了法人治理结构试点工作的破冰之旅。

理事会是法人治理结构的核心。2015 年 3 月 20 日，浦东图书馆理事会成立，并审议通过了《浦东图书馆工作报告》和图书馆 2015 年度财政预算，理事们还就研究读者需求、提升阅览服务能力、加强阅读引导、开展志愿服务等方面提出了建议。

浦东图书馆开展法人治理试点，完善了一系列工作机制：一是注重顶层设计，健全制度保障机制。制定《上海浦东图书馆章程》，明确规定了政府和图书馆管理层双方的权利和义务。二是设立专业委员会，完善决策支撑机制。浦东图书馆理事会下设文献资源建设专业委员会、财经专业委员会、阅读推广委员会三个专业委员会。每个专业委员会由理事、若干专业人士组成，负责浦东图书馆专题工作调研，向理事会提交调研报告，并提出合理化建议和专业论证。三是成立秘书处，建立沟通联络机制。浦东图书馆秘书处是理事会的常设办事机构，在理事会的领导下开展工作，主要职责包括组织筹备理事会会议、制作会议纪要、督促落实会议决定事项、负责理事之间的联络等。秘书处制定了相关工作制度,以规范工作,加强服务,确保理事会议决议的执行和实施。四是内外结合,构建多维监督机制。首先,坚持监管主体多元化。政府部门、外部理事、利益相关者均成为监管主体。其次,坚持监管制度规范化,建立了决策失误追究制度,规范了审计制度,完善了信息公开制度。

2. 开展第四次全国文化馆评估工作

2015年,按照文化部《关于开展第四次全国文化馆评估定级工作的通知》要求,上海市制定了开展文化馆评估工作的方案。通过项目招标的方式,委托独立第三方机构"上海东方公共文化评估中心"进行评估。评估工作全程采用听汇报、看现场、查阅相关业务档案、公众满意度测评的方式,评估结果经由上海市文化广播影视管理局审核后上报文化部。

从本次文化馆评估工作中反映的情况看,全市文化馆发展势头良好,基础建设得到加强,硬件水平有了大幅提升;服务方面坚持基本性、公益性原则,服务质量和水平有进一步提高;管理运行机制方面不断创新,在完成区域重大文化任务中发挥了重要的作用,为丰富市民群众精神文化生活,保障人民群众基本文化权益,构建上海现代公共文化服务体系,做出了重要的贡献。

3. 公共文化示范区、示范项目有序推进

截至2015年底,上海共有三批国家公共文化服务体系示范区和示范项目。上海市徐汇区、"宝山区:国际民间艺术交流平台建设"和"浦东新区:高雅艺术走进百姓的运作模式"作为第一批已经创建成功的国家公共文化服务体系示范区和示范项目,目前正在进行后续建设,徐汇区承担了国家公共文化服务制度课题"以需求为导向的公共文化服务供给模式"的课题研究工作。上海市浦东新区、"松江区:万部图书、千场电影、百场文艺下农村、进社区、到工地、入军营"和"普陀区:苏州河文化品牌打造"作为第二批国家公共文化服务体系示范区和示范项目进入创建工作的验收阶段。上海市嘉定区作为第三批公共文化服务体系建设示范区,正在按照国家文化部的相关要求,有序开展各项创建工作。

市级公共文化服务体系示范区和示范项目建设方面,第一批市级公共文化服务体系示范区是嘉定区,第二批创建中的市级公共文化服务体系示范区是长宁、静安、普陀和闵行4区，创建中的市级公共文化服务体系示范项目共有5个，分别是“静安区：市民剧场”“虹口区：菜场书屋全国示范点”“原闸北区：创新公共文化配送机制，提高数字文化服务能力——闸北公共文化数字配送与互动服务系统”“青浦区：‘清阅朴读’全民阅读推广项目”和“奉贤区：唱响贤城——群文四季歌”。

## 三、 2015年上海公共文化服务的工作创新

### （一）推动社区文化活动中心社会化、专业化试点，探索公共文化服务运行机制创新

近年来，上海市以率先建成现代公共文化服务体系为总目标，在注重社区文化活动中心硬件建设的同时，大力推动社区文化活动中心社会化、专业化管理方面的机制创新。

目前上海社区文化活动中心有全委托管理、对场地设施或文化活动项目实施的部分委托管理和街道（镇）直接管理三种模式，无论选择何种管理模式，核心是要达到“专业化”，即在主体资质、人员资历、治理结构、项目策划实施、成本控制、服务水准、绩效评估等各个方面，都要达到专业水平。从反馈的情况来看，试点区各街镇均已落实了合适的管理模式，并且已经出现一批成功案例，试点工作初见成效。例如，以打浦桥社区文化活动中心为代表的项目连锁化管理模式正在部分社区逐步推开；浦东新区塘桥社区文化活动中心引进、培育文化类社会组织和文化团队，有效满足群众多元化文化需求的经验，得到中宣部、文化部充分肯定，被评为“2015全国优秀文化站”。实践证明，政府通过契约方式委托社会专业机构承接社区文化活动中心的管理与服务，运营成本可控，体现出活力强、水平高的特点，市民满意度显著提升，可以有效焕发基层文化设施的活力。

社区文化活动中心实现社会化管理，需要发掘更多的社会力量共同参与公共文化建设。上海市在广泛征集社会主体的基础上，对首批进入《上海市社区文化活动中心社会化专业化管理合格主体推荐目录（2015年版）》的31家

社会主体,进行公共文化业务培训,重点介绍公共文化服务的基本理论、方针政策、社会化专业化管理标准等,提升社会主体的业务水平。今后,上海还将每两年对推荐目录进行调整,激发社会组织参与公共文化建设的积极性和创造力。

2016 年上海市将在四区试点的基础上,在全市各个区县全面开展社区文化活动中心社会化、专业化管理工作,引入更多的合格社会主体参与管理,进一步探索连锁运营的社会化管理模式,力争到 2016 年底,在全市 200 多个社区文化活动中心做到"一中心一模式",实现社区文化活动中心全部按照专业标准管理。

### (二) 改革公共文化配送机制,打造市级公共文化配送升级版

为满足群众文化需求,保障与社区文化活动中心硬件相适应的公共文化内容供给,2004 年始,市委宣传部牵头,着手建立东方系列公共文化内容配送体系,逐步建立起由上海东方社区学校服务指导中心、东方宣传教育服务中心、东方永乐农村数字电影院线(后更名为上海农村数字电影院线有限公司)、东方讲坛、东方社区信息苑、东方社区文化艺术指导中心等六家配送机构组成的公共文化内容配送体系,为全市社区提供宣教产品、演出、讲座、培训、农村电影放映、信息服务、艺术指导等公共文化资源配送服务,提高了基层公共文化设施的服务能力。

市级公共文化内容配送机构运行逾十年来,取得了明显的社会效益,促进了全市区县、街道乡镇公共文化内容配送体系的建立,成为上海现代公共文化服务体系建设的重要组成部分。

为了适应新形势、取得新发展,2015 年 4 月,市委宣传部会同市文明办、市文广影视局、市社联、东方网,开展市级公共文化内容配送机构的整合工作,并制定出台了《市级公共文化内容配送机构整合工作的推进方案》,明确了改革目标:

厘清业务关系,解决混业问题。上海东方宣传教育服务中心作为市委宣传部直属单位,主要承担着社会化宣传教育的职能。整合后,上海东方宣传教

育服务中心的公共文化内容配送职责、项目划归至市群艺馆。上海东方宣传教育服务中心根据新的职能定位，深化拓展社会宣传等其他工作职能。市社联科普处“东方讲坛”项目中面向全市社区文化活动中心配送公共文化内容讲座的职能划归至市群艺馆，市社联科普处“东方讲坛”着力发展社会科学普及讲座。

顺应机构发展，明确职能定位。上海东方社区学校服务指导中心近几年来承担的社区学校相关工作职责已相对较少，整合后退出公共文化内容配送机构序列，更名为市文明办公益广告中心。原上海东方永乐农村数字电影院线有限公司已于 2013 年 10 月更名为上海农村数字电影院线有限公司，作为国家广电总局农村文化惠民工程，整合后单列运行。

回应基层需求，推动机构改革。东方社区信息苑中心苑虽然设在社区文化活动中心，但由东方网下属上海东方数字社区发展有限公司统一管理，开放时间等日常管理不少不能与社区文化活动中心同步。此次东方社区信息苑改革，主要是推动下放街道（乡镇）社区文化活动中心。首先在国家公共文化服务体系示范区（徐汇、嘉定、浦东）先行开展试点，总结评估后，在全市逐步推开。

改革的目的是为了发展。本次改革立足新形势下社区群众的新需求、新期待，积极适应深化文化体制机制改革的新形势、新趋势，整体规划，一体化设计。

整合改革后，市级公共文化内容配送工作，由市文广影视局为政府主管部门，市群艺馆为组织实施主体。面对市群艺馆人手不足的问题，积极进行机制创新，专门成立上海东方公共文化配送中心（民办非企业），具体负责市级公共文化内容配送工作。公共文化内容配送资金的使用定位，是依托街道（乡镇）社区文化活动中心，为社区群众提供公共文化内容资源。

### （三）发布首批公共文化建设创新项目，激励多方主体参与公共文化建设

2015 年 1 月 20 日，上海市公共文化服务工作协调小组办公室通过《新民

晚报》、文化上海微信及微博平台,面向全市发布了征集本市公共文化建设创新项目的公告,并广泛邀请公共文化机构、专家学者、媒体以及市民代表组成推荐评审组。经评议,一共推荐出101个公共文化建设创新项目,包括“文化家常菜配送进社区”“上海地铁音乐角”“思南读书会”“公共文化万人培训”等,这些项目主题有创意,工作有创新,社会参与度高,深受百姓喜爱和欢迎。2015年4月,在全市公共文化建设工作会议上,对首批101个公共文化建设创新项目进行了表彰,通过这些项目,引导全社会开拓思路,积极参与公共文化建设。

2016年是“十三五”规划的开局之年,上海公共文化建设将继续着眼于增强文化惠民的实效,探索更具活力的体制机制,整合现有文化资源,增强文化创新能力,不断提升城市文化软实力,满足人民群众日益增长的精神文化需求。

# Ⅱ 社会化专业化研究

## 2
## 公共文化服务社会化的探索与实践
### ——以上海为例

郑崇选*

摘　要　公共文化服务的社会化发展是构建现代公共文化服务体系的重要组成部分，同时也是文化治理现代化的内在要求。系统梳理总结上海公共文化服务社会化发展的探索和实践，在典型案例的具体分析中，提炼出加大政府购买服务的力度、鼓励社会资本兴建公共文化设施、探索多种形式的公共文化设施社会化运营模式、积极培育文化类社会组织、搭建社会参与公共平台、探索推进法人治理结构改革、积极推动群众文化自治、公共文化多维监管评估机制日趋成熟等可资借鉴的经验和启示，在此基础上对公共文化服务社会化存在的政府角色认知、社会化与专业化的关系、对社会力量的信任程度、公益性的坚持等问题进行探讨，认为要正确处理政府、社会和市场三者的关

* 郑崇选，上海社会科学院文学所公共文化研究室主任、副研究员。

系、拓宽社会力量参与公共文化服务的渠道、大力培育文化非营利组织、加强对公共文化服务社会化的过程监管等,以期促进公共文化服务社会化的健康发展。

关键词　公共文化服务　社会化　上海

党的十八届三中全会提出构建现代公共文化服务体系的战略任务,这是对 2005 年提出的建设公共文化服务体系的深化发展,同时也是我国公共文化服务实践发展的内在诉求。现代公共文化服务体系的构建包含了丰富的内涵,其中一个非常重要的方面就是要逐步建立公共文化服务的社会化参与机制,积极引导和鼓励社会力量、社会资本参与公共文化服务体系建设,形成多元文化主体积极参与的现代治理格局。

## 一、 公共文化服务社会化的重要意义

之所以在当前国家文化建设的顶层设计当中一再强调公共文化服务的社会化,其中有两个维度的内在驱动力量决定了其在未来的发展,一是完全以政府为主导的文化服务供给体制难以满足日益增长的公共文化服务需求,同时也与市场经济体制条件下的公共产品供给体制不相匹配,带来了诸多的弊端;二是社会主体参与文化建设的积极性越来越高,政府应该从鼓励多元主体参与的角度对社会力量参与公共文化服务提供制度设计层面的保障。因此,理解公共文化服务社会化的重大意义,要将其放置于国家、社会和市场三者互动关系的重构过程中。

### (一) 改变了公共文化服务供给单一和单向的传统体制

我国长期计划经济体制下的文化事业建设体制形成了政府高度垄断的文化服务供给模式,政府成为公共文化服务唯一的生产者和提供者,自上而下的

单向输入成为主要的供给模式。以社会主义文化建设的阶段性特征来衡量，这样一种供给模式对于最大程度地凝聚人心和社会动员发挥了极为重要的作用，同时也形成了社会主义初级阶段独特的文化面貌。但是，随着市场经济体制的逐步确立及深入发展，政府的角色、社会结构的巨大变化及市场功能的发挥，使得单一的政府供给体制难以适应文化市场的巨大冲击，也与我国公共服务的转型要求不相适应。大力引入社会力量参与公共文化服务，推动公共文化服务社会发展，有助于政府职能的转变，推动政府由管理型向服务型转变，由全能型向有限型转变，使政府不再担当公共文化产品和服务的唯一提供者，从而更好地扮演公共文化促进者和管理者的角色。当然，公共文化服务的社会化发展不是放弃或削弱政府的主导作用和主体地位，而是要通过政府公共文化机构职能的合理界定及其作用的发挥，充分释放社会和市场参与公共文化服务的活力，形成国家、市场和社会之间的良性互动机制，建立政府和各类社会力量之间的合作伙伴关系。

### （二）推动了文化体制改革的进一步深化

当前，我国文化体制改革的阶段性任务已经完成，但是阶段性任务的完成并不等于文化体制改革工作的结束，相反，在完成了面上的改革任务之后，文化体制改革进入到攻坚克难的深化阶段。从进一步完善公共文化服务体系建设的角度来看，深化文化体制改革最主要的任务依然是政府职能的转变，要明确政府的角色和所处的位置，不能“缺位”，但也不能“越位”。在坚持政府主导地位的基础上，要积极引导和鼓励社会力量参与公共文化服务建设，以此激发全民的文化创造活力，满足人民群众多样化的文化需求，真正实现“政企分开、政事分开的原则，推动政府部门由办文化向管文化转变”。在政府职能转变的过程中，要有大量能够举办公共文化事务的社会主体的涌现，才能使政府的职能转变落到实处，否则，只是单方面强调职能转变，而没有承接职能的主体，那么，文化体制改革的深化将成为一句空话。各种社会主体正是承接政府转移职能的主要对象之一，在政府职能转变的过程中将发挥巨大作用，与政府、市场共同形成多元、共同治理的文化体制新格局。因此,推动公共文化服务社会化发展是当前文化体制改革进一步深化的重要路径。

## (三) 促进文化治理水平的提升

文化治理是国家治理的重要组成部分,不断提升我国文化治理水平也是国家治理能力现代化的题中之义。所谓“文化治理”指的是“为文化发展确定方向的公共部门跟私营机构、自愿/非营利团体组成的复杂网络。其中包括来自公共部门、私营企业、非营利团体等各种性质的机构和个人。”①从政府全能的文化管理到多元参与的文化治理,是我国现代文化政策建构的核心所在。在公共文化服务领域,文化治理水平的提升就是要逐步形成社会、市场和政府共同参与文化建设的良好格局。公共文化服务的社会化发展可以培育更多合格的社会主体,进一步丰富文化建设主体的构成,为文化建设多元共治打下坚实的基础。同时,公共文化服务的社会化发展,可以吸收社会和市场内在运行机制的有益之处,健全和完善文化治理的方式和手段。

## (四) 有助于公共文化服务能级提升

当前,我国的公共文化服务体系建设虽然取得了很大的成绩,但也同样面临很多问题,特别是要大力提升公共文化服务的服务绩效和服务能级。由于角色的重叠和模糊,政府完全集政策制定者、投资者、生产者、运营者、管理者和监督者等角色于一身,处于包揽一切的“全能型”政府行政体制下的运营主体常常缺少服务的积极性,管理主体也无需对服务过程和结果承担最终责任,监督主体无法起到应有的考核、约束和激励作用,很容易造成政府机构臃肿、高成本、低效率和低服务。更多社会力量参与公共文化设施的运营、文化活动的组织、文化产品的提供、文化政策的制定等公共文化建设的各个环节,就会逐步改变政府完全主导的格局,不断引入竞争机制,通过政府和非营利组织之间有序的竞争,公共文化服务的运行活力就会得到不断增强,进而促进公共文

---

① 郭灵风:《欧盟文化政策与文化治理》,《欧洲研究》2007 年第 2 期。

化服务绩效和能级的提升。

## 二、 公共文化服务社会化的上海实践

上海在公共文化服务体系建设方面起步较早,经过“十一五”“十二五”及“十三五”以来等几个阶段的探索与实践,已经逐步形成一整套行之有效的公共文化服务运行机制,特别是在公共文化服务社会化发展方面,积累了比较丰富的经验,具体可以概括为:政府主导、社会参与、多元主体、共建共享、群众受益,这些探索和实践为上海率先构建现代公共文化服务体系奠定了坚实的基础。

在公共文化服务社会化的探索和实践方面,上海的做法主要有以下几个方面:

### (一) 加大政府购买服务的力度

政府购买服务是以市场机制和手段配置公共文化资源和服务的主要实现方式,能有效避免以往政府“自办”文化的种种弊端。从 2014 年开始,上海市不断加大政府购买服务的力度,每年向全社会公示详细的政府购买服务清单,推出《上海市文化广播影视管理局向社会力量购买服务管理办法》,并不断修订和完善,系统、明确地公布了购买服务的内容,共有 18 类、76 项工作纳入购买服务正面清单,涵盖政府基本服务事项和辅助性、技术性事务。在此基础上,逐步建立了以项目申报、组织采购、项目评审、合同签订、项目监管、审计监督等为主要内容的规范化购买流程,并将政府购买服务资金纳入预算管理,进一步规范资金的管理与使用,提高了政府向社会提供公共服务的质量水平和资金效率。各区根据区域居民文化需求的特点,制定了不同的政府购买服务的办法,如徐汇区将征集的文化项目组织专家综合评审,确定入围者,与之签订配送意向合同,形成菜单,以“社会制单,中心点单,政府买单”的方式开展区级配送,并以实际发生的场次和内容按照约定的价格来进行实际费用结算。变“拨款制”为“购买制”,打破了体制壁垒,吸引更多社会主体公平参与竞争,让人才、资源在配送平台上充分流动,有效弥补了公共文化产品和服务种类的

不足。

### (二) 鼓励社会资本兴建公共文化设施

在文化事业体制的发展框架之下,我国的公共文化设施绝大多数是由政府投资兴建的,社会力量投资兴办公共文化设施面临诸多的困难。近年来,随着全社会对文化建设的重视,社会力量参与文化建设积极性越来越高。

浦东新区通过撬动社会资本,在政策、资金、服务方面对大型文化设施和项目予以支持,对优质项目落户浦东、成长壮大起到“孵化器”作用。先后吸引民营力量投资建成了龙美术馆、震旦博物馆、证大喜马拉雅美术馆、翡翠画廊、21世纪民生美术馆等一大批民营文化设施。其中,龙美术馆是目前全国馆藏规模最大、水准最高的私人美术馆;震旦博物馆、证大喜马拉雅美术馆也均有商业集团投资建造,已经成为浦东文化发展的新地标。

徐汇区立足滨江西岸综合开放,发动和引导社会力量及多元资本参与重大公共文化设施建设,其中最具代表性、最早开工建设的当属龙美术馆·西岸馆和余德耀美术馆。龙美术馆·西岸馆由收藏家刘益谦参与投资,总建筑面积33 007平方米,已于2014年3月28日开馆,并正式对公众开放。余德耀美术馆以原上海飞机制造厂机库为馆址,由华人收藏家余德耀及其基金会投资,项目总建筑面积约9 500平方米,已于2014年5月开馆,再现了上海民航发展进程的历史记忆。为加强对民办美术馆的政策扶持,徐汇区文化局提出对龙美术馆进行一定的文化政策倾斜,在开馆的前三年,每年出资两次定向购买公共文化服务。龙美术馆则在指定日免费对外开放,向老年人、学生、教师实行优惠门票制度,并提供公共文化活动场地和室内空间,对接徐汇区文化局开展免费的讲座、论坛活动,用于提升居民的精神文化需求。

### (三) 探索多种形式的公共文化设施社会化运营模式

公共文化设施的社会化运营是目前公共文化服务社会化发展的重要形式,其基本的做法是将政府投资兴建的各类公共文化设施委托于公共文化服务的托管机构,由其代为经营和管理,实现公共文化运营管理的专业化。目前，在公共文化设施的委托运营方面，上海主要有全委托和部分委托两种形式，全委托是指将整个公共文化设施的运营管理交由特定的社会化机构，部分委托则是将公共文化项目、物业等部分功能交由特定的社会化机构。

全委托方面，近年来，上海华爱社区服务管理中心相继管理了包括罗山会馆、打浦桥文化活动中心、石门二路社区文化活动中心、瑞金二路社区文化活动中心、新桥社区文化活动中心、顾村馨佳园社区文化活动中心等各具特点的社区文化活动中心，在"倡导文化、学习文化、享受文化"的基本原则下，开展公共文化服务和设施的管理。再比如，金海文化艺术中心作为浦东新区首家区级公共文化设施社会化专业化运营的试点项目，由新区政府通过向社会公开招标，最终在"上海市社区文化中心社会化专业化管理合格主体"首次官方评审中获得认证资格并名列前茅的民非机构"浦东上上文化服务中心"成功中标，承担了该中心运营管理任务。2015 年 2 月，浦东新区宣传部（文广局）组建了金海文化艺术中心理事会，形成了以理事会决策领导、社会机构负责运营管理、各方代表参与监管、第三方评估监督的公共文化设施社会化专业化管理体制的全新模式，上级财务资产管理部门则对其行使资产监管职能。

部分委托方面，浦东新区金桥镇社区文化活动中心采用项目委托的方式，将健身房、舞蹈房、游泳馆等设施服务项目的运营交给专业公司，采用政府购买、公益服务、市场运营的模式进行管理。三林镇文化服务中心采用活动委托的形式，对活动、展览、赛事等进行专业化委托，与上海市文联、三林非遗保护协会等签订了长期合作合同。周浦镇文化服务中心采用供给委托方式，委托专业机构（如周浦美术馆等），采购文化资源开展了美术展览、文艺演出等活动。塘桥社区文化活动中心采用了混合委托方式，在街道支持下，注册了"桥艺文化服务中心"进行日常管理，同时引入桂兴华诗歌艺术中心、小朱书店等社会力量，入驻文化中心，推进项目化、专业化运营，丰富了服务内容，有效满足了居民多样化的文化需求。在花木街道社区文化活动中心的自主管理试点中，立足社会化专业化管理要求，专门起草了自主管理方案，问需于社区单位、市民百姓。

### (四) 积极培育文化类社会组织

公共文化服务社会化专业化发展需要有大批合格的文化类社会组织。没有合格的社会主体,社会化发展就是一句空话。我国社会组织的发育刚刚开始,要有一个成长的过程,需要政府制定有力的扶持政策措施,引导、培育和规范社会组织在实践中提高和发展。

上海市各级文化行政管理部门积极探索实施培育扶持文化类社会组织的措施和机制,把一些可以由社会组织承担的公共文化服务的相关职能尽量交由社会组织,市区两级都出台了相关的培育扶持政策,对于文化类社会组织的成长壮大及规范化发展起到了极大的促进和推动作用。目前,上海的文化类社会组织在公共文化服务体系建设方面发挥了不可替代的作用,丰富了公共文化服务的主体和内容,更好地满足了人民群众多层次多样化的需求。在文化类社会组织的培育方面,嘉定区以"内部催生、外部引进、内外共育"的模式,积极培育文化类社会组织团体健康成长。重点扶持纽带型组织,委托"上海巴学园服务中心"筹建嘉定区传统文化发展促进会等纽带型组织服务文化事业,委托飞扬华夏青年公益事业发展中心以嘉定区"民间广场舞大赛"为平台,促进成立嘉定区广场舞联盟。召开"读书会"大会,吸引了共 30 个读书会组织参与,这些纽带型社会组织为各街镇社区文化活动中心提供了大量专业的文化项目服务。重点做实社会组织项目对接,搭建社区文化活动中心与文化类社会组织的交流平台,举行文化类社会组织与街镇文体中心项目对接会,推进基层文化单位与市文化局首批公布的专业化社会化管理合格主体合作,鼓励各社区文化活动中心与优秀文化组织合作,推动项目的社会化。浦东新区文化艺术指导中心挂牌成立了"浦东新区公共文化服务社会组织孵化基地",广泛征集具备参与公共文化设施服务的相关资质并自愿接受孵化的社会组织参与。制定并实施《浦东新区公共文化服务社会组织孵化基地建设指导意见》,明确培育、孵化社会主体的流程、内容和主要措施,形成基地建设的工作规则。同时,逐步制定系列配套文件,提供系统的制度支撑。经过资格审核、业绩评比、对外公示等步骤,共有上海浦东上上文化服务中心等五家单位获得了首批入驻资格，并授予社会组织孵化实践基地牌匾。首批对象全部进入部分区级阵地进行孵化，孵化基地向入驻基地的社会组织提供了政策培训、业务培训、技能培训、活动培训、场景培训、礼仪培训等，并让参与孵化的社会组织参与组织承办新区的一些文化活动，积累了实际经验。

### （五）搭建社会参与公共平台

随着上海城市建设的转型发展，各类文化需求日益旺盛，各种社会力量需要有更多的平台和空间参与文化建设。政府如何创造形式多样的公共平台，使各类社会主体更为方便地参与到公共文化产品的生产和创造，已经成为文化发展的重要任务。为适应这一发展趋势，从 2013 年开始，上海市文广局采用政府主导、社会支持、各方参与、群众受益的办节理念，创新举手等机制举办首届上海市民文化节，集聚社会力量共同兴办公共文化，推动了文化活动从政府办向社会办转变、活动内容从给什么向要什么转变、活动形式从应景性向常态化转变。截至 2015 年，上海市民文化节已经举办了三届，打破了以往政府主办文化活动的格局，努力搭建了一个可以整合社会各方资源的开放平台，积极发掘、培育和鼓励多元社会主体的参与，开辟了活动项目社会化、专业化运作的崭新模式。通过媒体广发“英雄帖”，有效集聚多方力量，吸纳区县、企业、社会机构、民间组织“举手”参与办节。在举办的三届上海“市民文化节”中，每年都有 300 多家各类文化类社会组织参与其中，策划和组织了大量的公共文化活动。市民文化节借力全社会的文化资源，让来自人民群众的文化创造源源不断，极大地丰富了公共文化服务的内容，使得原本服务于小众的资源向大众乃至全城延展。公共文化活动的样式因此而不断丰富创新，外延和品质得以扩展升级，活动的关注人群和参与群体正在形成广覆盖的态势，市民大众的自主参与积极性得到有效的激发。

### （六）探索推进法人治理结构改革

公益性文化机构建立法人治理结构、实行理事会制度，从本质上说是管理体制和运行机制的变革，目标是通过体现现代治理理念的共同治理，更好地实现公益性文化机构的服务宗旨,从运行机制上提供多元主体参与决策的制度保障。上海积极推进图书馆、博物馆、美术馆等国有重点文化单位建立法人治理结构,转变机制,增加活力,提高管理水平和服务效能。

上海图书馆 2014 年确定了理事会的组织结构、产生方式、职责和运作方式等,拟定了理事会章程。2014 年 10 月 28 日,馆所理事会正式成立。首届理事会理事由市人大、市政府、市政协有关部门负责人,市教育、科技、文化等届代表,企事业、市民代表和上图情报所代表组成,具有广泛的社会代表性。理事会作为上海情报所发展和运行的决策咨询和监督管理机构,充分发挥理事会成员的专业优势、协同优势和社会影响力,认真行使对上图发展战略、规划、重大的发展项目和改革举措的建议及决策功能,加强前瞻性、预见性和系统性研究,把党的领导、政府的主导、社会的需要、机构的供给、公众的参与和图书馆的运作有机结合起来,真正做到开门办馆。

浦东图书馆 2013 年也正式启动了法人治理结构试点工作,建立了具有广泛代表性和决策功能的理事会。浦东图书馆理事会由 11 名理事组成,其中举办单位 1 名,浦东图书馆 1 名,社会方代表 9 名,包括文化教育界代表、工商企业界代表、图书馆行业代表、国际港澳台代表人士以及读者代表等,社会代表所占比例达 82%。浦东图书馆理事会成员体现了社会化、专业化、国际化,以此实现科学决策和民主监督职能,充分体现了决策、执行、监督相分离的法人治理结构特点。

### (七) 积极推动群众文化自治

在公共文化服务体系建设过程中,人民群众不仅是公共文化服务被动的接受者,更应该成为公共文化服务的组织者和文化产品的创造者。上海的一些基层社区充分发挥居民参与文化活动的积极性,积极引导社区居民自我管理、自我服务、自我创造,同时与基层社区治理相结合,提升社区居民自我治理的水平。

嘉定区在区、街镇层面成立公共文化服务议事会,制定出台《议事会反馈和解决机制》等,有效引导公共文化机构、社会人士、市民代表等利益相关方有效参与全区公共文化建设,对公共文化重大事项行使集体议事权和监督权,目前南翔镇、江桥镇、华亭镇、真新街道、新成路街道社区文化活动中心等均已自发建立中心议事会,并根据自身特色形成了相关制度。徐汇区徐家汇文化中心的徐家汇曲艺大家唱,采用中心提供场地支持,企业赞助活动资金,公益收费,社区爱好者共同参与的"自组织"方式,日常活动由参与者中的文化志愿者参与管理,活动的人数固定在 50 人左右,有时多达百人。在此模式下成功复制的"沪剧沙龙""京剧沙龙"吸引更多社区居民和社会力量参与运行和管理、活动策划等,丰富了居民生活,激发了文化活力。田林街道的"红枫艺术团"、虹梅街道的民非弘美艺术团,通过"理事会—队长—骨干"的三级网络,自治管理街道的群文团队引导其自我管理、自我服务、自我教育。凌云街道的"社戏凌云"剧社,以创作和表演话剧、方言戏剧、戏剧小品等演出样式为主,以社区居民、单位职工、学生中的戏剧爱好者为主要成员,创作和表演内容紧扣社区日常生活,具有社区性、平民性、草根性特色和轻喜剧风格,影响力不断扩大,不断以新剧目、新形式活跃在社区文化舞台。

### (八) 公共文化多维监管评估机制日趋成熟

公共文化的社会化发展是建立在政府让渡和授权的基础之上,社会力量的介入实际上分享了原来由政府承担的某些权能,"对公共文化的自由裁量和对公共财政资源的使用"。①因此,在公共文化服务社会化的推进过程中,要同时加强对运行过程和实施效果的监督、评估,确保社会化的公共文化服务始终不偏离公益性的正确轨道。目前,上海市已建立了由行政管理部门、社会第三方、广大市民和媒体等共同参与的多维监管评估机制。一是全面实施公共文化设施登记工作,建立起完整的基础数据库,登记范围包括全市社区文化活动中心、文化馆、图书馆、美术馆、博物馆等公共文化设施。二是委托市民巡访团每半年开展一次以市民满意度为主要内容的公共文化设施暗访工作,并邀请媒体对市民寻访团暗访的评分结果进行广泛报道。三是全面完成社区文化活

① (美)莱斯特·M·萨拉蒙:《新政府治理与公共行为的工具:对中国的启示》,李靖、孙迎春译,《中国行政管理》2009 年第 11 期。

动中心中央信息管理平台项目建设工作,信息化监管手段得到完善。四是委托第三方机构建立“一月一点一查”的全市社区文化活动中心日常巡查机制。五是委托第三方评估机构进行全面的评估考核。从 1999 年开始,上海市文广局就通过政府购买服务的方式,委托第三方评估机构上海东方公共文化评估中心对全市举办的重大文化活动以及全市的社区文化活动中心进行全面的绩效考核。通过绩效考核的常态化、机制化,提升了重大文化活动的社会影响力,规范了重大文化活动的投入机制;社区文化活动中心的管理运营水平、服务能级大大提升。

## 三、 当前公共文化服务社会化需要注意的几个问题

从上海的探索和实践中可以看到,随着现代公共文化服务体系构建目标的提出,公共文化服务社会化发展取得了长足的进步,初步改变了单一的政府供给体制,丰富了公共文化服务建设的多元主体,更好地满足了人民群众的精神文化需求。但是,因为长期文化事业体制的影响,在公共文化服务社会化发展的认识方面还没有形成高度的共识,同时,因为各地区经济社会发展条件的差异,公共服务社会发展推进程度也有很大的不同。因此,在当下的中国语境中,公共文化服务社会发展应该特别注意以下几个方面的问题:

### (一) 正确认识政府的角色

构建现代公共文化服务体系,必须坚持政府主导,这是政府作为公共文化服务保障主体的义务和责任。要特别防止另外一种极端倾向,那就是盲目追求公共文化服务的社会发展,而弱化政府自身的主导作用,或者以社会化发展为借口推卸政府应该发挥的职能。现代公共文化服务体系构建的基础是首先要充分发挥我国庞大政府序列中公共文化机构和设施的骨干作用,在创新体制机制中成为公共文化服务供给的主要力量,公共文化服务社会化发展是创新体制机制的一种手段,而不能成为“一刀切”式的硬性规定。特别是在广大的中西部地区,更是要特别强调政府保障作用的充分发挥,在公共文化服务社

会化方面要根据自身的条件适度发展。

界定政府角色的核心问题是政府如何安排、保障公共文化服务的生产和提供。从构建现代公共文化服务体系的要求来看,政府应该是越来越多地扮演制度安排者和保障者的角色,而不是直接提供者。凡属事务性的管理和服务,都可以通过合同、委托等方式向社会力量购买。在此过程中,政府逐渐从公共文化服务的"实施主体"转变为"决策主体",从"生产者"转变为"规划者""保障者"和"监督者",从依赖行政手段转向依靠市场手段、社会手段和法律手段。

### (二) 处理好社会化与专业化的关系

公共文化服务的社会化与专业化是构建现代公共文化服务体系相互支撑的两个层面,两者相辅相成,互为条件。社会化是有专业化要求的社会化,不能脱离了专业化去一味强调社会化。社会化决定了公共文化服务的发展活力,专业化则决定了公共文化服务的发展水平。在实际的工作实践当中,某些政府部门为了显示对中央文件的贯彻,片面的强调社会化的指标和比例,引进一些不具专业素养的公共文化服务社会主体,不仅无助于服务水平的提升,同时也对政府资源造成很大的浪费。

### (三) 要对社会力量有充分的信任

虽然从中央层面的顶层设计层面,已经对公共文化服务社会化有了制度化的保障,并且也明确了未来的发展方向。但是,长期计划经济体制条件下文化管理模式的路径依赖,政府对各种类型的社会力量还没有形成充分的信任关系。一方面出于文化管控的惯性思维,另外一个方面,政府还没适应社会力量壮大后的职能转变。因此,近年来对于社会组织的发展诉求虽然越来越强烈,但是囿于政府理念和思维的局限,文化类社会组织的发展依然举步维艰。

### (四) 始终坚持公共文化服务的公益性

公共文化服务社会化是通过供给主体的丰富,更好地满足人民群众的文化需求,其提供的公共文化服务无疑是公益性的文化产品,不能以营利为目的。在多种社会主体的引入过程中,肯定会有很多的市场主体参与其中,而市场主体的经营应是以利益最大化为目的,这就与公共文化服务的公益性形成很大的冲突。一些提供公共文化服务的社会主体为了追逐市场效益,通过各种渠道开展营利性服务,或者是把政府的购买服务变成商业营利的资本,使公共文化服务受到商业利益的严重侵蚀。更为严重的是,一些政府部门借助政府购买服务与一些社会力量形成利益共同体,通过政府购买服务达到权力寻租的目的,凡此种种,已经严重背离了公共文化服务社会化的初衷。

## 四、 公共文化服务社会化的趋势和路径

从国家文化治理现代化的角度审视公共文化服务社会化的未来发展趋势,可以得出一个确定的研判,那就是公共文化服务社会化发展将会在公共文化服务工作的各个环节全面铺开。而从现代公共文化服务体系的构建要求来看,公共文化的社会化发展更是其重要的组成部分,社会化程度的高低直接决定了公共文化服务现代化的质量和水平。

### (一) 正确处理政府、社会和市场三者的关系

公共文化服务社会化发展看似是公共文化服务领域体制机制的创新,但其深层的根本问题则是如何正确处理政府、社会和市场的关系。现代公共文化服务体系的构建,不仅是为了广大民众提供公共文化设施、文化产品以及相关服务,同时更应建构与保障依托于公共文化产品与服务的现代公共文化生活秩序。在这一领域,国家主体、市场主体、社会主体应以合理均衡的结构分配权力与职责,从而保证有序而开放、充满活力的公共文化生活良性展开。在公益和集体的名义之下,计划经济时代的文化管控思维对于社会和市场主体形成很强的排斥作用,导致了公共文化产品供给的单一体制。市场经济体制的巨大推动作用,虽然很大程度地改变了政府的全能地位,但文化建设的很多方面还是仍然感觉到政府之手的无处不在。在重要政策文本以及文化实践

中，国家不仅管公共文化服务基础设施，而且其网络一直延伸到城乡基层社会；对文化产品创作与群众文化活动也有从平台到组织、从内容到形式的详细计划与管理。政府制定的文化规划常常把文化活动的方方面面规划得无微不至，从活动内容、活动形式到活动主题几乎都有详细的规定和要求，如此强势的文化管控思维，势必对社会和市场的力量形成无形的制约和限制作用，公共文化服务社会化的良性发展受到极大的影响。

如果说经济体制改革的核心是处理好政府与市场的关系，那么，要促进公共文化服务社会化专业化发展，核心就是要处理好政府和各类主体的关系，其中包括社会主体和市场主体。要在强调政府主导作用的同时，注重发挥各类主体的积极作用，使政府和各类主体在公共文化服务中功能互补，形成合力。上海的实践表明，一是要制定政策鼓励各类主体参与公共文化服务体系建设，建立政府和社会、市场之间的良性互动关系。二是要规范政府行为，增强行政透明度，提升政府公信力。三是要尊重和平等对待各类主体，比如在政府向社会力量购买公共文化服务过程中，政府和企业、社会组织都要在平等的基础上遵守契约，任何一方都不得随意违反合同。要切实保障参与公共文化服务的社会组织和企业依法自治，真正确立政府与社会组织和企业的合作伙伴关系。只有真正尊重和平等对待各类主体，才能真正激发他们的积极性和创造性。

### （二）拓宽社会力量参与公共文化服务的渠道

公共文化服务的社会化发展有赖于政府职能的转变，在部分服务职能的让渡中不断拓宽社会力量参与公共文化服务的空间和渠道。目前，在从管理到服务的理念转变方面，政府层面虽然有了很多的改进，但还没有建立起充分有效的渠道，需要从加强政府购买服务、推进文化事业单位深化改革、创新基层群众自治等多种途径，激活社会力量的积极主动性。

政府购买服务是公共文化服务社会化的重要形式，上海在购买服务方式已经发挥了非常重要的作用，政府让渡的一部分服务职能在购买服务中得到很好地解决。要进一步完善政府购买公共文化服务制度，在购买的流程、购买的主体、购买的评估等方面，进行科学、全面、深入的界定。从购买的前端到后端,严格制定购买公共文化服务项目的项目、内容,确定当年需购买的公共文化服务项目并列入当年的财政预算,及时向社会公布购买的公共文化服务项目,通过公开招标的方式进行,并在项目完成后,通过第三方对完成情况进行评估。同时,要进一步扩大政府购买服务的对象和范围,吸纳更多的社会量参与其中,包括各类文化非营利机构、民非企业、民营文化企业等。

文化事业单位的深化改革是公共文化服务社会化的重要前提。一是要按照关于深化文化体制改革和推进事业单位分类改革的要求,理顺政府和公益性文化事业单位之间的关系,探索管办分离的有效形式。二是要进一步落实公益性文化事业单位法人自主权,强化公共服务功能,增强发展活力,发挥公共文化服务骨干作用。全面推进人事制度、收入分配制度、社会保障、经费保障制度改革。三是要创新运行机制,建立事业单位法人治理结构,推动公共图书馆、博物馆、文化馆、科技馆等组建理事会,吸纳有关方面代表、专业人士、各界群众参与管理,健全决策、执行和监督机制。完善年度报告和信息披露、公众监督等基本制度,加强规范管理。

基层与群众的联系最直接、最紧密,基层治理在整个国家治理中具有基础性、探索性和先导性。只有把广大基层群众的文化参与和创造活力充分激发出来,公共文化服务社会化才能与社会建设建立起内在的关联,促进基层社会治理的健全与完善。创新基层公共文化管理机制,一是要在基层文化治理中健全基层群众自治机制,扩大基层群众自治范围,完善基层民主管理制度,提高民主决策水平,鼓励和加强公众对公共文化事务的参与。二是政府应为社区组织提供指导和帮助,为社区提供法律法规及政策方面的支持,帮助社区大力提高自治能力,在资金投入、设施建设、人员配备等方面给予社区大力支持。三是要发挥城乡基层群众性自治组织的作用,推动开展公共文化服务参与式管理,推广居民、村民评议等行之有效的做法,健全民意表达和监督机制,引导社区居民和村民参与公共文化服务项目规划、建设、管理和监督,维护群众的文化选择权、参与权和自主权。

### (三) 大力培育文化非营利组织

要逐步放宽文化非营利组织成立登记的条件,不断简化审批的程序。目前，针对文化非营利组织的双重管理体制，以及特殊的审批要求都严重降低了民间申请文化非营利组织的积极性。虽然近年来根据创新社会管理的要求，在部分省市开始试点直接登记制，党的十八届三中全会也明确指出了工商经济类、公益慈善类、社会福利类、社会服务类等四大类社会组织可以直接向民政部门登记，不必再寻找相关的业务指导单位。但就目前来看，直接登记制还处于试点阶段且文化类非营利组织不在此试点的范围。这固然是因为文化类非营利组织可能涉及意识形态及宣传领域，不宜马上放开，但应该考虑到文化类非营利组织毕竟与宗教类、政治类的社团不同，大部分并不涉及意识形态，而只是提供一定的公共文化服务。因此，对于文化类非营利组织的成立，要逐步放宽登记条件，降低准入门槛，简化登记程序，甚至对于非重点领域的非营利组织，可直接登记，以鼓励文化类非营利组织的发展。对于不符合登记条件的文化类非营利组织，也不能一律以非法组织之名予以取缔，可根据社区公益文化发展的需要，由基层的居委、街道、社团管理部门备案，文联、作协、群艺馆、文化馆等相关的枢纽型组织和文化事业单位要加强对它们的业务联系，有条件的可以帮助其取得非营利组织登记资格。这样就可以把不同规模、不同类型的文化类非营利组织都纳入服务、管理体制中，使文化类非营利组织的培育、发展呈现梯队化、有序化。同时，在放宽成立准入门槛的同时，要加强对文化类非营利组织的引导与服务，要寓管理于服务中，改变当前社会组织管理中重初期登记、审查，轻后期服务、引导的情况，避免从“一管就死”走向“一放就乱”。在这方面可以从以下两方面着手：一是常态化的评估工作。社团管理局等政府职能部门要从基础条件、组织建设、服务活动、工作绩效、社会影响与评价等方面制定完善的评估标准，通过评估促进规范化建设，引导非营利组织建立健全工作制度。而且，这种评估应当逐步由政府主导逐步过渡到第三方主导，第三方评估可以使得参与评估的社会各界了解非营利组织的生存与发展的环境和条件，了解发展现状，从而真正关心、支持和帮助非营利组织改善环境，创造条件，使其得以发展壮大。

社区和乡村是我国行政建制的最基层单位，也是现代公共文化服务体系重点的服务对象，只有使社区和乡村的公共文化服务达到现代化的服务水平，充分满足基层群众的精神文化需求,现代公共文化服务体系建设才真正落到了实处。社区和乡村是公共文化服务需求最为旺盛的区域,同时因其居住人口类别的多样化,较难发挥政府的统一组织功能,迫切需要自发成立的各类文化类非营利组织的组织和引导。社区和乡村的文化类非营利组织,如群众性文化团队、兴趣社团、老年协会、文化志愿者组织等等,以共同的文化兴趣爱好为纽带,具有民间性和自发性的特点,可以有针对性地开展面向所有对象、覆盖不同层次、满足各类需求的文化服务。但是,因为社区和乡村的文化社会组织自发性强、规模较小、数量多、活动成本低,对于此类非营利组织,相关职能部门应该根据实际情况实行灵活的政策重点给予扶持和培育,在管理部门上,社区、乡村类的非营利组织可以是行政业务主管部门,也可以委托当地政府、街道办事处来担任。在登记管理的程序上,比照一般的社会组织,对于社区类的非营利组织要采取更为宽松的条件,放宽注册资金数额、会员数量、办公场所和筹备的程序等,同时采用登记备案双轨制,将符合登记条件的非营利组织纳入登记范围,不符合条件的实行备案管理。

### (四)加强对公共文化服务社会化的过程监管

政府全能型的文化体制容易带来“政府失灵”的弊端,而公共文化服务社会化因为大量营利性文化机构的介入,则容易带来“市场失灵”的不良后果。因此,政府在弱化“办文化”职能的同时,一定要强化“管文化”的职能,建立完善的考评管理体系,实现对于参与公共文化服务的社会力量的有效监管,确保公共文化服务社会化的公益性特征。一是强化管理力度。对社会力量参与的公共文化服务项目要加强财务绩效审计和服务业绩评估,特别是对资金使用的效率、资源利用效率、公众满意度等进行严格的绩效评估,确保公共资源能更有效地运用于实现群众文化权利、满足人民群众文化需求以及公共文化设施的运行完善。二是建立开放的评估体系。在考核评估过程中,要突破以往评估中“上评下”“内评内”的封闭性,更加突出需求导向、强化外部评价,建立政府、民众、社会中介评估组织等第三方共同参与的开放性的评估体系。这种开放性评估体系本身就是鼓励社会力量参与公共文化服务的具体举措,同时又能保障评估的客观性、有效性及科学性。三是细化问责退出机制。通过实施绩效管理合约、财务责任制度等手段构建对于社会力量的问责机制，对于不达标机构，严格按照合同规定进行惩罚；细化退出细则，制定完善的退出预案与机制，以保障其退出后实现由政府或其他组织的有序接管。

# 3

# 上海社区文化活动中心专业化社会化实践与探索

夏洁秋 *

**摘　要**　上海于2013年启动了有序推进社区文化活动中心专业化和社会化管理的工作，在实践探索基础上，参考政府主导、PPP、多中心供给、市场主导等多种模式，基本形成了街道(镇)政府直接管理、全委托管理、部分委托管理等几种主要的社区文化活动中心管理模式。针对面临的管理体制呈“多层多头”结构、管理模式的选择随意性较强、管理评估标准尚不完善、专业的社会管理机构和队伍较少、管理队伍的专业教育普遍不足、资源调配能力有待提高等各种问题，未来，上海应在明晰专业化、社会化管理内涵的基础上，从加强制度设计、召开全市推进工作大会、征集培育合格主体、发挥社区自治组织的作用，用“互联网+”提升社区文化活动中心的运营能级等方面着手。同时，注重开展配套制度建设、契约设计和可持续性，推进上海社区文化活动中心专业化、社会化管理的实践发展。

**关键词**　社区文化活动中心　专业化　社会化　管理运营

公共文化服务体系是由政府主导、保障公民基本文化权利、满足公民公共文化需求的文化产品供应与服务体系，不仅是公民个人文化权益和文化民生的实现保障，也关系到城乡的文化繁荣和文化软实力提升。随着我国改革开

---

* 夏洁秋，同济大学人文学院文化产业系副主任，副教授。主持2014年上海市文化广播影视管理局的《上海市社区文化活动中心专业化、社会化管理模式研究》课题研究。

放的进一步深入，国家日益重视公共文化服务体系建设，党的十七大报告提出“覆盖全社会的公共文化服务体系”是实现全面建设小康社会的重要目标之一，党的十八届三中全会上进一步提出“推进文化体制机制创新，构建现代公共文化服务体系”。构建现代公共文化服务体系是一个新概念，突出了公共文化服务体系的时代性、创新性和开放性特征，具有很强的现实针对性。现代公共文化服务体系具有服务目标均等化，供给主体多元化，运行机制民主化，公共服务高效化，管理体系法治化的基本特征。①社区文化活动中心作为公共文化服务体系的基础网络，它是由政府主办，以街道、乡镇为依托的多功能、综合性的公益性文化机构，以不断满足人民群众的基本精神文化需求为目标，为社区居民提供文化、体育、教育、科普、信息等服务，是保证人民基本文化权益的基础设施，对增强社区凝聚力、提高市民文明素质、维护社会和谐稳定、促进经济社会发展具有重要作用。

为适应政府向现代管理迈进的目标，上海公共文化服务体系建设积极对接社会管理创新目标。开展社区文化活动中心建设多年来，上海市文广局主导出台了《上海市社区文化活动中心基本配置要求》《上海市社区公共文化服务规定》等一系列管理制度和政策，鼓励各区街、镇根据自身的实际情况，在社区文化活动中心的硬件建设和运作模式上进行诸多有益的探索，形成了一定特色。为适应现代公共文化服务体系建设的要求，上海于 2013 年启动了有序推进社区文化活动中心社会化和专业化管理的工作，在探索提高社区文化活动中心的效能和影响力上收获了较丰富的实践经验。

## 一、 现代管理理念下公共文化服务的主要模式

公共文化服务体系建设是政府公共管理的重要组成部分。上海在探索社区文化活动中心社会化和专业化管理的过程中，注重借鉴各国在现代管理理念下形成的主要公共文化服务管理模式的合理要素。

---

① 蒯大申：《现代公共文化服务体系的内涵与基本特征》，《文汇报》2014 年 2 月 25 日。

### (一)政府主导模式

在政府主导型公共文化服务模式中,政府主要扮演政策制定者、资金供应者和生产安排者的角色。在供给主体方面,政府文化机构及相关单位是供给主体,生产并提供公共文化产品和服务,其中,纯公共文化物品和服务的供给是重点;在资金来源方面,由公共财政直接投资,政府提供经费预算并进行管制,重点投资基本文化服务,体现公益性与非营利性,同时,政府承担着资金筹集者的责任,通过政策引导,多渠道、多形式地筹集社会资金来发展公共文化,并依据经济形势和发展目标确定对公共文化服务的投入规模;在制度配套方面,政府制定并不断完善公共文化相关的法律、法规体系,将公共文化服务供给和管理纳入法制化轨道。此外,政府需要有能力执行贯彻既定方针政策,并设立各级文化行政管理部门。此模式具有指挥统一、组织系统简单、可操作性强的优点,但容易导致国家供给的公共文化服务与民间需求之间存在差距。

### (二)PPP 模式

PPP 模式(Public-Private-Partnership)在国内有多种译法,包括公私合作伙伴模式、公私营机构的伙伴合作、官方/民间的合作、公共民营合作制、官督商办模式、国家私人合营公司等。PPP 模式主要是指公共部门与私人部门共同参与公共文化产品生产和服务的制度安排,让非公共部门参与提供公共产品和服务,从而实现政府公共部门的职能,并为非公部门带来利益。其运行机制核心是公私合作、协调与共赢,表现为伙伴关系、利益共享和风险分担,是一种以参与方"双赢"或"多赢"为理念的新型融资模式。PPP 模式的基本形式包括运营维护协议、管理协议、租赁购买、BOOB/BTO、特许经营、非公共机构拥有等。随着社会发展的内在需求,PPP 模式出现了适度扩展,即在政府与私人部门合作中融入了中间组织,作为政府与私人部门的协调者和对话者,承担一些政府不该"管"的职能,或是政府和私人均失灵的领域,形成了以中间组织为枢纽的 PPP 模式。PPP 类型多样,参见表 1。

表 1　PPP 不同模式比较①

| PPP 类型 | 资产所有权 | 运营与维护 | 投资主体 | 风险承担者 |
|---|---|---|---|---|
| 服务外包 | 公共部门 | 公共和私营部门 | 公共部门 | 公共部门 |
| 管理外包 | 公共部门 | 私营部门 | 公共部门 | 公共部门 |
| 租　赁 | 公共部门 | 私营部门 | 公共部门 | 公共部门 |
| 特许经营 | 公共部门 | 私营部门 | 私营部门 | 私营部门 |
| BOT/BOO | 公共和私营部门 | 私营部门 | 私营部门 | 私营部门 |
| 剥　离 | 公共或私营部门 | 私营部门 | 私营部门 | 私营部门 |

### （三）多中心供给模式

公共文化服务的多中心供给模式是指在多中心治理理论框架下，以在利益相关者之间建立和运行自主性契约为核心，以多种决策方式和机制为主要构成，形成政府供给、市场供给、非营利组织供给以及联合供给的整合体系，具有比较高效的经济和社会效益。多中心供给意味着在公共文化服务供给过程中，多元主体在一定规则约束下以多种形式共同行使主体性权力，而使用者能够在可替代的公共文化产品供给者之间进行选择。多中心供给模式的关键在于政府并不是公共文化服务的唯一供给者，在政府之外还存在其他的供给形式，可以有效满足人们对公共文化服务的需求，提高公共文化服务的配置效率。

### （四）市场主导模式

该模式主要由文化企业组织生产和提供公共文化服务，其成功提供公共文化服务的关键是按照市场机制向居民收费，企业需遵循市场机制收回成本并获得一定利润，而公共利益不过是其提供产品及服务衍生的结果。在市场主导模式下，政府往往将公共文化产品以“合同”形式交由非公共部门生产和经营，再由政府通过招投标机制进行购买，这意味着文化主管部门不直接办文化，而是根据公众要求，在制定行业和服务标准、严格审查文化企事业单位资

① 孙本刚：《准经营性基础设施项目 PPP 模式研究》，同济大学硕士论文，2006 年。

质、信誉的基础上,通过合同外包方式委托有资质、信誉高的文化企业生产公共文化产品与服务,并实施严格的审批和市场监管、给予相应财政或经费补贴。这种模式有助于形成运转高效、良性竞争、多元互补的公共文化服务供给体系,满足不同层次的公众文化需求,但有时不利于贯彻政府的文化战略。

上述现代管理理念下的公共文化服务模式各具特色,也需要相应的社会生态环境。社区文化活动中心探索社会化和专业化管理时,必须结合区域实际情况采用具有适应性的管理模式,才能不断提升公共文化服务水平。

## 二、 上海市社区文化活动中心建设状况及运营模式

上海市按照市委、市政府的部署,在公共文化服务体系建设中重点加强社区文化活动中心的建设和管理。从 2004 年起,上海对全市的公益性文化设施进行了整体规划并着手进行系统整合,按照新的布局要求和配置标准,改建、扩建及新建了一批功能完善的社区综合性文化活动设施,统一命名为“社区文化活动中心”。截至 2011 年底,全市投入约 50 亿元,建成 203 家标准化社区文化活动中心,总面积达到 100 万平方米,①实现社区文化活动中心基本覆盖全市街镇的目标。

为加强和完善社区文化活动中心的管理,2011 年底,上海市委、市政府出台了《关于加强社区文化活动中心建设与管理的指导意见》,为社区文化活动中心的运行和管理提供了制度保障。2013 年 4 月,上海市人大出台《上海市社区公共文化服务规定》,进一步细化规范社区公共文化服务标准,并制定了服务标准、项目清单、评估考核办法、投诉处理规定等一系列配套文件,这是全国第一部专门面向社区基层公共文化服务的法规。总体来看,上海社区文化活动中心为社区居民提供了丰富多彩的公共文化服务,管理服务发展势头良好。其中,不少社区文化活动中心进一步探索功能定位,创新管理运行机制,整合社区公共文化资源,提供有针对性、有特色的公共文化服务项目。

① 上海市文广局公共文化处提供数据。

## （一）当前上海社区文化活动中心的主要管理模式

1. 街道（镇）政府直接管理

街道（镇）成立事业单位或成立民非组织对中心进行直接管理，街道（镇）派机关工作人员或者事业编制工作人员负责。目前，有约100个街道（镇）采用这样一种管理模式，主要集中在郊区乡镇。①该模式具有以下特点：一，街道（镇）政府直接委派机关干部担任社区文化活动中心的负责人，设行政管理部、物业管理部、企划部等部门具体承担管理运行职能；二，由街道（镇）政府直接组织对居民进行各种文化宣传教育，开展各种以群众为主体的文化活动；三，形成比较完备的政府投资渠道。

这种模式是目前上海社区文化活动中心采取较多的一种模式。

2. 全委托管理

街道（镇）政府通过购买服务的方式委托社会专业机构对社区文化活动中心进行专业管理，签订托管协议，明确双方职责。目前，有约10个街道（镇）采用这种管理模式。②该模式具有以下特点：一是街道（镇）政府与社会组织开展契约合作，通过托管方式来提供社区文化服务；二是社会组织的负责人为社区文化活动中心的主任，实行主任负责制，中心的日常工作由社会组织自主管理；三是文化活动中心的经费一般由街道（镇）政府全额支付，包括社区文化活动中心的人员工资、办公日常开销、基本活动经费等。

近年来，上海一些街道（镇）社区文化中心探索采用此模式，并取得良好的运营实效。例如，黄浦区打浦桥街道把社区文化中心整体委托给上海华爱社区服务管理中心，以之作为运营机构，并把活动中心的物业委托给具有专业资质的上海金玉兰物业有限公司管理。打浦桥街道办事处与华爱签订协议，对服务内容和标准进行约定，并制定监督考核办法：一是确立社区文化管委会制度，管委会由街道领导担任主任，成员由人大代表、群团负责人、居民代表和中心主任组成，主要负责审批工作计划、项目设置和财政执行情况等重要事

① 《上海市社区文化活动中心专业化、社会化管理模式研究》课题调研获得的基本数据。

② 《上海市社区文化活动中心专业化、社会化管理模式研究》课题调研获得的基本数据、资料。

项;二是确立联席会议制度,每月举行一次例会,成员由街道、被委托方、居委代表组成,主要审定运营方的活动项目表、排片表、听取意见、协商解决具体问题,实现实时动态监督;三是确立群众评估制度,街道每半年召集各方代表对中心运行管理情况进行一次审议、评估。根据评议结果,取消群众不欢迎的项目,增设群众有要求的项目。同时,将整体评估的结果直接与被委托方的项目管理费、奖励费和能否续签挂钩。这一做法既强化了政府的监管职能,也确保了群众的知情权、参与权。①通过这些举措,打浦桥街道办事处从办文化转向管文化,依托华爱的社会资源与专业运行能力,使文化中心服务水平与质量有所提高,群众普遍感到满意。

3. 部分委托管理

街道(镇)政府将社区文化中心部分场地设施的物业委托社会专业机构管理,或者将部分活动项目委托专业机构承办。目前,有八九十个街道乡镇采用这样一种专业管理模式。②该模式具有以下特点:一是街道(镇)政府仅将社区文化中心部分场地设施的物业管理或部分活动项目委托给专业机构管理,通过签订合同,确立政府主导、企业运作、公益为本的合作形式,共同负责文化活动中心的运作,政府负责监管,企业负责运营;二是街道(镇)政府一般聘用1名社区文化活动中心主任,自主管理社区文化活动中心的主要项目运作;三是文化活动中心的经费由政府补贴一部分,企业经营运作自筹一部分。

比较典型的个案是浦东新区康桥镇社区文化活动中心。康桥镇人民政府与锦辉公司签订协议,由政府与锦辉公司共同负责文化活动中心的产业运作、物业管理、团队培养、市场开拓、文化服务等职能。政府负责制定年度文化工作要求,并设立管委会,监管文化中心运营、管理和文化服务方向。锦辉公司负责策划并执行全年群众文化计划,为公益活动设定主题、范围、对象、目标。在康桥社区文化中心产业化经营的进程中,锦辉在政府支持下,通过招募文化志愿者、培训专业化人员和选择租户,保证了公益场地的正常开放和运营成本

①② 《上海市社区文化活动中心专业化、社会化管理模式研究》课题调研获得的基本数据、资料。

的降低。此外，锦辉团队通过请进来、走出去，以市场手段整合社会性文化资源，引进了大量专业团队来中心演出、培训、讲座、展览及经营，实现了活动载体的全面创新，同时引进多元的社会资金注入康桥群众文化建设，提升了社区文化活动中心的服务水平。

**表 2　上海社区文化活动中心不同类型的管理模式优缺点比较**

| 类　型 | 优　　点 | 缺　　点 |
| --- | --- | --- |
| 政府直管模式 | 1.管理主体明确，形成较完整的管理机制；2.运营资金有保障，利于中心的设施建设及活动开展；3.公益性有保障，在政府公共政策支持下，文化设施对广大社区成员免费开放，开展各种公益性文化活动。 | 1.文化活动往往带有政府行政命令色彩，社区成员常处于被动状态，参与度不高；2.存在主体错位现象，政府付出高额的成本，却无法获得社区居民的认可，满足其文化需求；3.社区功能缺失，政府单方面运作产生的资源、资金、人气不足的矛盾，影响中心的可持续发展。 |
| 全委托管理模式 | 1.整合经营降低了运营成本，通过采用灵活高效的运营方式提高了社区中心文化服务的效益；2.实行专业化管理，可为社区居民提供优质的文化产品和服务。 | 1.社区文化中心的管理主体身份不清，会导致中心在人员招聘、合同签订、经费开支等方面存在困难；2.我国现有的专业化社会组织发展不成熟，缺乏足够的能提供专业化服务的社会组织；3.相应的法律法规不完善，缺乏制度保障。 |
| 部分委托管理模式 | 1.市场化运作充分发挥了市场在资源配置中的基础性作用，提高公共文化的供给水平，有利于增强社区文化活力，丰富社区文化的内涵；2.提高了社区文化服务的效率和质量，弥补了财政投入公共文化资金不足的缺口。3.有利于丰富社区文化服务的内容及形式，满足居民多元化的文化需求。 | 1.定位有时不明确，如果收费性项目过多、过高会导致商业气息过浓，偏离公益性文化服务的总体方向；2.缺乏统一的管理制度和规范，缺乏统一的运行标准，难以对中心的管理模式、运作机制进行科学的评估和考核。 |

上述三种管理模式各有特点，但总体来看，委托社会专业机构承接社区文化活动中心的管理运营与服务，体现出活力强、水平高的特点，得到广大市民和社会肯定，也符合党的十八届三中全会推动公共文化服务社会化、专业化发展的精神，应成为上海市社区文化活动中心的主要管理模式。

### （二）上海社区文化活动中心管理存在的主要问题

1. 管理体制呈“多层多头”结构，管理关系较复杂

上海目前社区文化活动中心的管理体制是一个“多层多头”的结构，在行政上隶属于街道（镇），在业务上要接受所在区文化行政主管部门指导，同时，

作为一个综合性、多功能的文化服务平台,要对口科、教、文、体各部门,涵盖党、工、青、妇等活动内容,管理内容庞杂,形成了“多层多头”的管理格局。这样的管理体制容易导致各方关系难以理顺,管理重点不明晰,导致责任主体难以落实。

2. 管理模式的选择随意性较强,管理水平参差不齐

上海现阶段社区文化活动中心有多种管理模式,由于缺乏社区文化活动中心的管理机制和管理团队组建的统一模式和标准,各街道主要根据自己的资源情况,并兼顾领导层对社区文化建设的重视程度来决定管理模式,随意性较强,社区文化活动中心的管理水平呈现良莠不齐的状况。

3. 管理评估标准尚不完善,评估机制激励作用不足

2013 年以前,上海社区文化中心缺乏有效的社会化、专业化管理和评估实施办法。社区文化活动中心在管理模式上主要有两种倾向:一种是行政化,即由街道直接委派人员来管理,计划决策、项目设置等大多由行政机构人员包揽承办;另一种是市场化,认为市场是有效率的,政府建好设施后应彻底交给市场。在调研中发现,不管选择哪种管理模式,如果缺乏专业化的管理标准约束都容易导致以下问题:一是供需脱节,提供的服务并非是居民最需要的服务;二是设施利用率低下、管理和运营成本高昂;三是一些项目设施严重偏离公益性文化服务的总体方向。因此,急需有效的制度配套。

4. 专业的社会管理机构和队伍较少,社会力量作用发挥不够

通过广泛调研发现,上海目前具备相应资质和条件的社会组织数量较少,全社会的社会组织培育不发达导致了专业社会组织的稀缺,这给全面推广社会化、专业化管理模式带来了困难。

5. 管理队伍的专业教育普遍不足,缺乏创新能力

由于社区文化活动中心存在人员编制不足、管理成本较高等问题,不少街(镇)直接管理的文化活动中心大多简单地聘用原文化站的老员工,或者聘用具有文体专长的离退休人员来承担管理职能,管理队伍总体年龄结构偏大,创新意识和能力不强。而青年人往往承担具体的设施管理职能,大多数无法参与中心运行、项目策划、活动推广等工作,青年人的成长空间较小,人才难以留

住,管理团队的可持续发展能力不强。

6. 资源调配能力有待提高,亟需形成全市共享支持管理的配送平台

相对于人民群众日益增长的多层次、多样化的精神文化需求,现有的供需匹配还不够,配送机制有待进一步完善。这主要体现在:一方面是活动内容安排与需求有差距;另一方面是很多现有的社会资源和设施条件未能充分发挥作用。尽管有不少的高水平资源条件可以为社区文化活动中心所利用,但共享调配的组织管理能力较弱,资源短缺与闲置并存的情况较突出。

## 三、 上海社区文化活动中心专业化、社会化管理的内涵及实践

### (一) 专业化、社会化管理的内涵

1. 社区文化活动中心的专业化管理

专业化管理通常包括以下内涵:一是管理的范围明确;二是具有标准化、规范化、科学化的管理要求;三是需要进行长期的专业教育;四是从事者个人、集体均具有广泛自律性;五是专业自律性范围内,直接负有做出判断、采取行为的责任。就社区文化活动中心而言,其专业化管理应该包括以下范畴。

(1) 专业化的管理机构。即从事社区文化活动中心的管理主体应具备相应的管理技能和管理经验,并需通过考核认证获得相应的管理资格。

(2) 专业化的人才队伍。即社区文化活动中心的管理人员应具有相关知识和技能,具备管理职业道德,能胜任社区文化活动中心的相关管理工作,并长期接受专业教育,确保专业化的管理水平。

(3) 规范化的服务标准。即要有社区文化活动中心管理服务的各项标准,包括专业化管理服务标准,专业化管理主体资质标准,专业化管理监督管理办法等,使各项管理工作有据可依。

(4) 标准化的操作流程。即要有从事社区文化活动中心的各项管理工作的标准化流程,如关于购买社区文化中心专业化服务的办法、社区文化中心专

业化管理费用参考、社区文化中心委托管理服务合约签订办法等。

2. 社区文化活动中心的社会化管理

社会化管理模式,即以社区治理为理念,由政府、社区企事业单位、第三部门和社区居民等共同参与社区公益性文化事业的管理,形成多元互动的网络型运作模式。社会化管理模式是建立在治理理论基础上,旨在强调多元主体、参与管理、合作伙伴关系。就社区文化活动中心而言,其社会化管理应该包括以下范畴。

(1) 多元文化主体及其合作。应当促进公民、私有部门以及非营利组织等广泛参与社区公共文化服务,并确立与政府的合作伙伴关系。在社区文化发展中,政府不再是主要的处于控制地位的掌舵者,而只是一个非常重要的参与者和服务者,专业的社会组织将会发挥更大的作用。

(2) 发挥社区自治组织和中介组织在社区文化建设中的作用。政府应积极培育民间文化团体和社会文化中介组织,倡导和发展社区文化志愿者队伍,支持鼓励他们积极参与社区文化事务;将一些政府不该管、管不了、管不好的社区事务转移给市场或社会文化中介组织,实行委托管理和市场运作。

## (二) 上海推进社区文化活动中心专业化、社会化管理的实践

1. 加强制度设计

上海市文广影视管理局从 2013 年下半年开始邀请有关专家和市民代表共同组成课题组,通过问卷调查、实地考察、访谈座谈等方式深入开展调研。在充分调研的基础上,起草形成了《关于推进上海市社区文化活动中心专业化社会化管理的工作方案》《上海市社区文化活动中心专业化社会化管理服务标准》《上海市关于政府购买社区文化活动中心专业化社会化服务的参考流程》《上海市社区文化活动中心专业化社会化管理主体资质标准》《上海市社区文化活动中心专业化社会化管理监督管理办法》《上海市社区文化活动中心专业化社会化管理费用参考》以及《社区文化活动中心全委托管理服务合约参考文本》等标准和规范的初稿。随后,又广泛征求区县、街镇、市民代表意

见，先后邀请区县文化行政部门、街道（乡镇）、基层文化工作者、本市文化领域专家、媒体召开8次座谈会，召开4次市民代表听证会，并分别发函到各区县文化管理部门征求意见，对标准和规范文件进行完善和修改，经18次修改，形成了《关于推进上海市社区文化活动中心专业化社会化管理的工作方案》及各项标准、规范。①

2. 召开全市推进工作大会，推进试点工作和面上工作

2015年4月，上海市文化广播影视管理局向各区（县）正式下发《关于推进社区文化活动中心专业化社会化管理的若干意见》《上海市社区文化活动中心专业化社会化管理服务标准》（2014版）等相关文件，组织开展现场会议，通过文件解读，全面部署推进全市社区文化活动中心专业化社会化管理工作。同时，以国家和市级公共文化服务体系示范区创建为契机，选择徐汇、浦东、嘉定等区全面开展社区文化活动中心专业化社会化管理试点工作，在其他区县选择部分街道（乡镇）参照三种管理模式开展专业化、社会化管理试点工作，积累经验，探索示范。

在试点工作的基础上，面向全市社区文化活动中心推进专业化社会化管理。对中心城区以社区文化活动中心的满载率为核心来指导工作推进，对郊区强调通过专业化社会化管理实现公共文化服务均等化，促进城乡一体化发展。

3. 征集培育合格主体

组织面向全社会广泛征集合格社会主体的活动，营造社会组织培育的社会氛围。经专家评审，建立市级合格社会主体推荐目录清单，并对列入清单的社会主体开展公共文化业务培训，提升其专业资质和管理水平。2014年11月，上海市文化广播影视管理局面向全社会广泛征集参与社区文化活动中心专业化社会化管理的合格社会主体，②共有60多家企业和社会组织报名。2015年，经过专业评审，共有31家单位分别获得全委托管理、场地设施委托管理、活动项目委托管理的合格主体资格。

---

① 具体内容见上海市文化广播影视管理局下发的文件。

② 《上海市社区文化活动中心专业化社会化管理相关主体征集公告》，《新民晚报》2014年11月28日。

**表 3　上海市社区文化活动中心专业化社会化管理合格主体推荐目录(2015 版)①**

| 序号 | 申报类别 | 申　报　单　位 |
|---|---|---|
| 1 | 全委托管理(5 家) | 上海浦东上上文化服务中心 |
| 2 | | 浦江文化发展中心 |
| 3 | | 上海星妍文化服务中心 |
| 4 | | 上海棠弥投资有限公司 |
| 5 | | 上海华爱社区服务管理中心 |
| 6 | 场地设施委托管理(4 家) | 上海浦江物业有限公司 |
| 7 | | 上海申勤物业管理服务有限公司 |
| 8 | | 上海新长宁集团仙霞物业有限公司 |
| 9 | | 上海延吉物业管理有限公司 |
| 10 | 活动项目委托管理(22 家) | 上海满艺文化传播有限公司 |
| 11 | | 上海市华文创意写作中心 |
| 12 | | 上海左邻右舍文化艺术传播有限公司 |
| 13 | | 上海闸北临汾社区明悦文化服务中心 |
| 14 | | 上海电影评论学会 |
| 15 | | 上海科技助老服务中心 |
| 16 | | 上海创图网络科技发展有限公司 |
| 17 | | 上海广旭传播有限公司 |
| 18 | | 上海新恒文文化传媒有限公司 |
| 19 | | 上海权军民传统艺术中心 |
| 20 | | 上海九九关爱文化中心 |
| 21 | | 上海乐酷青年创意公益发展中心 |
| 22 | | 上海市浦东新区鑫源社区文化服务中心 |
| 23 | | 上海奇灵文化传媒发展有限公司 |
| 24 | | 上海市动漫行业协会 |
| 25 | | 上海荣誉文化传播有限公司 |
| 26 | | 上海屋里厢社区服务中心 |
| 27 | | 上海松江区艺树文化发展中心 |
| 28 | | 上海我爱我家社会公益服务中心 |
| 29 | | 上海宏天文化传播有限公司 |
| 30 | | 上海海派连环画中心 |
| 31 | | 上海兴越公共文化管理服务中心 |

① 《上海市社区文化活动中心专业化社会化管理合格主体推荐目录公示》,上海市人民政府发布,2015 年 2 月 5 日。

4. 发挥社区自治组织的作用

（1）推进以社区居民为主体的文化团队建设。社区居民是文化活动的主体，也是公共文化服务的对象。各社区文化活动中心普遍结合社区居民的爱好及特长，引导居民组建多样化的文化团队，构建社区文化活动中心居民自治的基础。例如，浦东新区塘桥街道社区文化活动中心组成了有当地特色的码头号子表演队，形成了三个梯队，每年创作编排新号子节目，曾荣获得文化部举办的全国原生民歌多人组合银奖，并赴德国、巴西等国参加国际民间艺术节；街道还成立塘桥社区围棋队，有 500 名左右各类梯队成员，在社区 8 所幼儿园、中小学开设公益围棋兴趣课，进一步普及青少年围棋运动；街道建立扯铃俱乐部，23 个居委都成立扯铃队，参与居民达数千人。①数量庞大的居民文化团队成为社区文化活动中心居民自治的抓手。

（2）探索建立居民文化团队的自我管理机制。为了促进居民文化团队的可持续发展，激发居民的自我管理、自我创造意识，各社区文化活动中心不断探索，形成有效的管理机制。例如，黄浦区五里桥街道社区文化活动中心注重发挥等级团队的示范、引领功能，加强等级团队培育管理。中心制定了等级团队评定标准，每一支团队建立一本团队活动记录册，并按等级给予专项活动经费；每年 2 次培训、2 次检查和 1 次学习交流。截至 2013 年底，文化活动中心共有等级团队 46 支，占全街道 166 支文体团队的 28%。以等级团队引领，提高团队的整体素质，发挥了“一支团队就是一支志愿者队伍”的精神，积极参加社区各项公益活动。②

（3）构建文化志愿者服务网络。志愿服务是现代社会文明程度的重要标志。文化志愿者是志愿者队伍的一个有机组成部分，是指不以物质报酬为目的，利用自己的时间、文化知识或文化、艺术及体育等技能自愿为他人和社会提供文化艺术服务的人。上海的社区文化活动中心在探索文化志愿者服务上形成了一系列经验。

一是组建多样化的文化志愿者团队。各社区文化活动中心除了鼓励普通

①② 《上海市社区文化活动中心专业化、社会化管理模式研究》课题调研获得的资料。

居民自发组织文体志愿者团队外,还根据社区独特的居民资源组织有特色的文化志愿者服务。如徐汇区天平社区文化活动中心以文化名人为引导,帮助居民文化团队提高业务水平,激发其自主学习和管理意识。天平社区有着得天独厚的名人名家资源,秦怡、周小燕、尚长荣、陆春龄、任桂珍、何占豪、茅善玉等大家耳熟能详的文化名人都居住或工作在天平社区。为了积极发挥文化名人的示范引领作用,2007 年 5 月 11 日,正式成立了天平社区文化名人服务指导机构"名家坊",30 余位电影、戏曲、音乐、主持领域的"坊"间名人倾情加盟、无私奉献,搏动着社区文化的无限张力。据统计,"名家坊"成立近六年多来,共举办一系列演出、讲座、辅导活动百余场①。又如松江区新桥镇社区文化活动中心加强对社区专业文化人才的挖掘和培养,充分利用社区内的虹上海舞蹈学校、上海歌舞团、上海芭蕾舞团、上海电影译制厂、区艺术中心等资源,不断提升虹桥社区群文作品的质量。再如,长宁区虹桥社区文化活动中心整合资源,邀请上海社区乐队、首届妈妈咪呀选秀节目人气选手、古北民星艺术团、社区内的中外文艺爱好者等参与本社区的志愿文化服务,让社区居民享受到丰富的中外文化大餐。②上海目前已形成了庞大的文化志愿者队伍。

二是建设文化志愿者团队管理机构。如嘉定镇街道文体中心自 2005 年培育团队以来,坚持政府扶持、团队自治的办法,唤醒市民的文化自觉性。到 2012 年底建成各类文化志愿者团队 221 支,织就了一张以政府为主导、社区文化志愿者共同参与的公共文化服务网络,有效保障了嘉定镇地区市民最基本的文化权益。为了推进居民自治管理水平提高,2012 年 5 月,嘉定镇街道开创性地成立了由民间文化志愿者组成的一个自治组织——"聚乐轩"文化志愿者管理委员会,"聚乐轩"在筹备过程中,通过各社区文化站、文化团队推荐人选,由来自嘉定镇街道的 30 位群众文化志愿者成为"聚乐轩"的发起人,并参与到筹备工作中来。通过大家长达 5 个月的多轮推选,最终选出由一个会长、一个常务副会长、6 个分别代表音乐、舞蹈、戏曲、读书、摄影、书画的副会长,以及不同文化团队队长组成的 18 个委员的"聚乐轩"首届理事会,理事会

---

①② 《上海市社区文化活动中心专业化、社会化管理模式研究》课题调研获得的资料。

下设秘书处，秘书长由文化中心主任兼任，成员为文化中心群文组全体成员。“聚乐轩”另设文化巡防队和文化指导队，分别监督、反馈和指导各会开展活动。“聚乐轩”自成立之日起就参与到文化中心大楼的管理，为所有文化团队提供规范管理和贴心服务，参与社区文化团队的等级评判、奖励办法制定、活动设计安排等，使200多支团队广泛交流、良性互动。同时，“聚乐轩”设立评估机制，如有的团队内部管理不善，无法承担对外演出任务，“聚乐轩”会对其“劝退”，或相应减少其使用场所的时间，将资源“挪”给其他团队，而各团队对此评判也相当“买账”①，促进了资源的优化整合。又如在杨浦区文明办的指导下，延吉街道和上海青年家园民间组织服务中心签订合作协议，共同推动社区志愿中心建设，拟成立延吉社区志愿中心，由分会秘书长（文明办主任）任中心主任、青年家园负责人任副主任，街道与青年家园安排专人实施日常管理。在工作分工方面，区文明办做好整体指导工作，把握中心的发展方向；延吉街道党工委、办事处负责指导和支持中心工作，提供政策和资金保障；青年家园根据区、街道的需求，具体负责志愿中心的规划设计、项目引进、管理运营、日常督导、项目评估、活动开展等，加强党政部门与社会组织的有效互动。②

三是制定文化志愿者管理制度，指导文化志愿者服务。例如徐汇区目前已有3 557人组成的群众文化志愿者工作队伍，占常住人口的千分之三。其中，区级志愿者队伍人数达1 131人。徐汇区制定了《群众文化志愿者管理办法》指导志愿者开展服务工作，在文化志愿服务工作中也涌现出许多志愿模范。77岁的徐月琴老人连续8年参与徐家汇公园星期音乐会志愿者服务，被评为徐汇区2010年度群文优秀志愿者；退休日语教师李遇玫，连续近10年在区图书馆免费开设日语辅导班，2011年3月份被评为2010年度上海市中心图书馆“十佳志愿者”，群众文化志愿者队伍成为了徐汇区公共文化服务的重要力量。③

5. 运用“互联网+”提升社区文化活动中心的运营能级

上海一向重视“互联网+”在公共文化服务中的运用。为解决线下公共文

①②③ 《上海市社区文化活动中心专业化、社会化管理模式研究》课题调研获得的资料。

化服务时间、空间限制的问题,有效整合各条线公共文化资源,上海启动“文化上海云”建设项目,综合运用云计算、云存储等技术,将市、区(县)、社区三个层级的公共文化服务纳入一个总的门户平台,并与国家数字支撑平台对接。市民通过电脑、手机、移动终端和电视接入,只需在门户上点击相应服务模块,就能快捷享受文化服务内容,不受时间和地域限制。①“文化上海云”已于2016年3月26日正式上线。其中,嘉定区积极建设“嘉定文化云”平台。例如嘉定菊园社区文化活动中心的“云上订餐”平台深受居民喜爱,居民可通过“菊园有戏”微信预约自己喜爱的文化活动,还可以通过微信、云平台预约场馆,方便了不同居民通过公平的平台预约使用场馆,改变了过去往往是固定团队使用场馆的情况,促使各类社会力量不断提升管理水平。②社会力量的文化聚合平台已经从实体设施逐步向网络延伸。

## (三) 上海市推进社区文化活动中心专业化、社会化管理需注意的问题

上海市的社区文化活动中心数量众多,区域发展水平不平衡,在《上海市社区文化活动中心专业化社会化管理服务标准》(2014版)及相关配套文件指导的基础上,需结合实际探索具体方式。

### 1. 开展配套制度建设,培育和规范文化类社会组织

要广泛宣传文化类社会组织在现代公共文化服务体系建设中的功能和作用,让众多自发性文艺团队组织形成要升级转型为文化类专业性社会组织的认知,促进该类型社会组织不断增加;简化社会组织的登记手续,清除其在成立方面的程序障碍;政府购买公共文化服务的资金、项目要向专业性社会组织倾斜,培育其发展壮大,促进服务能力提升和可持续发展。

### 2. 注重契约设计,培育契约精神

在已制定的《上海市社区文化活动中心专业化社会化管理服务标准》等配套文件的指导下,促使社区文化活动中心专业化、社会化管理的合同条款设

① 《申城公共文化15分钟服务圈不断完善》,《解放日报》2015年7月2日。
② 《上海市社区文化活动中心专业化、社会化管理模式研究》课题调研获得的资料。

置合理化，确保专业性社会组织获得供给充足、稳定的资源保障，使其获得行使职能的独立性，避免社会组织对行政体制资源的强依赖性。同时，通过合理的合同约定，确保公共文化服务目标的实现。当前，尤其需要重视契约精神的培育和推广，避免合同任何一方的随意毁约等行为。

3. 注重可持续性，不断改进提高

上海市推进社区文化活动中心专业化、社会化管理的工作具有一定的探索性，随着实际情况的变化和发展，需要不断探索，改进提高。今后，拟每两年修订一次实施方案，以不断适应新形势的发展需要。2016 年 4 月，上海市文化广播影视管理局公共文化处已经启动了全市性的社区文化活动中心专业化、社会化管理工作情况的调查，各区已组织专门人员，采用问卷调查、访谈调查、实地调查等方式，对全市各个社区文化中心的管理模式进行全面摸底，在收集数据、掌握全面情况的基础上，将进一步改进实施方案，促进社区文化活动中心专业化、社会化管理工作取得更好实效。

# 4

# 上海现代公共文化服务体系建设的民间力量参与研究

黄江平*

**摘　要**　民间力量参与文化建设有利于健全现代公共文化服务体系、促进文化建设内涵式发展、补充基层文化人才不足、加快推进中国文化“走出去”。目前,上海群众文化团体活动频繁影响广泛、文化类社会组织势头强劲发展迅猛、群众文化社团数量庞大薪火相传、民办公益性文化事业长盛不衰潜力巨大、民间文化能人作用显著业绩突出。上海民间力量参与现代公共文化建设总体表现出了良好的发展势头。但是,相关政策体制机制还有待于进一步健全和完善。大力发展民间文化社团组织和社会文化机构,鼓励民间力量参与公共文化建设,使之真正成为上海文化建设的主体,是目前上海现代公共文化服务体系建设所面临的重要问题。为此,建议如下:制定发展规划,推动民间力量参与文化建设的快速发展;完善相关政策,营造民间力量参与文化建设的宽松环境;健全文化体制,激发民间力量参与文化建设的创造活力;创新管理机制,调动民间力量参与文化建设的积极性;加强评估指导,促进民间力量参与文化建设的规范管理。

**关键词**　公共文化服务体系　民间力量参与　政策体制机制　上海

民间力量是相对于政府公权力而言的一种社会力量,是推动一个国家、一

* 黄江平,上海社会科学院文学研究所民俗学与非物质文化遗产保护研究室主任,副研究员,近年来着力于民间民俗文化、地域文化、传统文化转换与城市现代化发展研究。

个城市文化发展的动力源泉。近几年来,上海民间力量在参与上海现代公共文化服务体系建设方面发挥了积极作用。本文拟立足上海加快建设国际文化大都市的实际,从政策、体制机制的角度研究分析目前上海民间力量参与公共文化服务体系建设的现状、问题及原因,提出进一步发挥民间力量参与上海文化建设的对策建议。

## 一、 民间力量参与现代公共文化服务体系建设的重要意义

在计划经济时期,文化资源按行政方式配置,政府包揽一切,文化产品和服务只能由国有文化单位和文化事业单位供给。随着社会主义市场经济发展,单一的所有制结构被打破,深化文化体制改革,就是要鼓励非国有文化单位、民间力量、社会资本积极参与文化建设。党的十七届六中全会通过的《中共中央关于深化文化体制改革推动社会主义文化大发展大繁荣若干重大问题的决定》中明确指出:"人民是推动社会主义文化大发展大繁荣最深厚的力量源泉。要牢固树立马克思主义群众观点,自觉贯彻党的群众路线,为广大群众成为社会主义文化建设者提供广阔舞台。"中共上海市委在《关于贯彻〈中共中央关于深化文化体制改革推动社会主义文化大发展大繁荣若干重大问题的决定〉的实施意见》中提出:"发挥人民群众在文化建设中的主体作用,激发全社会文化创造活力。"充分肯定了民间力量参与文化建设的积极意义。

### (一) 有利于健全现代公共文化服务体系

党的十八届三中全会通过的《中共中央关于全面深化改革若干重大问题的决定》指出,要完善管理体制,"按照政企分开、政事分开的原则,推动政府部门由办文化向管文化转变"。这是对深化文化体制改革提出的新要求,是今后我国文化建设的基本原则和发展方向。"办文化"就是大包大揽,是计划经济的产物,群众只是被动地"接受文化",民间力量、社会资本被束缚。而"管文化"就是要更多地释放市场活力,使民间力量、社会资本得到充分发挥,让人民群众真正成为文化建设主体。公共文化服务体系建设是政府文化事业的重

要组成部分,在活跃群众文化生活、满足不同层次群众文化需求方面发挥了积极作用。但是,我国仍处于并将长期处于社会主义初级阶段,人民日益增长的物质文化需要同落后的社会生产之间的矛盾仍然是社会主要矛盾,而且城乡之间、区域之间文化发展还很不平衡。随着社会经济的快速发展,人民群众的精神文化需求日益增长,建立健全公共文化服务体系必须要动员全社会的力量共同参与,最大限度地弥补公共文化服务资源的不足,推动上海文化大发展大繁荣。

### (二) 有利于促进文化建设内涵式发展

目前,上海公共文化服务体系建设基本形成,上海的文化体制改革进入了一个新阶段,这一阶段的任务就是要深化文化体制改革。以往上海文化体制改革主要是政府主导型、推动型的改革,而文化创新增长的内生发展能力不足。所谓内生发展能力是指依靠文化创新和市民主动参与文化建设的内涵式发展,而不是主要依靠文化产品供给的外延式发展。民间组织、民间团体、民间文化能人是最贴近群众,最"接地气"的内生力量。深化文化体制改革,就是要释放全社会文化创造活力,发挥民间力量参与城市文化建设的积极性,引导群众在文化建设中自我表现、自我教育、自我服务,促进上海文化建设内涵式发展。

### (三) 有利于补充基层文化人才不足

在各类文化资源中,人才是第一资源。从全国各地实际情况来看,文化产业、文化市场管理、公共文化服务等领域的人才总量不足已经成为制约地方文化发展的瓶颈。随着近几年公共文化服务体系不断推进,硬件设施建设日臻完善,人才不足的矛盾却日益突出。解决人才危机不能只顾引进人才不重视本土人才,不能只顾"体制内"人才而忽视"体制外"的民间文化人才。乡土文化能人是指扎根基层,在各类文化领域拥有专长的人才。《中共中央关于深化文化体制改革推动社会主义文化大发展大繁荣若干重大问题的决定》中首次提出要"重视发现和培养扎根基层的乡土文化能人"。继而在《国家"十二五"时期文化改革发展规划纲要》和《文化部"十二五"时期公共文化服务体系建设实施纲要》等重要文件中也不断给予强调。重视发现和培养民间文化人才将会大大优化基层文化人才结构,改善人才资源总量不足的状况。发挥民间优秀文化人才参与公共文化建设的积极性,其作用不可低估。

### (四) 有利于加快推进文化“走出去”

上海文化底蕴深厚,海派文化特色鲜明,在当今国际文化竞争越来越激烈的态势下,上海要加快推出一批有影响力的“上海原创”产品“走出去”参与国际竞争。而“上海原创”不是空中楼阁,是要在上海本土文化传统基础上的发展和创新。重视发挥民间力量有助于促进上海民间文化的国际交流与合作,推动更多的民间文化机构、民间文化团体将更多的具有上海特色的民间艺术、民间文化拿到国际上去进行交流和展示,将更多的民间文化资源转化为文化产品推向国际市场,提高上海文化在国际上的竞争力和影响力。

## 二、 上海民间力量参与现代公共文化服务体系建设的现状

上海作为一座现代化国际大都市,文化的多元化、多样化、多源化形成了这座城市海纳百川的城市个性。新时期以来,随着思想解放和观念更新,民间社会力量逐渐复苏,民间文化、社会文化逐渐恢复了生机和活力。21 世纪以来,从文化战略的高度来定位城市发展、促进城市可持续发展成为全球城市的重大潮流。上海从最初提出建设“国际大都市”(2001)到“文化大都市”(2007)再到“国际文化大都市”(2011),从单纯的经济指标上升为城市文化发展的综合目标,反映了文化对于提升上海城市综合竞争力的作用越来越重要。在此背景下,民间“办文化”的热情高涨,社会文化组织快速发展。目前,上海民间力量参与文化建设的情况大致表现在以下几个方面:

### (一) 群众文化团体活动频繁, 影响广泛

上海民间文艺团体数量庞大,活动频繁,影响广泛。群众文化活动是其中最有基础、影响最大的一支力量。2013 年,上海首办市民文化节,搭建了展示

上海群众文化建设成果和市民文化风采的平台,丰富多彩的文化活动遍及全市各个区县、街镇、居委,市民参与热情高涨,首届市民文化节举办的各类活动达2万多场,并培育产生了市民合唱、舞蹈、戏剧、绘画、创意设计、收藏、摄影、书法、文化志愿服务等9个100支(位)优秀团队(个人),100个优秀群文原创作品和项目,以及100个优秀活动运营团队。2014年,第二届上海市民文化节延续首届市民文化节的“政府主导、社会支持、各方参与、群众受益”办节模式,各类公共文化设施、广场、绿地、商圈以及200余家社区文化活动中心举办的展览、讲座、演出、培训和互动体验活动此起彼伏,共同奏响建设社会主义文化的主旋律。两届市民文化节共选出100支优秀市民乐队、100个优秀市民阅读家庭、100名市民演说家、100名市民知识达人、100名沪语高手、100篇市民美文等一批成果。2015年4月,经有关方面评审,共推选出“文化家常菜配送进社区”“公共文化万人培训”“上海地铁音乐角”“思南读书会”等101个2014年上海市公共文化建设创新项目。2015年的第三届上海市民文化节则把市民合唱、市民手工艺、中华语言文字、中华戏曲演唱等各大系列赛事从3月底延续至2016年春节前。目前,上海共有31个街道获文化部批准的“中国民间文化艺术之乡”殊荣。

### (二) 文化类社会组织势头强劲,发展迅猛

文化类社会组织,种类纷繁,形式多样,并按不同的分类标准有不同的划分。按性质可划分为民营院团、文广局业务主管的文化类社会组织、民间自发组织的群众文化团体三大类。民营院团主要指个人或企业创办的经营性社团,如勤苑沪剧团、徐汇大众交响乐团等。文广局业务主管的文化类社会组织可大致分为三类:一是文化类社会团体,如上海爱乐协会、上海市收藏协会;二是文化类民办非企业单位,如上海周小燕歌剧中心、上海海上水墨画院;三是文化类基金会,如上海市发展交响乐事业基金会、上海发展昆剧基金会等。

目前,文化类社会组织的作用日益显现,数量增长较快。2013年10月,全市(市区两级)共有文化类非营利组织652家,包括文化类民办非企业单位341家、文化类社会团体297家、文化类基金会14家;2014年7月,全市(市区

两级)共有文化类非营利组织748家,包括文化类民办非企业单位414家、文化类社会团体319家、文化类基金会15家;2015年12月,全市(市区两级)共有文化类非营利组织家975家,包括文化类民办非企业单位家604家、文化类社会团体家349家、文化类基金会22家(全部为市级),详见表1①。不到两年的时间里,全市(市区两级)文化类社会组织数量增长了50%。

**表1　各区县文化类社会团体数量**

(单位:家)

| 区　县 | 社团 | 民非 | 基金会 | 区　县 | 社团 | 民非 | 基金会 |
|---|---|---|---|---|---|---|---|
| 黄浦区 | 35 | 50 | 3 | 宝山区 | 7 | 26 | 1 |
| 徐汇区 | 33 | 66 | 7 | 浦东新区 | 33 | 132 | 4 |
| 长宁区 | 32 | 50 | 3 | 嘉定区 | 9 | 27 | 1 |
| 静安区 | 38 | 26 | 2 | 青浦区 | 17 | 22 | 0 |
| 普陀区 | 10 | 34 | 0 | 松江区 | 12 | 19 | 0 |
| 闸北区 | 9 | 24 | 0 | 金山区 | 18 | 13 | 0 |
| 虹口区 | 20 | 22 | 1 | 奉贤区 | 20 | 17 | 0 |
| 杨浦区 | 14 | 34 | 0 | 崇明县 | 14 | 22 | 0 |
| 闵行区 | 28 | 20 | 0 | 共　计 | 349 | 604 | 22 |
| 总　计 | 975 | | | | | | |

近年来,随着国家鼓励社会力量参与文化建设一系列措施出台,文化类社会组织参与文化建设的热情日益高涨,发展势头迅猛。由表2可以得出,社会组织数量在1995年至2000年间的增长率为17.86%,2000年至2005年间的增长率为56.25%,2005年至2010年间的增长率为29.67%,2010年至2015年的增长率为59.01%,其中,2010年到2013年间每年平均增加10家②,说明上海的文化类社会组织呈现出平稳有序的增长态势。具体而言,徐汇区文化类社团组织登记数量由2013年的40家猛增至2015年的106家。徐汇区还率先在全市建立了民办非企业组织性质的上海市徐汇区文化发展促进会和徐汇区文化市场管理协会,尝试用社会组织管理社团和民非组织,延伸政府管理

① 根据上海市社会组织网站资料整理。

② 根据上海市社会组织网站资料及调研数据整理。

职能。同时,明确连续5年每年拨出2 000万元设立区文化发展专项资金,积极引导社会力量参与到丰富公共文化产品和服务中来,在全市起到良好的示范作用。

**表2 上海市文广局业务主管的文化类社会组织数量增长**

| 年　份 | 1990 | 1995 | 2000 | 2005 | 2010 | 2013 | 2015 |
|---|---|---|---|---|---|---|---|
| 家　数 | 2 | 23 | 28 | 64 | 91 | 117 | 222 |

### (三) 群众文化社团数量庞大,薪火相传

民间文化社团往往不拘形式,种类繁多,包括音乐、舞蹈、电影、戏剧、话剧、健身、乐器、书画、棋类、相声、剪纸、集邮等等。民间自发组织的群众文化团体既有在街道、居委会或社区文化活动中心登记的团体,也有从未在任何机构或地方登记的团体,如众多的群众舞蹈队、体操队、合唱团等。绝大多数民间文化团队在自娱自乐的同时,能够积极参与城市公共文化建设,服务社会,如闵行区浦江镇联星村沪剧沙龙每周日下午免费为村民演出,深受村民欢迎,如今已成功举办了4年,还吸引了市区居民前去观看。此类团体,也可形容为"草根"文化团体,数量庞大,仅在上海市社团局网站可查询到的社区群众文化团队,总数已达数万,仅浦东新区就有社区群众活动团队5 758支。①群众文化团体遍布全市每一个角落,成为最"基层"的民间文化力量。此外,还有众多未经登记的群众文化团队。它们共同书写着上海民间文化的新篇章。

### (四) 民办公益性文化事业长盛不衰,潜力巨大

公益性文化事业的发达程度是衡量一个城市文明程度的重要指标。伴随着文化体制改革,文化事业和文化产业逐步分离开来,公益性文化事业基本由政府资金统筹,经营性文化产业则推向市场。但是如果公益性文化事业都由政府统包统揽,不仅会造成政府财政负担太重,而且势必造成民间力量无法得到充分发挥,社会资本无法得到充分利用。深化文化体制改革就是要发挥民

① 根据上海市社团局网站资料整理,截止日期为2015年12月。

间与社会资本兴办公益性文化事业的积极性，上海的民办博物馆在上海民办公益性文化事业中就非常具有代表性。上海素有中国收藏半壁江山之称，上海民间收藏极为普及。2004年的全盛时期，上海私人博物馆达到260多家，在国内外产生了广泛影响。作为公益性文化事业的重要组成部分，上海民办博物馆对推动上海文博事业的发展，展示城市文化风貌，打造城市文化形象，提升城市文明程度，活跃城市文化氛围发挥了重要作用。目前，上海民办博物馆呈现出多元发展的态势，继家庭博物馆之后，企业、社会团体博物馆开始兴起。具体模式有以下几种：一是由本地企业办馆；二是由港台企业家或在沪企业家或个人办馆；三是民营行业博物馆。

从2001年开始实行“民办非企业单位”登记制度以来，到2012年只有41家登记在册。而在近三年时间里，民办博物馆数量增加了63家，截至2015年12月，登记在“民办非企业单位”类的各种展馆已经达到104家（见表3），增长率达到60.57%。[①]上海民办博物馆发展前景十分良好，发展潜力巨大。

**表3　文化类民办非企业单位展馆数量**

（单位:家）

| 类　型 | 2012年 | 2015年 | 类　型 | 2012年 | 2015年 |
|---|---|---|---|---|---|
| 博物馆 | 17 | 23 | 纪念馆 | 1 | 3 |
| 美术馆 | 10 | 29 | 婚俗馆 | | 1 |
| 艺术馆 | 9 | 25 | 博览馆 | | 1 |
| 收藏馆 | | 2 | 展览馆 | | 2 |
| 展示馆 | | 6 | 科普馆 | 2 | 3 |
| 陈列馆 | | 4 | 音乐馆 | 1 | 1 |
| 民俗馆 | | 2 | 瓷艺馆 | 1 | 1 |
| 画　馆 | | 1 | | | |
| 总　计 | 104 | | | | |

## （五）民间文化能人作用显著，业绩突出

民间文化能人是指扎根基层，在各类文化领域拥有专长的人才。“重视发

① 根据上海市社会组织网站资料整理。

现和培养扎根基层的乡土文化能人”的提法首次出现在党的重要文件《中共中央关于深化文化体制改革推动社会主义文化大发展大繁荣若干重大问题的决定》中。继而,在《国家“十二五”时期文化改革发展规划纲要》和《文化部“十二五”时期公共文化服务体系建设实施纲要》等重要文件中也不断给予强调,表明了党和国家对乡土文化能人在推动社会主义文化大发展大繁荣中积极作用的充分肯定。上海的民间文化能人不仅数量庞大,而且层次较高,他们或技艺超群,热心公益,受到群众的尊重;或创新能力强,社会交往广泛,具有较强的号召力和影响力。民间文化能人能够自觉地以传承民间文化为己任,积极开展形式多样的群众文化活动,在基层社区有很好的声望。民间文化能人大多是社区文化团队的领军人物或重要骨干,能够带领团队开展各项有益的文化活动,并致力于推动团队的和谐发展,带领群众在各项文化活动中创造佳绩,作用显著。上海民间文化能人思维敏锐,创新能力强,能够积极融入公共文化建设,成为激活社区文化的内在动力。

## 三、 上海民间力量参与现代公共文化服务体系建设存在的问题

目前,上海民间力量参与现代公共文化服务体系建设方面还存在着一些亟需解决的困难和问题。

### (一) 相关政策有待完善

目前,鼓励民间力量参与现代公共文化服务体系建设的相关配套政策还不完善,主要存在着身份地位不清、准入制度过严等问题。民办文化事业至今尚缺乏明确的身份认定,比如上海不少私人博物馆开馆至今已有二三十年,却始终处于“未登记”“无执照”的“非法”状态。上海对民办博物馆实行“民办非企业单位”的登记制度,当前,在上海社团局登记注册为“民办非企业单位”的各类民办展馆已经达百余家,但大多拥有行业背景或企事业单位背景。而且这两年主要是美术馆、艺术馆发展比较快,美术馆从 2012 年的 10 家发展到 29 家,每年平均

增加6.3家;艺术馆从2012年的9家发展到25家,平均每年增加5.3家,其增长都超过了博物馆的2倍。其余各类展馆陆续有所登记,但民办博物馆增长依然相对缓慢。由于民办博物馆准入标准过严,很多民办博物馆在场地、资金、人员等方面无法达到《博物馆管理办法》中所规定的要求,因而无法顺利登记注册,绝大多数未登记的民办博物馆仍处于身份不清的状态。又如,报刊业在我国一直控制很严,众多民办报刊处于一种"无刊号"或"无准印证"的"非法"状态,只能在很小的范围内通过免费赠阅的形式向读者邮寄或分发。从1985年第一家文化类社会团体登记以来到2015年底,在上海市文广局正式登记的有222家文化类社会团体,尽管近几年发展较快,但总量还是偏少。目前,对文化类社会组织审批这一块,实行文广影视管理局与民政部门的双重管理。

### (二) 相关体制有待健全

目前,政府包揽文化事业的惯性仍很强,对民间文化人才缺乏扶持、引导和鼓励,民间主体作用难以得到充分发挥。在政府"办文化"的体制中,民间文化能人难以伸展,民间文化能人大多数为体制外文化人才,或是从体制内辞职出来以及退休的人才,在现行的管理体制下,如何给他们一定的身份和待遇,目前还是一个盲点。主要表现为对民间文化能人发现和培养方面还没有相关政策出台,还缺乏相应的管理机制,没有形成民间文化能人的认定机制、培养机制、激励机制,没有构建起合理的民间文化能人的评价体系,导致了民间文化能人队伍缺乏稳定性,难以发挥长效作用。对于民办报刊而言,由于体制原因,中国报刊管理政策长期不变,目前民办报刊实际上处于"五不管"的状态,得不到相关政策和法律的保障,难以实现名誉和身份的认定,难以更好地发挥作用。目前上海的民间文化力量依然薄弱。

### (三) 相关机制有待建立

目前,我国文化管理基本上处于"粗放型"阶段,沟通渠道不畅,反馈制度缺乏,在鼓励民间力量参与文化建设方面,相关机制也不健全。比如在人才激励机制方面,目前很多民办单位都面临着人才短缺的问题。民办博物馆在很多方面享受不到与国有博物馆同等的待遇,对专业人才缺少吸引力。在资助奖励机制方面,目前我国尚未建立起鼓励社会资本资助公益性文化活动的机制,包括民办博物馆在内,几乎不可能获得来自社会资本的支持,税收减免政策也不够健全,不少民办博物馆勉强维持。

### (四) 资金来源有待稳定

目前,资金缺乏已经成为制约民间机构组织可持续发展的瓶颈。由于体制原因,我国私人博物馆被长期排除在博物馆事业体系之外,作为社会公益性事业,开办者只有不断地付出,却很难得到来自政府和其他方面的资金支持。如何解决资金问题成为困扰中小型民办博物馆的一个政策瓶颈。又如,不少民办文化社团经济拮据,运行乏力。虽然民间文化社团并不以盈利为目的,但必要的活动经费还是不可缺少的。一般民间社团(包括协会、学会)虽然可以收取会费,但毕竟杯水车薪,其运作模式大多是注册人前期注资,但后续资金往往跟不上,运转乏力,可持续发展能力欠佳。虽然很多社会组织通过多种渠道筹措资金,但还是存在很大缺口。“民非”单位多由个人支撑,力量有限,满足不了长期发展的需要。群众文化团体尽管活动费用较低,但同样也存在着资金不足的问题,致使有些活动开展起来很困难。资金不足是制约民间文化团体发展的最大瓶颈。

### (五) 活动场所有待增加

调研中发现,尽管上海近年来在公共文化设施、场馆上加大建设力度,如中华艺术宫、上海当代艺术博物馆等的改造,以及 215 个社区文化活动中心相继建成,覆盖了所有街镇,但是随着群众文化需求不断增长,活动场地还是总量不足,不能很好地满足民间文化团体组织开展文化活动的需要。尤其在上海城市人口激增、上海旅游人数逐年上升的情况下,文化演出场馆不足的矛盾更为突出,平民化的场馆则更为稀少。由于正规场馆需要盈利,故对民间文化团体的公益性演出申请多有限制。对于社区群众文化团队而言,社区文化活动中心也存在着或场地面积不足,或利用率不高,缺乏规范管理的情况。上海市民对戏剧演出、音乐会等文化消费参与度相对较低。所以,需要有更多适合市民文化团队活动的场地才能满足需求。比如,徐汇区天平社区文化活动中心虽然经过改造,功能齐全,但该活动中心位于市中心,寸土寸金,场地矛盾突出,有时稍不留神就会发生扰民问题,楼下放音乐,楼上居民就有意见。场地不足也是制约民办文化事业发展的瓶颈。就民办博物馆而言,上海多数家庭住房条件有限,客观上限制了家庭博物馆的生存和发展。少数在市中心租房办馆、具有一定规模的民办博物馆,或者遭遇拆迁,或者因租金持续上涨而陷入困境,或者被提前解除合同。就民办报刊而言,大部分的民间办报人至今还是采取"打游击"的方式办报,没有固定的办公场所,常常在家中或借用其他企事业单位的办公室。

### (六) 培训指导有待到位

目前,政府部门还未建立对文化类社会组织和民间文化团体的培训指导机制。文广局作为业务主管单位没有专门的业务指导部门。文化主管部门对文化类社会组织只是每年例行年检,合格的就放行,不合格的就撤销,简单粗放,忽视了政府应有的指导、培训等管理职能。政府指导不到位已经成为影响文化类社会组织发展的一个问题。

民办文艺报刊同样需要得到业务帮扶和政策指导。民间报刊从整体上讲质量还不是很高,其中一些办得比较好的对办报质量有较高的追求。比如,《东方民文》为了提高质量,制定了每月的读报、评报制度,以期提高办报水平;《海派文化》以沪上名人掌故、史料钩沉、书画收藏、诗文赏析和影视音乐等为主要内容,文章务实,文风扎实,图文并茂,内容丰富,也特别讲究办报质量。但也有一些民办报刊囿于办报水平等原因,质量较差,亟需报界、学界和政府的帮助和指导。

## 四、 鼓励上海民间力量参与现代公共文化服务体系建设的政策建议

文化参与性是国际文化大都市的重要文化特征,体现了政府和社会主体对文化事业和文化活动的积极参与和推动。据上海交通大学人文艺术研究

院、上海外语频道和上海现代城市国际化科学研究中心联合发布的“2013国际文化大都市排行榜”显示,位列国际文化大都市的前20位中,纽约、伦敦、北京和巴黎分列前四,上海位列第14位。本次国际文化大都市排行榜指标设计的核心理念遵循3D原则,即活力(Dynamism),多元(Diversity)和差异(Difference)。排行榜以“综合性”和“特色性”为目标,选取了世界上100座城市。将城市文化建设目标划分为4个综合层指标,即文化资源、文化历史、文化市场和文化多样性四个二级指标。该排行榜显示,上海在文化资源方面稍显优势位列第五,在文化市场上排名第14位。但在文化历史和文化多样性指标方面,上海均没能进入前20强。文化多样性,是以一座城市拥有的文化社团机构数、大学数量、国际社区数以及外侨人口比例4个指标进行考量,更反映城市在文化方面的“动感”及开放性。按照此项指标,上海只有大学数量优势较为明显,其他文化社团机构数甚至排在杭州、澳门、青岛、厦门、台北、成都、北京、西安、宁波和南京之后。很显然,与其他城市相比,上海在文化多样性以及开放程度方面还有待加强。注重文化的多样性和市民的参与性才是公共文化服务体系建设的重中之重,说明大力发展民间文化社团组织和社会文化机构,鼓励民间力量参与文化建设,使之真正成为上海文化建设的主体,是上海现代公共文化服务体系建设面临的重要问题。因此,提出如下建议:

### (一)制定发展规划,推动民间力量参与现代公共文化服务体系建设的快速发展

根据上海交通大学发布的“2013年国际文化大都市排行榜”显示,上海虽然在排行榜上位列第14位,但文化多样性这一分项指标却差强人意。因此,壮大民间力量,使之成为城市文化建设的主力与主体,已经成为文化主管部门制定文化政策时必须要认真思考的问题。

1. 制定民间社团组织发展的总体规划

上海民间文化组织机构在上海城市文化建设中的作用越来越大。在迎奥运、迎世博等重大活动中,上海众多的收藏协会、摄影协会、书法协会、音乐协会、

演出家协会等文化类社团，或举办展览、或开展交流、或举行文艺演出，发挥了城市文化活动的主力军作用。社会组织开展活动的方式主要由政府购买、社会委托、自发组织三方面构成。近年来，社会组织在自发组织活动、承接政府和社会委托项目方面发挥了一定的作用。但总体而言，上海目前在文化多样性方面还存在较大差距。随着政府部门由“办文化”向“管文化”转变，亟需壮大民间力量，使之成为城市文化建设的主体。因此，要抓紧制定上海市文化类社会组织的总体发展规划，并在时间点上与上海国际文化大都市建设目标相一致，争取实现到 2020 年时，上海登记注册的文化类社团数量至少应该在现有基础上翻一番。

2. 制定重要领域民办文化事业的发展规划

对重要领域的民办文化事业和文化机构要制定具体发展规划，尽早将其提到政府工作的日程上来。博物馆是国家文化事业的重要组成部分，近几年来民办博物馆发展很快，已经成为我国博物馆事业的生力军，尽早制定上海民办博物馆发展规划不仅非常必要，而且刻不容缓。博物馆作为公共文化空间，是民众共享的精神家园，对提高一个城市的文化形象、文化品位、文化氛围至关重要，目前发达国家每 10 万人拥有一个博物馆。根据国家文物局印发的《博物馆事业中长期发展规划纲要（2011—2020 年）》，预计到 2020 年，我国将从 40 万人拥有 1 个博物馆发展到 25 万人拥有 1 个博物馆。民办博物馆占全国博物馆比例逐步达到 20%。

**表 4　2008—2014 年我国博物馆数量**

（单位：家）

| 分类<br>年份 | 国有博物馆 | 行业博物馆 | 民办博物馆 | 总　数 |
|---|---|---|---|---|
| 2008 | 2 161 | 490 | 319 | 2 970 |
| 2009 | 2 193 | 499 | 328 | 3 020 |
| 2010 | 2 384 | 575 | 456 | 3 415 |
| 2011 | 2 473 | 581 | 535 | 3 589 |
| 2012 | 2 560 | 659 | 647 | 3 866 |
| 2013 | 2 693 | 661 | 811 | 4 165 |
| 2014 | 2 798 | 730 | 982 | 4 510 |

近几年来,博物馆作为文化事业重要组成部分的地位得以确立,公益性文化事业的性质得到加强,国家对国有博物馆投入增加,博物馆发展进入快车道。相比国有博物馆和行业博物馆,民办博物馆增长更快。2008 年至 2014 年,我国博物馆总数从 2 970 家上升到 4 510 家,增加了 51.9%;其中,国有博物馆从 2 161 家上升到 2 798 家,行业博物馆从 490 家上升到 730 家,民间博物馆从 319 家上升到 982 家,分别增加了 29.5%、48.9%、207.8%,①民间博物馆上升最快,增长率是国有博物馆的 4 倍。而且,民办博物馆也逐渐突破以往家庭博物馆的模式,向规模化、高端化发展,展示面积达 1 000 平方米以上的民办博物馆已经不在少数。但是,从上海来看,2001 年以来在上海社团局以博物馆名称登记为"民非"单位的民办博物馆,2010 年 4 月时有 17 家,到 2015 年 12 月也只有 23 家。与全国蓬勃发展的民办博物馆相比,近几年上海民办博物馆发展缓慢。未来,国有博物馆数量增加必然有限,而民办博物馆却方兴未艾。要达到国际文化大都市的博物馆建设目标,应该大力发展民办博物馆。目前,西安、武汉等省会城市先后提出了建设"博物馆城市"的城市文化发展战略,成都市更是提出了建设"民办博物馆之都"的宏大构想。目前,上海约每 20 万人拥有一个博物馆,按照每 10 万人 1 座博物馆的国际大都市目标,缺口很大。建议尽早制定上海民办博物馆发展的中长期目标,并在布局上要统筹规划,均衡发展,积极推动远郊区县民办博物馆的发展。

### (二) 完善相关政策,营造民间力量参与现代公共文化服务体系建设的宽松环境

政策是促进民间文化力量发展壮大的保障。因此,要通过制定相关政策,保障民间艺术家、民间文化工作者、民间文化爱好者的创作自由,尊重他们运用民间社会资源开展各项文化活动,鼓励文化创新的政策环境,激发文化发展活力。

1. 明确民办文化社团组织的身份地位

近年来,上海民间自发组织的文化社团逐年增多,下河迷仓、802 戏剧工

---

① 资料来源:根据国家文物局网站公布的资料进行整理。

作室、草台班、1122声音剧社、图宾根木匠电影沙龙等都是新近涌现出来的民间文化社团。但是，身份地位问题始终困扰着民间文化社团组织。因此，要建立科学合理的文化政策，积极解决民间文化社团、民间文化能人的身份地位问题，让他们能够理直气壮地参与到上海的文化建设中来。

2. 完善民办文化社团组织的准入制度

准入过严，门槛过高，手续过繁也是制约民办文化社团机构数量增长的一个政策瓶颈。在鼓励社会力量创办博物馆方面，要进一步完善民办博物馆的审批准入制度，适当放宽准入标准。制定符合上海实际情况的博物馆准入标准和准入制度，鼓励民间大力兴办各类中小型博物馆，繁荣上海博物馆事业。建议进一步放宽民办组织机构的登记条件，降低准入门槛，简化登记程序，扩大登记范围，实现合法运营、健康发展。对特殊的民办机构，如民办文化类报刊，建议管理部门制定相关的政策法规，或者颁发内部准印证，或者以社团名义登记注册，明确民办文艺类报刊在上海文化环境建设中的功能定位，给予恰当的身份认定。

### （三）健全文化体制，激发民间力量参与现代公共文化服务体系建设的创造活力

文化创新的活跃程度是衡量市民文化素质高低的重要标准。要挖掘民间文化的创造潜能，激发民间文化的原创性思维，使优秀文化人才和成果在上海民间持续产生。在公共文化服务体系和文化产业体系未能覆盖到的广大民间社会，创造有利于民间文化生长的文化环境。政府文化部门要以开放的心态、先进的理念和文化的自信，鼓励、帮助、扶持民办文化事业繁荣发展，尽可能地把原来由政府包办的一部分文化事业交由民间文化团体和社团组织去办，创新和丰富公共文化服务的社会化、专业化管理模式，营造公平正义的文化环境。

1. 制定扶持细则

就民办博物馆而言，上海应从建设国际文化大都市的目标出发，制定扶持民办博物馆的细则，解决目前民办博物馆遇到的体制难题。

2. 探索多样发展

要鼓励和引导民办文化事业、文化社团、社会文化机构创新发展思路,探索多样化模式。

3. 开放禁入领域

文化领域的开放程度也是衡量国际文化大都市的一个标准。目前,我国文化领域的开放程度还比较低,如民间力量参与办报,总体上还没有政策通道。建议适度开放禁入领域,给予民办文艺类报刊一定形式的身份认定,或者提供一个登记渠道,这样不仅能够促进民办报刊自身规范运行,而且也便于政府管理。

### (四)创新管理机制,调动民间力量参与现代公共文化服务体系建设的积极性

要改变“粗放型”的管理方式,从传统的“办文化”向“管文化”转变,从“送文化”向“养文化”转变,引导群众从“文化参与”向“文化创新”转变。这就需要转变政府管理职能,不仅要变“管理型”为“服务型”,更要变“服务型”为“培育型”。要善于发现民间社会的创新生长点,悉心加以培育,推动公共文化服务逐渐从“配送文化”向“培育文化”转变。

1. 要创新资金扶持机制

政府要转变公共文化服务方式,采取多渠道的资金投入方式扶持民办文化机构团体,制定相关民间文化发展专项基金,或在已有的各种基金中辟出一块,专门用于资助民办公益性文化事业单位、民间文化项目、民间文化能人开展文化创新活动。同时,扩大招投标项目范围,增加向社会购买文化服务的力度,最大程度地满足人民群众的文化需求。

2. 创新人才管理机制

民间文化人才队伍建设和文化类社会组织队伍建设也是一个亟待解决的问题。人才不足、人才流失、后继乏人等问题在民间文化团体和社会组织中普遍存在。据不少民办博物馆馆长反映:专业人才一是不愿来,二是留不住。要创新人才管理机制,制定相关实施细则,为广大民间文化人才提供发展平台,

鼓励和扶持民间文化专业人才能够在民间文化领域里充分施展才华，促进民间力量发展壮大。此外，民间文化能人是基层文化建设中不可忽视的一支力量。但是，由于长期以来对民间文化能人的作用认识不清、重视不够，影响了其作用的发挥。目前，政府能够为民间文化能人提供的平台还比较少，社会或个人搭建的平台也很有限，即便是有也很难得到政府的扶持。文化能人在组织文化活动，从事文化公益事业过程中遇到不少体制上的障碍，亟需加以改善。

3. 创新文化活动机制

与国际文化大都市相比，无论是在大型剧场年演出场次，还是在音乐会年举办次数以及大型嘉年华参与人次方面，上海仍有较大距离。因此，要积极创新文化活动机制，鼓励民间文化社团机构开展丰富多彩的文化活动。

一是要发挥政府主导作用，对全市性、全区性的大型活动和系列活动及时做出规划和安排，鼓励民间文化团体积极参与。

二是要形成稳定的文化活动展演、汇演制度，为各类民间文化团体提供展示舞台。要提高文化活动的知晓率，吸引民间文化团体和群众自发地参与活动。

三是要支持和引导民间社团组织开展特色活动。政府部门要重视发现民间文化社团组织中的优秀项目，积极给予扶植，并形成长效机制。

### （五）加强评估指导，促进民间力量参与现代公共文化服务体系建设的规范管理

对文化类社会组织的评估主要是针对在各级登记机关进行登记备案的社会团体。为了达到国际文化大都市建设的文化多样性的目标，也为了促进更多的民间文化团体和社会组织健康发展，政府必须加强对文化类民间社会团体的业务指导和后续管理。

1. 加强对民间社会组织的指导培训

目前，文化管理部门对文化类社会组织缺乏指导有其客观原因，主要是人手不够。建议将这部分功能从政府部门剥离出去，委托社会机构和专业单位

进行。建议尽早建立国有博物馆对口帮扶民办博物馆制度,明确各国有博物馆的具体帮扶对象,制定实施计划,确定详细的时间表,按计划、分步骤进行,逐步提高民办博物馆办馆人员的专业素质和办馆质量。对民间文化能人也可以通过专业文化人才结对帮扶的形式,发现和培养民间文化能人。可采取"结对传授"和"分片传授"的形式,培养年轻的土生土长的文化人才。鼓励和扶持乡土文化能人、民间文化能人收徒传艺,提高他们的艺术技能,让老百姓真正成为文化建设的主体。

2. 加强对民间社会组织的规范管理

民间力量参与公共文化服务体系建设亟需创新管理机制,要建立民办团体自律和监管体系,使其规范运行。比如建立民办文艺类报刊自律与监管体系非常重要。目前,上海的民办文艺类报刊规模尚小、力量单薄,政府尚未建立起管理民办报刊的规章制度。建议对民办文艺类报刊采取统一规范管理,改变对民办文艺类报刊"五不管"的状态,建立健全民办文艺类报刊的准入和退出机制。设立独立于政府机构的第三方的权威稽核机构,以此规范民办文艺类报刊的运行秩序,促进民间办报群体的健康发展。

3. 加强民间社会组织的评估评级工作

推动民间文化社团、组织机构和民间文化能人的评估评级评选工作,有利于调动民间力量参与公共文化服务体系建设的积极性。建议对民办博物馆建立分类分级的管理机制。分类是为了便于管理,但对民办博物馆也不宜分类过细。按民办博物馆性质和展示内容,民办博物馆可分为综合历史类、科技自然类、名人故居类、文化艺术类;按规模可分为小型博物馆、中型博物馆、大型博物馆。按类制定相关的鼓励和扶持措施。分级是为了激励,为了向规范化、正规化发展,应根据民办博物馆的特点进行分级。鼓励良性竞争,为民办博物馆提供良好的发展环境。

对登记在册的文化类社会组织,目前主要根据 2012 年 12 月 20 日民政部公布的《社会组织评估管理办法》规定执行。社会组织评估结果分为 5 个等级,由高至低依次为 5A 级(AAAAA)、4A 级(AAAA)、3A 级(AAA)、2A 级(AA)、1A 级(A)。建议将社会组织评估管理工作同政府职能转变结合起来,对获得3A以上等级评定的社团机构，给予承接政府委托项目的资格，激励社会组织强化自律，向正规化管理发展，自觉接受政府、媒体、社区居民、捐赠者及其他相关组织的监督，提高服务社会的能力。

4. 加强民间文化能人的发现和培养工作

开展民间文化能人的评选命名工作不失为一个发现和培养民间文化能人的有效措施。建议建立民间文化能人评选工作的长效机制，尽快开展全市性的民间文化能人评选命名工作。在民间文化能人评选的同时，还可以顺带评选出各级文化活动积极分子，并大张旗鼓地进行命名表彰。通过开展评选工作，给民间文化能人一定的名誉和地位，发挥民间文化能人在文化建设中的积极作用。

总之，民间力量参与现代公共文化服务体系建设需要完善相关配套政策，建立健全相关体制机制，只有这样才能进一步激发上海城市文化活力，增强和提升上海的文化竞争力和影响力。

# 5

# 基层公共文化服务的社会化发展探索

## ——以浦东新区塘桥街道为例

冯　佳

摘　要　基层公共文化服务得到各级政府前所未有的重视。塘桥街道在社会力量参与公共文化服务方面进行了有益探索，包括制定购买菜单等规范制度、委托社会组织运营管理、探索与社会组织的合作发展、积极培育文化类社会组织和吸引小朱书店入驻等，并通过有效的组织、经费、人才保障，为基层发展公共文化提供了典范。针对基层公共文化发展面临的共性问题，提出未来重点发展方向：统筹社会各类文化设施资源，通过文化社会化专项资金鼓励社会资本协同参与，规范政府购买行为，落实治理方式现代化，筹建基层公共文化服务信息平台，推动基层群众高效便捷地参与公共文化活动。

关键词　公共文化服务　基层　社会化　塘桥街道

现代公共文化服务体系建设的重点和难点在基层。近年来，随着新型工业化、信息化、城镇化和农业现代化进程加快，城市流动人口大幅增加，基层群众的精神文化需求呈现出多层次、多元化特点，现有的基层文化设施和服务已难以满足广大人民群众的实际需要。[①]《国务院办公厅关于推进基层综合性文化服务中心建设的指导意见》的印发，为现代基层公共文化服务可持续发展提

---

① 《文化部副部长谈基层公共文化服务体系建设新举措》，http://money.163.com/15/1109/16/B80BJE0C00253B0H.html，2015 年 11 月 9 日[2016-01-02]。

出了一揽子解决方案。①《中共中央关于制定国民经济和社会发展第十三个五年规划的建议》中也明确指出,“引导文化资源向城乡基层倾斜,创新公共文化服务方式,保障人民基本文化权益”。并将“区域协调、城乡一体、物质文明精神文明并重”②作为今后五年文化改革发展的重要指针,使得基层公共文化服务建设成为实现“公共文化服务体系基本建成”目标的重要内容之一。加强基层综合性文化服务中心建设,有利于完善服务网络,提升服务效能,真正打通公共文化服务的“最后一公里”,正得到各级政府前所未有的重视。

塘桥街道作为浦东陆家嘴区域一个现代化的城市社区,地处陆家嘴金融贸易区。塘桥街道综合性社区文化活动中心,多年来把为社区居民提供更多优质公共文化服务作为目标,以公共文化服务社会化、专业化为路径,通过引进、培育和扶持专业化的文化社会组织参与社区文化阵地服务、群众文化活动和公共文化项目,激发了社会参与公共文化服务的活力,有效整合了社区文化资源,提高了街道公共文化服务的能力,成效明显。塘桥街道在社会力量参与公共文化服务体系建设方面做出的探索意义重大,是基层发展公共文化的代表,本文对其作法进行研究,以期对基层公共文化的建设发展提供参考借鉴。

## 一、 文化活动中心概况

塘桥街道区域面积 3.86 平方公里,下辖 23 个居委会,常住人口 10 万余人。街道有综合性社区文化活动中心 1 个(以下简称文化活动中心),区域性社区文化活动场所 1 个(蓝村苑),每个居委配备活动室和阅览室各 1 个,群众性文化团队 180 余支,参加经常性文化活动的群众近万人。

2009 年成立的文化活动中心位于蓝村路 86 号,占地面积 2 300 平方米,建筑结构为地上五层框架结构和地下一层(停车场 1 700 平方米),每层建筑

① 《国务院办公厅关于推进基层综合性文化服务中心建设的指导意见》,http://www.gov.cn/zhengce/content/2015-10/20/content_10250.htm, 2015 年 10 月 20 日[2016-01-29]。

② 新华社:《第十三个五年规划建议正式发布(全文)》,http://finance.sina.com.cn/china/20151103/160123664965.shtml, 2015 年 11 月 3 日[2016-01-13]。

面积为890平方米,建筑总面积6 378平方米。文化活动中心隶属塘桥社区(街道)党工委、街道办事处领导,是以公共文化服务为主要内容,为社区群众提供多功能服务的公益性文化机构,负责对社区群众文化的组织、管理、指导和服务等。文化活动中心内设有"上海港码头号子"展廊、"上海港码头号子"陈列室、浦东新区围棋协会、市民学校、文化社团、图书馆、东方信息苑、小朱书店、桂兴华诗歌工作室、党员服务中心、科普展廊、温馨剧场等活动场馆,是社区民众文化生活的港湾和文化娱乐的码头,是获取温暖、智慧、力量的阳光驿站。

## 二、 主要经验做法

随着改革开放日益深化和社会主义市场经济体制的逐步确立,我国社会基本结构已然发生深刻变化,社会需求日益多样化,利益主体日渐多元化,文化产品供给日趋多渠道化,计划经济条件下形成的政府一元化"管+办"文化服务模式,已难以跟上经济社会发展的脚步和人民群众文化需求的变化。塘桥街道在此背景下,积极探索尝试,鼓励和引导社会力量参与公共文化服务,在许多方面形成了可资推广、借鉴的经验做法。

### (一) 制定购买菜单等规范制度,推动购买服务的标准化

2013年,塘桥街道率先制定了"一意见三目录",即:政府购买社会组织服务的实施意见、政府职能转变目录(第一批)、政府购买社会组织服务目录(第一批),社会组织承接服务的资质目录。在此基础上,文化活动中心进一步梳理并公布民非、社团等具备公共文化服务资源的3大类6个方面服务清单,以及可参与塘桥公共文化活动、项目、服务的目录,包括:非物质文化遗产传承和保护、文化课题调研、大型文体活动赛事策划、公共文化场所物业管理、公益性文艺节目创编、公益性文艺演出等。上述项目通过政府购买服务的方式,鼓励社会组织参与塘桥社区公共文化服务。2014年,在原来点上购买服务的基础上,塘桥社区文化活动中心又逐步完善购买服务相关机制,建立了购买合同、

项目计划书和项目资金三个基本规范，还进一步细化核算有关购买服务价格，更好地控制了购买服务的成本，形成了比较完善、相对规范的政府购买社会服务的体系，进一步推进了购买社会服务的标准化、规范化。此后，文化活动中心为进一步推进公共文化服务的规范化、标准化，还以人为本，逐步建立起菜单式组合的文化服务模式，如文化参观、展览、讲座、演出等均有标准化的服务模式，并进行不同文化服务项目的排列组合，搭建不同版本不同类型的文化服务模式，如讲座加展览、演出加展览等。

### （二）委托社会组织运营管理，实现基层发展的一站式综合

党的十八届三中全会提出，要“整合基层宣传文化、党员教育、科学普及、体育健身等设施，建设综合性文化服务中心”。塘桥街道一以贯之实施这一理念，环境布置上体现群众文化与党建文化相融合的特点，百姓舞台、舞蹈房、阅览室与先锋路、先锋墙、红色诗歌交相辉映；服务内容上集宣传文化、党员教育、科技普及、普法教育、体育健身、双拥、心理咨询等功能，中心先后入驻了党建中心、老干部服务中心、科普中心、图书馆、老年学校、怡心坊等条线机构；活动机制上，确保中心活动实施一馆多用，活动开展条线协同合作，活动内容文体节目融入服务于各条线主题活动，科普小戏、普法小品、党建诗歌、开放式组织生活等都很好体现了文化服务于条线工作，有效发挥综合效应。与此同时，文化活动中心的场馆、舞台、音响设施等全部无偿为社区单位提供，并配合社区单位开展一些活动，文明单位创建、示范性学校建设、幼儿园年度毕业汇报演出、企业员工文艺活动和体育健身等提供服务，每年联合工会妇联开展社区企业棋牌比赛、职工卡拉 OK 比赛等，丰富企业员工业余生活，让企业安心在塘桥发展。

为使文化活动中心在文化设施管理、项目合作、活动策划和团队培训等方面能够提供更为专业的服务，塘桥街道按照市区有关文化活动中心社会化、专业化管理的要求，注册成立专门以文化活动中心阵地管理为主的塘桥艺文化服务中心，并逐步建立起社会组织委托管理的有关工作要求和规章制度，采取活动和功能合作形式开展文化中心的托管服务，不仅改善了公共

事务的管理水平,提高了公共文化服务的品质,也符合现代政府职能转变的要求。

### (三) 重点关注特殊人群,探索与社会组织的合作发展

文化活动中心还特别注重保障未成年人、老人、残疾人、社区困难家庭等弱势群体和特殊人群的基本文化权益。通过扶持一批服务特殊群体的社会组织,把驻区单位和企业文化建设纳入到整个社区的公共文化建设体系建设,以资源开放、资金支撑等形式来保障特殊群体基本文化权益。

针对未成年人,文化活动中心全方位支持和推动与区域内学校进行文化建设。开展围棋、扯铃、诗歌和号子品牌文化进校园活动,在区域所有中学、小学、幼儿园中每年开设20个免费围棋普及班,在进才中学国际部和文建中学开设青少年扯铃学习基地,在建平南校(原塘桥中学)开设桂兴华诗歌教学基地,每周为学生教学诗歌创作和朗诵,还与社区校园长联谊会每年举办六一儿童节、教师节文艺演出等。与此同时,塘桥街道还积极与学校共同打造青少年文化活动品牌,如:浦东南路小学的雏鹰少年军校、与塘一小学合作开展的少儿书法特色活动、与东方小学合作开展的“贾老师教作文”少儿写作阅读活动、与建平南校合作开展的桂兴华诗歌与扯铃活动。

针对社区内的老年人,文化活动中心与社区老干部活动中心一起组建了由社区内退休的老记者、老教师、老专家、老干部和老艺术工作者组成的“五老宣讲团”,成为社区宣传社会主义核心价值观的主力队员。由于五老宣讲团的出色业绩,被评为全国老干部工作先进集体,宣讲团团长还到北京受到习近平总书记的接见合影。在街道区域范围内,梦之蓝舞蹈学校还免费向社区老人教授国标舞和民族舞,极大地丰富了社区老年人的业余文化生活。

针对社区内的困难家庭,塘桥社区文化活动中心免费为其提供活动场地设施,并与社会组织服务中心、上海百特教育等一起开设社区困难家庭孩子暑托班等,与贾老师培训学校联合开办青少年读书讲座,每年为8名社区贫困家庭孩子提供免费学习课程辅导。此外,文化活动中心还与真爱梦想基金会合作,建设社区梦想中心,凝聚政府、企业和公益组织力量,让社区家庭在梦想中

心进行交流、学习、分享和成长，有效地促进了邻里和睦，带动公益传播，同时还开设面对家庭、共同参与的梦想课程，体现共创社区活动和居民自治的理念。

针对残疾人，文化活动中心积极为浦东新区残疾人合唱团提供免费排练场地，为智障儿童学唱码头号子提供指导老师和相关业务支持，努力使公共文化服务惠及到辖区内的每个人。

### （四）依托塘桥社会组织服务中心，积极培育文化类社会组织

2009 年 11 月，上海浦东新区塘桥社会组织服务中心（以下简称塘桥社会组织服务中心）在浦东新区民政局注册成立，作为一个民办非企业单位，承担对辖区内社会组织加强服务和规范管理的职能，其业务主管单位为塘桥街道办事处。塘桥街道公共文化的社会化发展充分借助了塘桥社会组织服务中心的力量，因而有着先天的优势。一方面，文化活动中心依托塘桥社会组织服务中心的力量，与塘桥社会组织服务中心建立了战略协作关系，让其为进入塘桥公共文化服务的社会组织做专业评估和推荐，确保挑选符合要求的社会组织。如：塘桥社区文化活动中心引进了浦东新区围棋协会入住文化活动中心，专门做好围棋推广宣传、培训、比赛交流和创建等；与金玲青少年文化服务中心合作，开展社区青少年校外教育和青少年科普活动；与上海青少年公益文化服务中心合作，开展亲子阅读项目："温馨故事屋"；与罗兰音乐学校开展"我要上舞台"青少年才艺展示活动，并为社区培养青少年打击乐社团；与上海民间体育协会一起每年举办上海市扯铃比赛，在社区学生、老年人中普及推广民间体育等。目前，文化活动中心引进和培育文化类社会组织 20 个，草根类文体团队 26 个，这些组织已经成为塘桥群众文化活动的主力军。另一方面，文化活动中心依靠区域资源优势，积极培育自己的文化类社会组织，如：从事传承和保护国家级非物质文化遗产的塘桥码头号子歌舞团，以著名政治抒情诗人桂兴华个人命名的桂兴华诗歌工作室，以培养青少年课外教育的塘桥社区学校少年宫等。其中，桂兴华诗歌工作室每年在社区开展活动 60 场次以上，还通过桂兴华把秦怡、丁建华、梁波罗、马莉莉、王建新等老艺术家引到文化活动中

心来,让社区群众能与文化明星零距离交流。2015 年,桂兴华诗歌工作室升格为桂兴华诗歌艺术中心,诗歌艺术中心的“春风一步过江”诗歌朗诵项目荣获 2014 年上海市公共文化创新项目。通过培育优质的文化类社会组织,并通过政府购买服务的项目合作形式,满足了社区多样化需求,有效提升了塘桥的文化软实力。

### (五) 小朱书店顺利入驻文化活动中心, 带动文化消费惠及百姓

2012 年,被上海媒体称之为“上海规模最大、藏书最多、品种最全的民营旧书店”——小朱书店顺利入驻塘桥社区的文化活动中心。文化活动中心为小朱书店免费提供 200 平米公共空间,为读者找到读书交流的好地方,小朱书店则承诺立足公益,直接让利于读者:新书一律打 8 折出售,旧书售价低于市场价;设立爱心图书,把读者家里不需要的图书全部回收,避免旧书进入垃圾回收站,浪费图书资源;为读者提供免费借阅图书;建立读书爱好者沙龙,为喜欢书的读者搭建读书交流的平台;建立塘桥爱心读书活动基金,支持塘桥社区的群众性读书活动;同时,书店通过举办“一元”爱心书、为民工子弟学校建少儿阅览室、为慈善基金会捐钱物,每年还拿出经费支持举办公益性读书活动。小朱书店以文化活动中心为载体,通过低价售书的行为,不仅聚集了人气,也成为文化活动中心积极培育和引导群众文化消费需求的有效方式之一,实现书店与社区文化活动中心的双赢。这种做法,无疑与中办、国办引发的《关于加快构建现代公共文化服务体系的意见》中所倡导的“培育和促进文化消费”,“广泛开展公益性文化艺术活动,培养健康向上的文艺爱好,扩大和提升文化消费需求”,“引导和支持各类文化企业开发公共文化产品和服务,满足人民群众多层次的文化消费需求”,不谋而合。

## 三、保障措施

塘桥街道公共文化服务的社会化发展离不开组织、经费、人才队伍等方面的支撑作保障。

## （一）组织支撑保障

为保证基层公共文化服务的制度化、规范化发展，要从组织上强化政府部门与公共文化服务之间的联系，由塘桥街道为文化活动中心的运营提供所需的人财物保障，为公共文化服务的顺利开展提供必要的组织支撑与保障。

文化活动中心将原来单独的文化站、图书馆、社区学校，全部纳入中心，统一管理。其中，管理委员会及办公室为社区文化活动中心管理机构，实行中心主任负责制，两位副主任协助管理，下设 4 个部门，分别为：综合办公室（负责整个文化活动中心运行管理、场馆服务和事务协调）、文体活动部（主要承担活动开展和团队管理）、社区教育部（主要负责社区学校和体能测试站工作）和社区图书馆。“二部一馆一室”的组织模式在社会化运作发展中发挥了积极作用。在具体工作中，塘桥街道群文科长兼任文化活动中心主任职务，群文科长直接管理中心人财物，主要负责年度计划、年度预算、内设部门和人员岗位设置、对外协调等。常务副主任主要分管综合办公室，负责日常管理、文化活动策划、重大文化项目实施、文化活动中心战略发展规划等。副主任分管文化活动部、社区教育部和图书馆，主要负责文化活动组织实施、团队管理和非物质文化传承保护等。

所有场馆管理由综合办公室统一调配安排，使用部门或单位向办公室提出申请，由中心主任同意之后方可使用。场馆使用有各相关职能部门负责，社区教室主要由社区学校使用，图书馆、排练厅主要由文化活动部使用，其他综合性场馆由综合办公室负责使用。

此外，文化活动中心还建立了一整套的工作制度，制订了员工手册，规定了岗位职责、员工守则、学习、培训等事项，让每一个员工了解工作内容和流程。每周五下午召开中心工作例会，每月出版一期中心简报，交流工作，共享信息。中心使用资金流程：一般由职能部门提出申请，填写报签单，由主任签字证明，最后由宣传委员签字报销。物业主要由综合办公室负责联系和监管，物业管理这一块由振业物业公司负责保洁、保洁、保安以及设备管理维修。

## (二) 经费资金保障

公共文化服务的长足发展需要加大经费投入。塘桥街道统筹考虑,将社区公共文化设施、资源、服务、管理等各个方面全面纳入公共财政预算,主要通过项目申报制的方式,最大限度地保证了资金使用效率。

塘桥街道以"不求所有、但求所用"为宗旨,以文化活动中心为平台,以提高基层文化服务能力和满足社区各层次各群体居民多样化文化需求为目标,以政府购买社会组织服务为手段,每年为社会组织参与公共文化服务投入50多万元,鼓励文化类民非组织、个人和社团参与社区群众文化活动赛事、公共文化服务、群众文化团队培养以及群众文化项目等,街道还为鼓励社会组织参与公共服务,建立了"微公益"和"社区创新和创投大赛"。2014年,社会组织和居民区以及居民个人有39个群众文化项目上榜。

活动品牌以项目化管理的形式保证了活动地有效运行。每年每个项目在年度专项预算资金的基础上还实现了年均10%左右的增长,比如,码头号子传承保护项目的年度预算在2010年为15万,到2013年已经增加到了20万。同时,文化项目还制定年度工作计划和品牌管理项目书,确定文化项目责任人,年末对项目品牌进行第三方评估。通过街道财力和政策支撑的制度化安排,保障了文化项目的可持续发展。

与此同时,从2010年开始,塘桥街道每年从塘桥民生基金中拿出50万作为公益金,开始尝试以公益项目邀标、公益创投、公益招投标等多种方式,购买社会组织服务项目。资金资扶持方式"改拨为招",丰富了购买服务方式,增进了社会组织之间的良性竞争,一批有想法、有能力的社会组织脱颖而出。他们积极参与市区公益招投标、公益创投,为社区建设引入市福彩公益金、基金会等项目和多元资金,体现出较强的专业能力和一定的社会影响力。

除政府采购资金外,塘桥街道在积极推进学校体育场地和场馆向社区开放的同时,建立了场地保险的专项补贴资金,确保社区居民安全快乐地在学校体育场地参加健身活动,也消除学校对于体育活动安全隐患的担忧。

### （三）人才队伍保障

文化事业的发展，从某种意义上说，关键在于文化专业人才、管理经营人才。塘桥街道的文化活动中心在公共文化社会化发展的同时，也特别关注群众文化活动的“自我管理，自我教育，自我服务，自我发展”。

文化活动中心积极在服务中训练和培养出了一批青年文化管理骨干，组建了由社区退休党员干部、文体骨干、大学生（高中生）等组成的场馆服务文化志愿者，他们在群众文化活动中弘扬社会主义核心价值体系、提升社会管理软实力，起到了积极的作用。

在群众文艺团队的建设管理上，文化活动中心实行行政管理和自助管理相结合，由文化活动中心文体活动部负责各团队的管理、指导，街道各团队组织、规章制度、日常活动等由团队实行自助式管理，引导团队自我服务、自我管理。自 2013 年开始，中心制定了群众文化团队建设的“双百”工程——打造一百支优秀的草根文化团队，培育一百名草根文化明星。在挖掘社区一百个草根文化明星和文化团队中，把社区单位全部纳入，对企业员工文化培训、文艺节目创编、文艺演出、服装道具等一并支撑，体现区域化服务。文化活动中心现有街道级团队 30 支，活跃在社区的各个角落，指导居民区 150 多支草根文化团队。为进一步加强社区文体团队的组织、管理与规范，充分发挥社区业余文体团队在和谐社会建设中的作用，保证文体团队规范、健康、持续发展，2013 年，文化活动中心专门制定出台了《塘桥社区文体团队管理办法》，并依据办法，由街道设立年度群众团队扶持发展专项资金，每年拿出 22 万元用于全社区草根文化团队建设和文化草根明星的培养。所有社区文体团队实行自我管理，对于团队发展、人员变动、节目创编排练、器材设备更新、服装道具添置等业务都由团队自我决定，并建立了文化团队导师带徒和文体骨干信息库等工作机制。

文化活动中心积极为团队提供展示的舞台，每两年一次举办社区艺术节，每年举行一次文体团队汇演擂台、六桥文化联谊以及节庆活动等。其中，好几支团队入选了浦东新区百支优秀文化团队，码头号子表演队在西安荣获国家文化部主办的全国原生民歌大赛多人组合组银奖，非物质文化工作室还荣获了由上海市文广局颁发的上海市非物质文化保护先进集体，成为全市唯一的一家街道层面的入选先进非遗保护单位。

塘桥街道还开创性地在文化团队中开展党建工作，引导群众团队有序良性发展，特别是在群众文艺作品体现社会主义核心价值观，选举成立文化团队党员理事会，团队党员在凝聚团队成员中起到了很好示范引领作用。比如有的团队因人员变动，团队党员主动调解团长与团员之间发生矛盾纠纷；团队外出演出，团队中党员主动做好后勤保障服务工作等。

在人才队伍培训方面，塘桥社区文化活动中心将每年的 3 月份定为文化活动中心员工培训月，分别对中心的 23 位员工、23 个居民区的文教干部进行文化素养提升的专门培训，并计划将培训范围扩大至社区内的全部文艺骨干。

## 四、引发的思考

经过将近 6 年的探索和努力，塘桥街道通过社会力量积极参与，公共文化服务建设与发展事业得以全面推动，辖区内公众的归属感和认同感得到极大提升。在取得巨大成绩的同时，塘桥街道在公共文化的发展过程中还存在与其他基层地方一样的共性问题，主要是：以政府拨款和政府基金为主的现行财政体制，使许多赞助经费无门；城市的中心资源难以完全有效覆盖到基层；现代传播手段未被充分利用，辖区内的青年、精英阶层较少参与公共文化活动等。为进一步贯彻落实党的十八届三中、四中、五中全会要求，积极推进中办、国办《关于加快构建现代公共文化服务体系的意见》和"十三五"规划的精神，借鉴塘桥街道公共文化发展的经验，笔者以为，基层公共文化服务建设应加大社会力量参与力度，并重点从以下几个方面着手：

### （一）文化设施多管齐下，统筹社会各类设施资源

现代公共文化服务体系建设要求均衡发展，实现均等化。不少基层，特别是农村地区由于缺少优质的公共文化资源、设施和优秀人才，基层群众的多元

公共文化需求难以满足。因此,结合基层发展实际,在文化设施布局上,应当通过基层综合性文化服务中心、文体广场、传统阅报栏和电子阅报屏等各类设施,用多管齐下的方式,更好地方便居民就近参加文化活动。

在此基础上,统筹协调区域内各类公共空间和文体设施,将辖区内的公园、绿地、广场、新建住宅小区的公共服务配套设施及学校等设施资源纳入基层文化设施体系中来,向全社会免费开放,建立健全各机构、各系统参与公共文化的机制,为满足辖区内公众的文化休闲娱乐需求提供便捷的场所。

### (二) 设立文化社会化专项资金,鼓励社会资本协同参与

借鉴塘桥街道开展的政府采购经验,建议设立文化社会化专项资金,用于公共文化社会化发展的各个领域,并利用专项资金在未来进行重点打造:"一村(居)一品"工程,即每年为村(居委会)的"一村(居)一品"建设提供5 000元的支持,主要用于节目创编、道具设备、人员排演等;"村(居)文化人才建设"工程,即每年对3名团队领军人物和20名文艺团队骨干进行培训,由政府给予每人每年一定额度的专项培训经费资助;设立文化服务中心专项管理资金,包括物业保洁费、水电费和维修保养费,保证基层服务点设施设备维护地专款专用。通过专项经费的发放、使用,保障活动项目顺利开展,并充分借助文化活动,提高地方基层文化的社会影响力。

与此同时,在政府预算投入保基本的前提下,设立乡镇(街道)级政府基金,并在其下开设公共文化专项资金一项,与购买社会组织公共文化服务相配套,鼓励优秀社会组织来基层参与公共文化服务,积极发挥社会资金灵活便捷的特点体现社会协同发展。

### (三) 规范政府购买行为,落实治理方式现代化

塘桥街道文化活动中心的发展离不开社会化、专业化的管理服务标准,这也为其他基层公共文化的发展提供了典范。一方面,要求基层综合性文化服务中心调整有关工作任务和工作内容,确保各项文化服务标准量化,并对行政、人员、经费、设施、项目、民主等六个方面管理建章立制。另一方面,要求政

府进一步增加和细化购买服务的文化项目,进一步扩充文化类社会组织目录,并进一步规范和细化社会组织参与公共文化建设的相关工作机制和政策,特别是对社会组织资质要求、参与合作的工作流程、工作合同签订、合作监管等环节,推进政府购买行为更为科学、规范、合理,保证基层综合性文化服务中心实现更为专业化的社会化管理。为进一步集聚社会组织专业支撑和社会资源整合,还需要探索建立基层群众文化联盟,促进政社合作、社社合作,完善文化活动赛事和文化团队培养机制,激发整个社区的文化活力。

### (四) 筹建基层公共文化服务信息平台, 体现宣传推广高效便捷

公共文化发展普遍存在基层服务人群不均衡现象,必须突破时空限制,加快数字化文化建设的步伐。这就要求依托各地已有的公共数字文化平台,搭建起基层公共文化服务信息化平台,在与各地市信息管理服务平台实现良好对接的前提下,增加与基层村(居)群众的互动,特别有利于将活动选择权和参与权进一步让基层群众来做主,体现居民文化自治。

此外,信息资讯的现代化传播服务形态聚焦于公众对公共文化服务信息的获取与反馈上,而构建方便、立体、快捷的现代公共文化传播体系是社会公众获取公共文化服务信息的主要渠道。在此背景下,各基层要充分利用现代信息技术,加大对公共文化服务活动的宣传推广:一是与电信运营商合作,通过短信形式,每周向辖区内公众推送文化服务中心下一周开展的各类文化活动信息;二是建立文化类微信公众账号,以智能手持移动终端为载体,向辖区公众推送开展的各类公共文化活动信息;三是定期更换村(居)电子阅报栏上展示的各类公共文化活动内容。通过上述各类方式,吸引更多的年轻人和精英人士关注并参与到基层公共文化活动中来。

# Ⅲ 专题个案研究

# 6

# 上海公共文化服务效能

## ——指标分析及提升策略

徐清泉*

摘 要 受公共文化服务公益性及社会性功能定位的影响，检验公共文化服务效能必须将社会效益视为最重要的结果性衡量指标之一。而公共文化服务设施空间平台等资源配置、文化生态健康状况、文化生产供给主体结构配置运营状况、跨条块协调机制建构与运作状况、中介机构发展状况、文化供需对接状况及文化经营实体运营管理状况等等，就成了或直接或间接影响公共文化服务效能实现的过程性关键要素指标。近年来上海公共文化服务虽然发展成效十分显著、发展水平位居全国前列，但是从供给侧改革的视角来看，依然在上述若干指标方面有较大的改进和完善空间。“十三五”期间，上海需要认真领会好习近平总书记所说的“开放是上海的最大优势”，从着力提高上海

* 徐清泉，上海社会科学院文学研究所研究员。

公共文化服务全要素生产率的视角着手,针对自身在上述若干指标方面存在的有待突破和优化的方面,借助统筹协调和多管齐下的操作性举措,力争实现公共文化服务效能有大踏步的提升。

关键词 公共文化服务效能 指标 全要素生产率 资源 主体 生态 中介

近年来,上海在公共文化服务体系建设方面长进非常明显,尤其在公共文化设施网络建设等硬性指标方面,已明显走在国内诸多城市前面,而且在运行机制创新等软性指标建设方面也有不少推进。尽管如此,上海在公共文化服务生产供给的整体"服务效能"最大化方面,尚有进一步提升发展的较大空间。因此,我们应当结合当下上海公共文化服务发展实践,结合上海"十三五"期间经济社会文化发展的客观要求,同时也要结合我国正在实施的供给侧结构性改革的实际,在摸清公共文化服务领域存在的主要问题的前提下,按照轻重缓急,通过实施具有针对性的思路举措,对现存的有待突破和优化的方面予以逐步破解,力争使上海公共文化服务效能实现大幅度提升。

## 一、 公共文化服务效能衡量的若干重要指标

### (一) 社会效益是最重要的结果性衡量指标之一

毋庸置疑,公共文化服务功能定位最鲜明的特征就是公益性和社会性。受此定位影响,社会效益就注定成为公共文化服务效能最重要的结果性衡量指标之一。然而论及"效益"和"效能",就有必要作进一步的分析。按照较为公认的解释,"效能"主要指办事的效率和工作的能力,是衡量工作结果的尺度,效率(efficiency)、效果(effectiveness)、效益(benefit)是衡量效能的依据(简称"三效")。公共服务效能追求的根本目标是:运用各种科学合理的手段、制度和载体,调动公共服务主体的积极性、主动性和创造性,不断提高其服务效率、增强其服务能力、端正其服务态度,并科学调配和使用公共

服务资源，进而通过其优良的服务质量，来实现公共服务效益集约化、最大化。

以上述“三效”标准来衡量公共文化服务效能，则基本可以实现对过程检测和结果检测的全覆盖。认定公共文化服务效能高低的标准主要可以归结为两个：一是社会效益标准；二是经济效益标准。后者主要是指经济方面的投入回报及投入收益，它可以通过定量化的客观数据增长来直接衡量。考虑到公共文化服务通常会具备鲜明的公益性特点，通常会在一些产品服务方面实行“完全免费”和“折扣优惠”，所以政府用于公共文化服务的各类财政拨款性及补贴性投入，可能就是纯消费投入性的，无法实现“直接的”经济收益回报。但凡涉及经济收益回报的部分，大多只能以群众有限的购买产品服务部分来体现。也就是说，公共文化服务的经济效益好坏衡量，一般只能从公共文化产品服务相对有限的市场营销收益中获得最终衡量。可见，国家公共文化服务的公益性乃至非赢利性定位，决定了以客观量化数据来衡量公共文化服务效能，是具有一定的矛盾性的。基于此，就必须将经济效益衡量与社会效益衡量合理结合起来，从某种意义上来说，社会效益好坏的衡量，可能会在检验公共文化服务效能高低方面，体现出更为突出的权重。①英语“benefit”一词难以反映中文“效益”一词的丰富性。社会效益尽管也可以借助量化手段来间接衡量，不过它更多的是体现为一种普遍的占据群体性数量优势的主观感受评价认定，其中还可能包括了对“效率”“效果”乃至“公平”等情况的认知判断。

---

① 以往人们在探讨公共文化服务的“两个效益”时，通常用得最多的说法就是“实现社会效益和经济效益的相统一”；还有一种一度成为主流的观点就是——“没有经济效益，何来社会效益？”我们认为，将两个效益相统一作为文化生产的努力方向加以倡导，是完全有必要的，不过这后一种观点的价值观起点乃至思维逻辑起点，最终还是立足于经济发展诉求之上的，它并没有充分考虑文化发展的特殊规律，如果把经济效益作为实现社会效益的前提，并硬性照此办理，有时难免不切实际。近日联合国教科文组织发布报告显示：中国已成为文化产品最大出口国，出口总值比排名第二的美国高出一倍多（见《中国成文化产品最大出口国》，2016 年 3 月 11 日《新民晚报》A19 版）。这值得所有文化从业者感到高兴。不过要仔细分析一下文化行业的出口效益比的话，则可以发现：像文艺演艺等在对外出口方面最经得起考量的，主要是其产生的良好社会效益，至于经济效益则基本可以忽略不计。如过于计较经济效益，则这些文化产品就根本无法实现“走出去”。

## (二)影响公共文化服务效能的其他若干项指标

自2015年以来,供给侧结构性改革,作为直接关系到群众公共服务消费的一个重要问题,被中央决策层提到了改革发展的议事日程中。中央提出供给侧改革的根本目的在于,落实好以人民为中心的工作导向,充分解放并提高社会生产力水平,从全面提升供给质量出发,矫正生产供给要素配置扭曲,扩大对群众消费的有效供给,减少以往较为多见的无效供给,提高供给结构对需求变化的适应性和灵活性,提高全要素生产率,更好满足广大人民群众的需要,促进经济社会持续健康发展。现实的经济社会文化发展情况表明,我国举凡涉及经济的消费需求释放和产品生产供给的领域,举凡涉及文化的消费需求释放和产品生产供给的领域,大多都存在供给侧管理有待创新完善的问题。其中,公共文化服务的供给侧结构性改革,就是一个不容忽视的重要方面。

在供给侧管理理论中有这样一个供给生产函数公式,即 $Y = F(A, K, L)$。Y代表供给总产出,K代表用以供给生产的资本存量,L代表劳动投入,A代表直关供给总产出的全要素生产率。供给产出Y是一个关于资本K、劳动L与全要素生产率A的函数。资本K的不断积累和劳动力L的不断丰富,将会极大地提高总产出Y,但该函数的二阶导数为负,意味着每一种生产要素对于产出的贡献会逐渐减少,当资本K与劳动L到达一定存量值的时候,社会总产出会进入一个瓶颈,此时,能够继续提高供给总产出的唯一方式就是提高全要素生产率A。因此,供给侧管理理论的核心,就在于通过不断提高"全要素生产率A"来不断促进供给增长。而提高全要素生产率的具体手段,就主要包括改革既有体制机制等制度、调整资源配置结构以及提高劳动者素质等。①有学者在分析研究我国近几年经济社会发展实际后这样指出,今后一段时间应当着手破解的问题是,"如何淡化周期性的需求管理,从供给侧着手重启改革,更新供给结构,放松供给约束,解除供给抑制,让人口和劳动、土地和资源、资本和金融、知识和技术、制度和管理等五大财富源泉充分涌流。"②这种问题

① 参阅曹国亮:《供给侧管理在中国的推出及国际经验》,《品牌营销》2015年10月(上)。
② 吴敬琏、张维迎等:《改革是最大政策》,东方出版社2014年版,第93页。

其实在公共文化服务领域也有一定的反映。如果我们用供给侧管理相关理论,来衡量审视公共文化服务效能产出的影响性指标的话,则可以发现起码包括以下几个方面:一是公共文化服务设施空间平台等硬件资源的配置状况;二是公共文化服务生态环境的健康状况及公共文化服务生产供给主体结构的配置运作状况;三是关乎公共文化服务生产供给主体平台机构运作的其他要素资源的配置运作状况。从此三个方面来分析上海的公共文化服务,基本上可以断定:上海如果要进一步提升公共文化服务效能,就一定需要实施必要的供给侧结构性改革。

## 二、 对上海公共文化服务效能若干指标现状的分析

### (一) 在公共文化服务设施空间平台等硬件资源配置方面

尽管近年来上海在此方面走在了全国不少城市的前面,但与一些国际文化大都市相比,仍需不断作出努力。

一是在公共文化服务设施空间平台与市域人口配比方面。如在"公共绿地占比"方面,伦敦是 38.4%,纽约为 14%,新加坡为 47%,巴黎为 9.4%,而上海则为 2.6%;在"现场表演场地数"方面,伦敦是 349,纽约是 277,巴黎是 423,而上海则是 44;在"剧院及大型音乐厅数量"方面,伦敦是 224,纽约是 435,巴黎是 368,上海则是115。①如果单以最后一项指标折算成人均,拿上海和纽约相比,按目前纽约常住人口 833 万、上海2 301 万来折算人均,则纽约每万人拥有剧场 6.8 个,而上海每万人拥有剧场 0.05 个。两相比较落差明显。

二是在依托城市街区社区建构演艺空间设施集聚区方面。在美国纽约百老汇一带,除去"百老汇"剧场(600 座以上)不算,仅"外百老汇"剧场(600 座以下)和"外外百老汇"剧场(99 座以下)总数就达 530 家之多,形成了戏剧产业集聚区。同样,伦敦西区也是英国著名的演艺空间设施集聚区。从国内情况来看,目前全国已建成和正在建设的演艺集聚区有 10 多个,如北京的天桥

① (英)罗伯特・保罗・欧文斯等:《世界城市文化报告 2012》,黄昌勇等译,同济大学出版社 2013 年版,第 39 页、51 页。

演艺区、天坛演艺区、东城区剧场群,天津的盘龙谷,陕西西安的“文艺路演艺一条街”,江苏南京的杨公井演艺文化街区等。①相比之下,上海目前较有规模的演艺空间设施集聚区仅有“静安戏剧谷”,黄浦区环中心城区一带的演艺集聚区尚处于谋划发展过程中。

三是在公共文化服务设施空间平台资源的分布方面,存在着不够均等、不够均衡的现象。首先是边远城区和郊县城区的公共文化服务设施覆盖密度及人均占有空间面积,与中心城区相比还存在着量级上的较大差距,一些城区上档次、上品位的地标性设施更是明显稀缺。某些行政镇按人口比例计算所拥有的设施远不及中心城区。其次是中心城区的区与区接壤的“三不管”地带,受一些城区客观上存在的本位主义因素影响,更受区属规土用地效益自享导向限制,以及跨区协调难度较大的制约,成为商旅文城市消费综合体无法落地设点的“不毛之域”,更成了区属公共文化服务空间设施不愿覆盖的“留白地带”,这些“三不管”地带街区社区的群众一直希望这种情况能有所改观。

四是依照老年社会需求调控发展设施空间的力度有待加强。泰康人寿与胡润研究院 2015 年 10 月发布的《2015 中国高净值人群医养白皮书》指出,中国进入老龄化社会已成为事实。上海地区更为突出。上海 60 岁以上老年人口已达 414 万人,占上海总人口的 28.8%(据市民政局数据),远高于全国 15.5%的比例。同时,上海还是全国著名的“长寿之城”,目前百岁以上老人已达 1 600 人。在上海已呈现出非常鲜明的老年化发展态势背景下,绝大多数城区在具有老年群体广泛消费需求的街区绿地广场及慢行步道公园等户外空间设施开发方面,首先是供需严重不匹配,资源供给缺口较大,不能满足更多离退休群众的消费需求;其次是仅有的一些绿地广场空间大多不属于开放性的,对市民随意借以开展文娱活动多有限制;第三是城区开发改造主管部门对绿地广场等户外公共文化活动空间的开发,既关注不够更受制于经济收益考量等诸多掣肘因素。总体上看,上海目前在依照老年社会需求发展文化设施空间方面,其政策导向性调控力度还有待进一步加强。

① 王国华:《论现代演艺产业园区的建设与管理》,《北京联合大学学报》2012 年 10 月第 4 期。

## （二）在文化生态营造、生产供给主体配置及社会效益产出方面

一是既有的文化生态环境，尚需在多元化和开放化方面作出更大努力。上海作为我国改革开放的前沿地区，既担负着方方面面成功探索实践的示范功能，更承担着确保文化意识形态安全的重要政治使命，因此渐进求稳的客观要求，几乎给文化改革方面的“试错”和“犯错”，没有留下多少可供回旋的余地。与此同时，作为中国最具影响力和吸引力的一线城市，上海又在市场等诸多外力作用下形成了商务成本高企的现实。两种因素叠加，长此以往就造成了上海“文化生态环境欠佳”的不利局面。其实，几年前上海市委主要领导就曾追问过“为什么上海既留不住马云也出不了马云”。近年来，上海这个国际大都市在文化生态方面缺乏生成本该具有的活力。这迫使许多精英人才不得不另寻发展空间。市委主要领导曾经在文化条线工作会议上明确指出：北京有“北漂”，上海也完全应该有“海漂”。事实上，虽然上海文化主管部门领导对于通过改革开放来营造良好的文化生态环境，也具有清醒的认识和相应的工作部署，①但即使近两年文化生态环境欠佳窘境有所改观，可要想从根本上优化上海文化生态环境，仍需要作出持续的、不懈的努力。

二是社会力量参与公共文化服务的力度虽然明显加大，但是供给主体的丰富性和广泛性依然有待增强。推动公共文化服务供给来源及其支撑主体的丰富化和多样化，是保障并满足群众多样化文化消费需求的前提，更是集约化利用社会公共文化服务资源的必由之路。近年来上海一直在这方面持续发力。从街道镇村所属社区文化活动中心和文化站（室）的产品服务配送方面来看，上海社会力量参与公共文化服务的力度明显加大，②而且不少社区文化活动中心都通过引入第三方民非机构等社会力量的方式，对中心实施了全部

① 《2014年上海宣传思想文化工作要点》就曾明确强调，要“以‘放开’为基本要求，着力为上海文化大发展大繁荣营造活力迸发的良好环境”。

② 根据上海市文广局相关统计信息显示：2015年全市参与公共文化服务产品及资源配送的社会主体，较2014年增加了34%。增幅有显著扩大。上海还借助连年举办市民文化节的特定机遇，从中选择优秀的社会文化产品及文化服务项目，作为政府购买文化服务的重要补充来源。

托管运营或部分托管运营。不过总体来说,上海在公共文化产品生产及文化服务供应的供给主体构成方面,在很大程度上还是主要依靠政府下派力量及其管辖的国有文化企事业机构,社会力量在其中的占比仍有一定的拓展空间,公共文化服务的多样主体及社会资源集成效应有待激发。事实上,多元主体协调共办公共文化服务,用个不一定恰当却较为形象的比喻就是:一辆马车,本应由一匹马驾辕,四匹马、五匹马乃至六匹马拉车,一人赶车,车上坐满了诸多乘客——也即参与公共文化消费的群众。马车本身好比公共文化服务资源平台;赶车人好比政府(此喻不意味着政府真的就应该高高在上),承担确保马车行驶方向正确、协调掌控各马匹关系的重任;驾辕马相当于国营企事业文化单位机构,承担着确保车体稳定的重任。如果赶车人把握不准车体及乘客轻重,仅让二三匹马拉车甚至只让驾辕马一匹马拉车,则势必行程艰难,走至道路坎坷处,赶车人也只能跳下马车,亲自上手,拼命推拉一阵。上海目前在公共文化服务的多元主体参与方面,仍需实现代表社会化乃至市场化多元力量的"二马、三马、四马、五马、六马"等多元化主体参与格局,如果仅有二三匹马在拉车,其他马匹还很难找到参与拉车行动的入口,这就在一定程度上形成了"二三马拉大车"的现实格局。如此一来,行车效能自然会打折扣,乘客必然会感到遗憾。也就是说,上海公共文化服务的供给主体结构,因受历史形成的体制机制影响,还较为依托条块内自我循环,而相应的公共文化服务主体平台资源,也主要掌控在文化条块管辖内的国营企事业单位手里,这就在客观上存在着引入多元主体参与供给面临诸多体制机制约束,致使近年呼声较高的"社会力量"参与,只能在相对有限的层面和部分逐步展开,多元化供给主体的潜在巨量集成效能自然有待激发。

三是在公共文化服务的社会效益产出方面任重道远,还有待作出积极的不懈的努力。社会效益是效能的结果性评价指标之一。近年来上海在推进现代公共文化服务体系建设方面,取得了十分显著的社会效益和经济效益。需要指出的是,社会效益指标由于和群众的客观感受及主观评价直接相关,所以群众满意度高低就成为一个极其重要的衡量标准。从人们对上海公共文化服务的社会效益总体评价来看,中国社科院有关机构得出的公众满意度评价,也许可以从一个侧面对此有所反映。该机构通过对 24 549 份调查问卷的研究分析,得出了全国 38 个主要城市基本公共服务力的排名评价。在“文化体育”指标的公众满意度排名方面,位居全国排名前十的城市分别是拉萨、珠海、宁波、厦门、海口、昆明、济南、大连、重庆、北京,①上海位列十名之外。从人们对上海基层公共文化服务的社会效益评价来看,有关的社区文化服务绩效评估也许能够说明一些问题。笔者于 2011 年及 2014 年曾两度参与上海市文广局委托第三方机构开展的全市社区文化活动中心绩效评估工作。从评估中掌握的社区群众意见反馈信息来看,广大群众虽然对上海 200 余家社区活动中心的服务效能总体上持肯定态度,但是也提出了许多十分中肯的改进意见和建议。这表明上海社区文化活动中心在事关群众满意度的社会效益方面还是有很大的提升空间的。

### (三) 在条线协调、供需对接、运营管理及中介发展等方面

一是文化跨条线的协调机制创建及日常有效运营尚待进一步加强。尽管上海市宣传文化系统曾专门针对公共文化服务发展建立了“上海市公共文化服务协调小组(办公室)”,但该协调机构基本上还是限定在条块范围内。换言之,上海现有公共文化服务体系的建设运营,依然主要依靠宣传思想文化系统条块内单兵作战,要依此让其具备跨条线协调能力,明显有些不切实际。面对当今文化发展呈现出的与科技、电信、通讯、互联网、新媒体、智能终端等高度融合的态势,作为文化内容责任方的宣传文化系统条线管理主体,在跨条线协调管理机制有待升级健全的格局下,只能起到有限的跨条线协调管理作用。应当看到,在文化与非文化跨界融合发展已成大势的背景下,如果文化事业与文化产业,与科技金融等不能实现彼此良性协调,则公共文化服务在内容产品供应及科技载体支撑等方面,只能远远尾随在市场化的文化创意产业新兴业

① 参阅钟君、吴正杲主编:《公共服务蓝皮书:中国城市基本公共服务力评价(2015)》,社会科学文献出版社 2015 年版。事实上,从公共文化服务硬件设施及软件配套来看,上海在全国绝对位列前茅,可为何在公众满意度排名上相对落后?是因为商务生活成本居高拖累了日常文化消费成本居高?还是因为更有其他一些复杂多样的原因?这值得研究。

态新陈代谢之后,使得公共文化服务消费,对主流市民群体既难以产生起码的吸引力,也与人们对国际文化大都市的文化发展期待存在一定距离。

二是公共文化服务供给与群众需求相脱节的顽疾虽有缓解,但还有待实现根本性的攻克。在当今文化消费日渐呈现普泛化、多样化、时尚化、多变化的背景下,我们既有的公共文化服务在体制机制及日常运作等方面,还有待作相应的跟进调适。如由政府主管部门特定安排的许多基层公共文化服务机构及实体空间设施——包括群艺馆、文化馆、社区文化活动中心等等,在服务效能产出方面仅仅只能吸引覆盖到极少数非就业阶层(包括离退休人群及中青年无业人群)和非入学阶层(如少数少年儿童),其早九晚五的作息制度及利用政府有限财力购买的文化产品,有待吸引更多的主流人群去自愿投入消费。即使是创办于 2013 年、活动时间几乎覆盖全年的"上海市民文化节",也同样是"覆盖面虽大,但参与人群还有待进一步拓宽,参与社区活动的中坚力量还是中老年人"。①供需脱节的情况在基层一些地区也还不时可见。一些业界人士在近期的调研中发现,有些基层文化活动中心(站)为了完成上级布置的电影放映场次任务,明明看到群众对配送的电影提不起兴趣,而且整个电影放映厅空无一人,也要空放完整个片子,以便完成自动计数任务。这在客观上造成了某些公共文化服务资源的空耗和浪费。

三是公共文化服务实体机构在生产服务及运营管理等方面,还存在一些制约其开拓创新的瓶颈障碍。目前,上海归国有文化资产管理的文艺表演团体约 18 家、艺术表演场所约 93 家,②有标准化街道乡镇社区文化活动中心 226 家。从团体及场所这两类供给主体的生产服务及运营管理方面来看,前后历经或是"转企改制"、或是"扶持公益"、或是"一团一策"等区别性分类改革,除少部分主体能够在市场或公益的环境中具备自我生存能力外,大多数主体依然处于举步维艰状态,"公益"和"市场"两相纠结,几乎成了始终很难破解的发展"魔障"——但凡要作公益演出,如若没有政府补贴,就没有实力消

① 萧烨璎等:《首届上海市民文化节的实践与思考》,蒯大申主编:《上海文化发展报告(2014):激发上海文化创造活力》,社会科学文献出版社 2014 年版,第 171 页。

② 中共上海市委宣传部及上海市统计局编:《上海文化统计概览 2015》,第 29、31 页。

化成本；但凡要完全走市场，又势必是既在能力上捉襟见肘又不免违背“文化惠民”的原初定位。受体制机制乃至政策等诸多掣肘因素的影响，①这些主体在文艺产品原创生产方面，就既显得动力不足也深感异常纠结。从基层社区文化活动中心的运营管理方面来看，虽然大多数中心都实施了民办非企业、非盈利机构法人登记转型，但由于目前的某些法人治理还停留在落地不实甚至“貌合神离”的状态，加之受“营改增”配套措施不到位等因素的制约，致使法人治理的正面效益难以发挥出来。尽管上海打浦桥街道和临汾街道乃至浦东新区绝大多数社区文化活动中心等，都按照推进公共文化服务社会化专业化的要求，通过采取政府与社会第三方民非机构等建立契约合作关系的方式，将中心或全部或部分委托给后者运营并已取得了一定成效，可是全国各地社区文化中心普遍存在的消费群体边缘化、可持续发展通道狭窄的困难，一段时间内还难以从根本上破解，而且更多的中心依然处于运营管理乏力乏术的状态，潜在的效能尚有待得到充分释放。

四是文化类社会组织及文化类民办非企业等中介机构发展仍处于攻坚克难阶段，有待更好地适应公共文化服务社会化和专业化的发展需要。文化中介机构是文化繁荣发展的“润滑油”和“催化剂”。然而由于审批机构始终面临着把好文化意识形态安全端口管理的压力，以及对“放开搞活”与“守土有责”的规制调适尚处于摸索阶段，这就造成中介机构短时间难以形成稳步快速发展的局面。有统计数据显示：自 2010 年到 2014 年的五年间，上海拥有文化类社会团体的分年总数分别是 253、263、288、308 及 321；文化类基金会的拥有数分别是 11、12、14、14 及 19；文化类民办非企业单位的年度拥有数分别

① 我国目前实行的国有文化资产管理政策，基本上是参照借鉴非文化类国有资产管理的通行作法，即要求文化企事业法人主体，在具体经营运作国有文化资产机构平台资源时，必须尽可能“保障国有文化资产保值增值”。事实上，因为文化生产发展规律有其自身具备的特殊规律，其资本投入带来的经济收益产出与非文化类国有资本相比，具有更为突出的结果反应延时性和滞后性，而且文化类资金资本的投入回报在许多情况下主要是用社会效益而非经济效益来衡量的，所以用这种在经济上只允许赢、不容许输的“保值增值”政策条款来约束公共文化服务企事业单位，就相当于是让这些文化生产供给主体戴着“镣铐”跳舞。如此一来，鼓励公共文化服务主体大胆抓文化产品原创，基本上就成为一种不切实际的“隔空喊话”，因为仅有极少数文化主体敢拿国有文化资产在作品原创上冒风险。显然，这种制约文化创新的顶层政策设计问题，要指望地方政府自身去破解是非常困难的。

是200、225、294、370及472。[①]可见其发展速度是亟待不断提升的,总量也是相对有限的,与发达国家相比差距也是十分明显的。[②]事实上影响上海文化类中介机构发展不快的具体原因,归结起来至少包括这样两个方面:第一是审批创建申办门槛过高,如要求申办者必须寻找符合要求的挂靠主管单位,以及审批手续流程十分复杂等;第二是民办中介机构在税费等方面,还不具备像国营机构那样同等享受"国民待遇"的吸引力。

### (四) 对公共文化服务效能过程性指标的供给侧管理分析

在社会效益这个结果性指标之外的上述其他指标,通常是影响效能高低的过程性原因所在。近年来虽然上海的公共文化服务在诸多效能指标方面,取得了位居全国前列的显著成效,但是从其指标现状的具体分析,特别是从供给侧管理视角的解读分析可以看出,这些指标仍然存在许多与最大程度提升全要素生产率相疏离的方面,必须通过今后的努力来不断改进和优化。

从公共文化服务设施空间平台资源与人口数量规模的匹配度方面来看,由于上海人口众多,而可供满足群众文化消费需求的剧场、音乐厅等数量十分有限,特别是中心城区与边远区县还存在着设施空间资源分布上的不均衡,所以这反映在供给侧管理方面就表现为供给结构中有短板有空白,需要补齐填实。

从公共文化服务设施空间资源与消费人群及其文化需求的契合度方面来看,上海已经进入老年社会,并已引生对绿地广场等早晚户外文化活动空间需求的明显增强。目前不时可见的一些城区社区群众因为户外广场舞活动引发的一些矛盾纠纷,在一定程度上与户外活动空间短缺及资源配置有待优化直

---

① 中共上海市委宣传部及上海市统计局编:《上海文化统计概览2015》,第61页。

② 早在十多年前,就有学者研究发现:仅以基金会的数量与美国日本等发达国家相比,我国同时期基金会的数量就少得可怜。在美国,2002年基金会的数量就已经达到65 000多家,基本上是我国的60多倍。而在日本,截至2004年3月末拥有的基金会总量就达到15 587个(参阅王杰主编:《全球治理中的国际NGO》,北京大学出版社2004年版,第105页)。

接相关。现有的公共文化服务空间设施供给等，还主要聚焦于体制内早九晚五作息供应及有限的室内空间服务等方面，尚有待借助多主体力量覆盖延伸到八小时以外的时间段，并且设施空间的可达性和便利性还主要是以一般年龄段人群为关注点，尚需要从上海已进入老年社会这个角度作相应的调适预设。从供给侧管理的角度来看，这表明有必要充分考虑上海已进入老年社会的文化消费特殊需求，在一定程度上逐步扭转公共文化服务资源的“要素错配”局面。与此同时，在政府划拨财政投入用于购买公共文化产品服务方面，在政府借助市区街道镇村等多层级统一配送体系将产品服务提供给群众消费方面，一些供给机构存在的不够接地气甚至供需“两张皮”相脱节问题，也有待在今后的努力中不断破解。

文化生态、条线协调、运营管理及中介发展，是影响公共文化服务全要素生产率高低的关键变量要素组成部分。条线协调机制的建立完善和持续有效运营，能够最大程度地减少现代公共文化服务体系建设运营的阻力，实现公共文化服务资源集约化利用、促进公共文化服务效能最大化；中介机构是公共文化服务实现良性运营和创新发展的“润滑剂”和“催化剂”，这个要素只有丰富发达了，市场的活力才会真正被调动起来；而运营管理是否符合文化发展规律、市场经济规律及公益服务规律，决定着公共文化服务是否能够实现可持续发展；相比之下，文化生态是最为综合的变量要素，它与条线协调、运营管理及中介发展这三个要素之间构成了相互交叉、相辅相成的呼应关系。文化生态从欠佳转变为良好，从全要素生产率的角度来看，就是实现“市场出清”也即供需对接、两方均衡。按照上述这几个要素指标的良性状态要求来审视上海公共文化服务，则可以发现还有待作持续不断的努力。需要指出的是：由于文化供给和文化消费不同于日常生活品的供给和消费，其蕴含着精神内涵和价值取向，需要供给方在文化产品生产和供应方面作科学的调配和必要的引导，所以依靠市场规律自发调节来实现公共文化服务供需“市场出清”，应当是有前提和有条件的，否则文化产品的非法供给（盗版、抄袭、涉黄等）就有可能乘虚而入。

## 三、 上海公共文化服务效能的提升策略

上海提高公共文化服务效能,可能没有很大空间通过资金投入的大幅度增加来实现,而应主要通过利用以下的改革发展红利来实现:第一是充分对接创新转型战略实施,主动承接自贸区建设和科创中心建设溢出效应;第二是认真制定实施文化发展“十三五”规划,大力推进国际文化大都市建设进程,不断深化文化体制机制改革。为此,上海需要考虑采取提升公共文化服务效能的以下一些策略建议:

### (一) 尽快建立旨在推动文化跨条线融合发展的大文化协调共建机制

伴随着全球化及互联网、物联网时代的到来,当今公共文化服务消费的发展,特别是海量公共文化产品的传播,已呈现出超越宣传系统条线管控限制、超越国家互联网文化安全管控限制的客观态势。在此背景下,我们不能指望通过单一的宣传系统一家条线的力量,来实现满足全社会公众还在不断增长放大的公共文化服务消费供给需求,而应当参照国家层面建立由众多部委办局参加的“公共文化服务协调机制”的作法,在全市层面建立由文化主管机构牵头、汇聚了各条线相关力量的“大文化协调共建机制”。力争主动发挥国家鼓励推广“街区制”的正向效应优势,将宣传条线的文化建设,与社会建设、法制推进、科技创新、文明城区创建、企业文化发展、校园文化建设、营区文化建设、社区文化建设、城市综合管理、群众自组织文化建设等有机结合起来,从而破解公共文化服务效能提升依托宣传文化系统“单兵作战”的问题。上海现有的“公共文化服务协调小组”,主要还是由宣传文化系统单一的条线内单位组成,以之来完成此协调重任可谓力有不及。

### (二) 打破事业产业人为阻隔, 将新媒体新业态拓展为新的文化供给增长点

上海必须要在文化建设领域,尽快适度打破业已固化成型了的“文化事

业”与“文化产业”分条块“各自为政”的格局。必须看到:事业与产业的划分是人为的、相对的,效能最大化了的文化事业一定有文化产业的深度介入和强力支撑;同样,要发展壮大文化产业,就离不开公共文化服务消费的极大增长和全力拉动。以往形成的公共文化服务习惯性尾随文化创意产业发展的“路径依赖”,已经不符合文化跨界融合发展实际。因此上海正在全力推进的现代公共文化服务体系建设,必须主动对接新媒体新业态的发展,率先从文化管理层内部实现事业与产业有效互动;必须引入相关的人才、技术及项目,力争将新媒体新业态拓展为公共文化服务供给的新增长点。既不能止步于借助新媒体、新业态、新技术来提升公共文化服务科技含量,又不能自满于仅仅依托这些新技术创办数字图书馆及构建“文化云”。要通过政府部门出台倾斜性优惠政策举措,鼓励各类与新媒体、新业态、新技术相关的企业及项目,主动在公共文化服务领域实现专利成果应用转化。

### (三)用“放开”的政策机制创新来改善生态、拓宽多元主体进入渠道

提高服务效能,要首先在根子上解决生产主体、供给主体、运营主体、支持主体、参与主体亟需进一步多元多样问题。对前三类主体而言,因他们的资源平台都归属于体制内、条线内,所以在长期互动运作过程中,形成了盘根错节的内部平台资源固化使用分配格局,一旦放开新的多元主体进入,意味着要打破既有格局,共享资源使用和收益分配,这对一些相关机构和个人而言是十分为难的事情。也正因为这种内生性心理因素的存在,加上相关顶层设计和中层设计尚处于创新探索中,才造成了上海“既有文化生态环境”与“多元主体存活条件”在短时间内难以实现彼此契合。科学的“顶层设计”,重在从观念层面超越条线条块壁垒限制,从管控层面营造与全市跨条线开展大文化协调共建相匹配的文化宏观管理架构;科学的“中层设计”,重在用多种法人治理结构及开放性多元主体参与等手法,来活化企事业单位的实际运营治理体系。“开放”是发展的前提,也是改革创新的前提。2016 年全国两会期间,习近平总书记在参加上海代表团座谈时指出:开放是上海最大的发展优势。这一判断非常契合上海实际,堪称一语中的。因此上海应当用好用活开放优势,重点

以顶层中层的政策机制创新为突破口,在心态、领地、氛围、运营、准入等方面实现破局,营造适合上述五类主体存活发展的“海漂”生态环境。

### (四) 积极整合用好全市宣传系统条线内外的公共文化服务存量资源

上海正在全力推进的现代公共文化服务体系建设,目前还主要立足于宣传思想文化系统行政条线内,在一定程度上带有条线内条块中的“自营自办”特点,相应的服务供给也基本上是依托内部“自我循环”。用好条线内资源的关键在于“挖潜增效”。与此同时,还极有必要开放公共文化服务体系建设,整合用好条线外大量公共文化服务资源,力求“借力扩效”。如市级区级工会、妇联、青年、教育及科委系统及某些社会机构(如中福会)等下属的文化宫、少年宫、活动中心、活动营地等。这些文化事业单位性质的平台资源,不仅存量大,而且处境尴尬。仅以市区两级工人文化宫为例,全市共有 22 家,设施场馆总面积达 40.58 万平方米,目前大多陷于功能定位含糊、发展前景不明状态。上海有必要通过市级协调机制的运作,尽快将它们纳入公共文化服务体系建设序列中。这样可以取得双赢成效:一可以推进公共文化服务资源力量的规模化、集约化发展;二可以破解这类平台资源的公益文化流失及生存发展问题。

### (五) 多管齐下不断推进公共文化服务资源配置均等化

要针对以往城市粗放扩容进程中形成的公共文化服务资源配置不均衡不合理的历史实际,应当积极借助“十三五”期间启动城市功能布局再调整再优化、城市功能实现“多中心多组团”排布、以城市规划引导提升城市文化内涵的特定机遇,通过推进公共文化服务均等化进程、作好城市副中心文化配套设施建设、补好中心城区“三不管”地带设施空间配置短板、适度向老年群体户外文化消费需求倾斜、适量开发商务楼宇文化消费空间、推进文化演艺集聚区发展及活化文化资源要素跨区域流动等,来不断提升上海公共文化服务资源均等配置及科学配置的水平,切实推动文化建设“重心下移”。

一是用城市规划引导设施空间资源建设向远郊倾斜。上海各级规土部门，要充分借助“设施资源”及“空间资源”规划调控这个有力杠杆，适时借力发挥市与区、区与区之间公共文化服务体系建设协调机制作用，引导市与区公共文化服务空间设施建设专项资金，向远郊街镇人口高密度社区适度下沉倾斜，汇聚市、区、镇等多方面财力物力，推动“后续导入人口多”及“在地人口密度大”的边远城区和郊县街镇，新增新建或改建扩建基层公共文化服务增量空间设施，以此缩小与中心城区之间存在的文化“设施空间载体资源”覆盖率偏低差距。特别要注意的是：在对城市副中心进行公共文化资源配置特别是文化设施建设时，要因地制宜地科学确定硬件设施的建筑体量和市场容量，不能简单移用或攀比追赶中心城区地标级文化设施的建设运营标准。

二是多管齐下作好“三不管”地带设施空间补缺发展。充分利用中心城区的区与区接壤“三不管”地带明显存在的老旧街区社区更新改造滞后这个客观实际，将“老旧街区改造滞后劣势”转变为“文化空间补缺后发优势”，诸如通过对特定地块开发实施“文化指标植入”之类的规划约束调控等灵活举措，引导这些地块的商用开发主体及住宅开发主体，必须将社区公共文化服务配套空间设施建设，作为其投资相应地块开发的准入许可前置条件。可借鉴普陀区月星环球港项目开发的文化嵌入式经验作法。如可针对徐汇区与闵行区、长宁区与普陀区等一些接壤“三不管”地带社区文化活动中心等设施空间稀缺的实际，引导这些地区的商住开发主体必须完成一定的文化植入指标。

三是针对老年群体文娱需要开发适宜性设施空间。要特别针对老年群体不断增大的实际，通过市与区之间的协调及导向性政策引导，一是鼓励各中心城区利用闲置废旧作坊及低效“僵尸”场馆设施，以财政支持改建扩建、引入PPP开发模式等方式，来翻修开发一批适合老年人室内活动的文化设施增量空间；二是推广开发城区内及城区间散落存在的一些“城市开发边角料”地块，按照文化供给与人口配比来科学布局选点，努力开发老少咸宜的户外公共文化活动增量空间；三是鼓励中心城区因地制宜地挖掘拓展城市公共绿地及城市街区广场的户外公共文化活动功能，有条件地取消这些空间设施的“活动准入限制”，并借助综合措施对其实施依法管理及群众自组织管理。

四是打造若干以文体休闲及演艺娱乐为特色的集聚区。要结合“十三五”时期及“两个一百年”节点时段上海城市功能空间布局方面的发展变化实际,从做实做强“社区文化”、实现更高程度“文化惠民”的高远立意出发,在坚持组团化、多中心规划排布群众文化消费空间设施(包括演艺设施)的前提下,重点借助规划调控杠杆,引导市、区、街道及镇的相关开发力量,在大浦东、大虹桥、大张江、大滨江、部分新城人口导入密集区及部分江南文化特色鲜明的水乡古镇区域等,打造以文体休闲、演艺娱乐为特色的群众文化消费空间设施集聚区。在“十三五”期间,要努力促进优质文化资源跨区域合理流动,尝试推动公共文化服务重心由市中心向边远区县均衡外移,利用相关文化平台载体的搭建,吸引市内外文化院团、文化人才、文化项目、文化活动、文化资金适时介入周边城区公共文化服务发展,从根本上提升上海公共文化服务体系建设的均等化水平。

五是协调引导商务楼宇适当开发文化消费空间。要借助市区层面建立的公共文化服务体系建设多部门协调机制的有效运营,发挥好宣传文化管理部门与规土管理部门、商委、经信委、工商联、区委区府等达成的“文化共建”合力优势,从大力提升上海城市文化内涵的高远立意出发,引导并推动街区楼宇经济主体及城市大型商业消费综合体经营主体,主动关注并大力支持公共文化事业发展。如对既有的商务楼宇经济体及商业消费综合体而言,可以借助其内部业态转型升级的有利时机,在其内部空间功能的优化调整过程中,适当划拨开发出一定数量面积的公共文化消费空间,其具体做法可以学习借鉴黄浦区 K11 项目及普陀区月星环球港项目等。

### (六) 拓展投入渠道,加快发展中介组织,扩大政府购买开放度

在公众文化消费需求快速增长、文化与其他行业快速融合互动的当下,原先一度在国内具有创新意义的文化“小盘子”列收列支式投入方式,已经不能支撑文化因跨界融合而形成的“大文化”扩张发展的实际体量,原有的投入方式、投入渠道亟待创新拓展。从美国等发达国家支持公共文化服务事业发展的情况来看,一般由地方政府直接投入到文化实体及项目中的比例约为百分之十几,而剩余的缺口填补需要通过企业、个人、基金会等的资助捐赠,以及实体项目的自营来实现。相比之下,目前国内基金会、民办非企业单位等社会中介组织发展缓慢、申办管控严格;企业赞助和个人捐赠等尚未形成海外那样相

对普遍的风气。有鉴于此,需要首先破解制约多元投入进入的各种瓶颈障碍。同时,随着政府财政投入方式的转变,政府购买公共文化产品及服务也将不断规范。对此,上海必须创造条件进一步扩大政府购买公共文化服务的市场开放度,在继续实施近年来稳步扩大向社会力量购买公共文化服务的优长作法的基础上,适时拓宽购买源,吸引更多新媒体新业态供给主体参与,力争切实形成"文化惠民,以质定买,公平竞争"的开放式购买格局。

# 7 上海非物质文化遗产保护现状及对策建议

林　静*

摘　要　2001年,"非物质文化遗产"的概念随着昆曲成为联合国教科文组织首批"人类口头遗产和非物质文化遗产代表作"而逐渐进入人们的视野。2004年8月,我国正式加入了联合国教科文组织《保护非物质文化遗产公约》。经过10年历程,我国非物质文化遗产保护工作已经上升为国家文化发展战略,进入广泛而深入的发展时期。上海在"保护为主,抢救第一,合理利用,传承发展"的工作方针指导下,已完成全面资源普查、建立三级名录体系阶段,工作重心实现了从申报为主到保护为主的转移,逐步进入保护工作的深水区。非物质文化遗产保护是一项具有很强开拓性与探索性的事业,有必要在总结过去经验的基础上探索符合上海城市特点的非物质文化遗产保护途径和方法,推动保护工作走上科学、有效、持续的道路。

关键词　非物质文化遗产　传承人　保护　现状　对策

## 一、当前上海非物质文化遗产项目的基本状况

### (一)上海非遗项目和传承人的现状

目前,上海全市共有49项非遗项目被列入国家级名录体系,179项非遗项目被列入市级名录体系,300多项非遗项目被列入区级名录体系。在上海

* 林静,上海市非物质文化遗产保护中心研究人员。

的非遗项目中，有一部分处于良好或较为良好的生存状态，它们能够经常地开展表演、展示、传承活动，能够保持自身的生命活力与社会影响，并在活动与传承中保持自身的核心价值内涵，其中还有一部分项目具有较好的市场开拓发展的空间，这部分项目约占上海整个非遗项目的45%左右；有一部分项目处于较为一般的生存状态，它们虽然在当代社会中仍然能够维持生命，但是大多存在着某些方面的问题，有的活动次数逐渐减少、有的核心内涵发生改变、有的传承链逐渐断层、有的社会影响与受众群体逐渐减小等，这部分项目约占上海整个非遗项目的40%左右。还有一部分处于生存状况较差的态势，濒危现象较为严重，约占上海整个非遗项目的15%左右。

代表性传承人是非物质文化遗产的重要承载者和传递者，上海目前共认定了四批国家级非物质文化遗产代表性项目代表性传承人，共94人，去世11人，现有83人；市级非物质文化遗产代表性项目代表性传承人，共454人，去世19人，现有435人。从年龄上看，国家级代表性传承人平均年龄在70多岁，大部分已失去了传承能力，每年都有2—3人离世；市级代表性传承人比较年富力强，目前展示展演、带徒授课、宣传推广等工作主要依靠市级代表性传承人进行。大多数代表性传承人生活并不富裕，部分比较清贫。目前国家级代表性传承人每年可以获得财政部、文化部下发的1万元传承补贴，上海市非遗专项资金每年给予70岁以上的国家级及市级代表性传承人6千元的传承补助，部分区县也给予代表性传承人一定的补贴。如松江区对国家级代表性传承人每年1万元/人，市级代表性传承人每年5千元/人，区级代表性传承人每年3千元/人，补贴金额根据保护工作情况上下浮动，极大提高了传承人的保护工作热情。

### （二）上海非遗项目的主要特点

#### 1. 老字号众多，生产性保护潜力大

上海作为一个大城市，有着发达的市场经济基础与旺盛的生活消费需求，它们为上海非遗项目的市场化开拓与发展奠定了重要的基础。在上海的徐汇、静安、黄浦等市区中，有着大量具有工商文明与都市文化特色的非物质文

化遗产形式。上海目前共有 94 个项目归属于生产性保护的范畴,其中手工技艺类 35 项、传统饮食类 25 项、传统美术类 29 项、传统医药药物炮制类 5 项。总体来看,近半数生产性保护项目的生存状况较好,尤其是与大众日常生活关系比较紧密的项目具有较好的自我造血功能。销售额亿元以上的企业,约为 15%左右,其中传统饮食类项目居多。上海是拥有“中华老字号”最多的城市,共有 180 家中华老字号企业,国家级和市级的生产性保护项目中与中华老字号重合的有 22 个,区级项目也有不少是中华老字号,这些老字号中的很大一部分是非遗的潜在资源。对这些具有市场潜能和开发价值,与消费者日常文化生活相关的非物质文化遗产项目,如何在坚守核心技艺和关键工艺流程手工传统的基础上,在生产、经营、流通等环节,通过符合市场经济规律的商业开发,吸引更多的社会资源投入到传承和保护非物质文化遗产的事业中来,使生产性保护项目得到有效、健康的保护,是上海非遗大有可为的一个领域。

2. 技艺精湛,享誉全国

上海是我国工艺美术品重点产区之一。上海工艺美术品的形成和发展有着悠久的历史。明清时期,露香园的顾绣和嘉定竹刻就闻名遐迩,受到官府和民间的广泛推崇。19 世纪中期以后,上海商业兴盛,交通便利,内地的手工艺人云集上海,带来了各地的传统工艺美术技艺,木雕、玉雕、漆器、石雕、面塑、紫砂等作坊、店铺纷纷开张。开埠后,随着进出口贸易的扩大,西方的工艺纷纷传入上海,艺人们通过汲取国内外工艺美术技艺之精华,融会贯通,逐渐形成了上海“兼收并蓄”的地方风格。在上海 49 个国家级项目中,就有 18 个项目属于以技艺见长的工艺美术类项目。这些项目反映了上海工艺“精致、细腻、创新”的特点,在全国具有很高的美誉度。

海派玉雕是以上海为中心地区的玉石雕刻艺术风格的派系,中国玉雕四大流派之一,形成于 19 世纪末 20 世纪初。作为中国四大流派中最年轻的流派,却引领全国玉雕的风尚,具有精致、严谨、流畅、灵巧、明丽的风格,在当下玉雕艺术界有很强的影响力。精致性,体现在选料上的精巧实用,设计上的精益求精,风格上的精细柔美,做工上的精雕细刻,达到“精而不过,巧而不俗,细而不匠,简而不繁”的境地。工艺上一些特殊技法,如镂空技艺、活环活链技艺、金银错技艺、刻字技艺、薄胎技艺等，体现“上海工艺”精益求精、不断创新的特点。

3. 流派众多，名家荟萃

上海的经济中心地位吸引了外地的众多人才闯荡上海滩，在互相交流学习中逐渐形成了众多的流派。上海中医药流派特征明显，遍及内、外、妇、儿、推、伤、眼、喉各科，曾有中医伤科八大家、中医妇科四大流派、中医内科十一流派、中医儿科四大流派、针灸六大流派，这些流派不仅闻名沪上，而且蜚声全国，至今仍为上海中医界骨干。石氏伤科就是其中之一。石氏伤科由石兰亭先生创立，于 1870 年由无锡迁至上海，至第三代石筱山、石幼山已名震沪上，誉及江南，有“江南伤科第一家”之称。如今石氏伤科第四代、第五代传人遍布海内外，成长为当地骨伤专业的领军人才与业务骨干。何氏中医世家、夏氏外科、顾氏外科、魏氏伤科、施氏伤科、陆氏针灸、杨氏针灸、范式眼科、张氏风科、朱氏推拿等如今都成为上海的非遗项目，各派均以其学术思想、专业特色和丰富经验，对上海的中医药事业发展作出了重要贡献。

上海戏曲界同样流派众多。昆曲、京剧、越剧、淮剧、评弹等剧种发源地都不在上海，却都在上海获得了发展的更大空间。上海被誉为艺术家的试金石，能在上海扬名立万就是艺术家水平最有力的体现，这就吸引了众多艺人纷纷来沪登台献艺，高手云集，形成了艺术的良性发展。例如评弹虽然发源于苏州，但上海却是评弹的兴盛之地，涌现了众多的名家名派：夏调，由夏荷生所创，演唱时真假嗓并用，唱腔挺拔遒劲，扣人心弦；徐云志所创的徐调，清越、甜润、软糯，人称“糯米腔”，曾风靡一时；蒋月泉所创的蒋调，旋律浑厚婉转，韵味浓郁醇厚，呈现出一种雍容华美、潋滟浓彩的风格，成为流传最广的弹词曲调；沈俭安所创沈调清雅飘逸、苍劲柔美；薛筱卿所创薛调则节奏明快爽利、咬字铿锵，皆为评弹主要的流派唱腔，此外还有张鉴庭所创的张调、严雪亭所创的严调、杨振雄所创的杨调、祁莲芳所创的祁调等。流派唱腔的蓬勃成为上海评弹繁荣的主要标志。

4. 保护机构健全，保护工作落实较为顺畅

上海非遗项目的保护单位大多由文化馆、社区文化活动中心、专业机构、

社会团体及相关企业承担,这是项目得以生存发展的重要载体,也是保护工作得以顺利开展的基本保障。

上海的公共文化体系建设全国领先,各区县文化馆、社区文化活动中心、各街镇文化体育事业服务中心都配备有标准化的场馆和设施,可以为众多音乐、舞蹈、民间文学、传统美术、传统游艺、杂技与竞技等项目提供稳定而宽裕的活动场所和展示空间。同时上海公共文化配送服务已形成市、区县、街镇三级网络联动配送体系,整合各地区的资源形成统一平台,将开展项目活动所需资源、专职辅导、专业服务配送至基层单位,实现优势互补、互通有无,上海的众多非遗项目保护单位正是落地在这些承担公共文化服务与管理职能的文化事业机构,不论从硬件设施的配备、人才的提供还是经费保障方面都为项目的长远发展提供了保障。

上海国家级非遗项目三林舞龙在这方面具有很好的代表性。20 世纪 90 年代以后,浦东新区三林地区政府把舞龙这一传统的民俗文化形式逐渐打造成群众文化的特色品牌,作为提升社区群众文化品质,提高市民文化素养的重要举措。根据政府引导、社会参与的保护原则,以项目保护单位三林镇文广服务中心为核心,依托世界龙狮锦标赛等专业赛事和三林圣堂庙会等民俗节庆平台,打出了三林舞龙的响亮牌子,成为地区文化建设的抓手。如今舞龙队伍不断壮大,已形成老中青幼的梯队结构,成员达到几百人,保护实效有目共睹。三林镇已被国家文化部命名为“中国民间舞龙之乡”,被国家体育总局授予“中国龙狮运动之乡”的称号。

上海的戏剧、曲艺的保护工作主要由各专业院团承担,上海的京剧院、昆剧团、越剧院、沪剧院、淮剧团、评弹团、滑稽剧团、杂技团、木偶剧团都是具有全国影响力的知名院团。在日常演出之外,他们义不容辞地承担起经典剧目复排、历史资料挖掘与整理、传承人培养、流派传承、宣传推广等保护职责。同样医药类项目的保护单位往往都是上海正规知名医院,如曙光医院、龙华医院、瑞金医院历来是中医疗法的重镇,黄浦区中心医院、静安区中心医院、闸北区中心医院、香山中医医院等的特色诊疗科室历史源远流长、社会影响力大,项目往往得到院方的大力支持,保护和生存状况良好。

5. 学校传承发挥重要作用

现代教育模式的雏形最早出现于上海，如今上海各类职业教育体系比较完备而成熟，涵盖戏剧、曲艺、中医药、工艺美术、音乐、舞蹈等非遗专业人才的培养。

如上海市戏曲学校就是一所以培养戏曲表演人才为主的国家级重点中等职业学校。2008 年，学校被确立为上海首批传统戏剧综合类非物质文化遗产传承基地。学校和上海各主要院团建立了长期合作，定向培养后备人才，全面覆盖京剧、昆剧、越剧、淮剧、沪剧、评弹、滑稽戏、木偶戏八个剧种的人才培养。到戏曲学校任教的专家、教师超过百余位，不少代表性传承人如昆曲的蔡正仁、张洵澎、梁谷音、王英姿等，京剧的李蔷华、田恩荣、张敏智、张善元等，越剧的章瑞虹、韩婷婷等，滑稽戏的童双春、王双庆、钱程等，木偶戏的郑国芳、卢萍等都在戏校承担着教育教学工作，众多名家名师的加入为戏曲学校的教育教学汇聚了最强的教师资源。很多青年人才已在全国大赛中崭露头角，频频获奖，为剧种的繁荣储备了后继人才。

再如上海工艺美术职业学院为了培养既有理论基础又有实际技能的复合型人才，就建立了各类工作室、实训工场 90 个，已形成多种"双主体"培养模式，包括：①校企共同建设专业、共同开发课程、共同开发教材；②校企合作实施订单培养、跟单培养；③企业入驻教学、为学生提供奖学金；④企业接收顶岗实习学生和毕业生就业；⑤学校为企业提供技术服务等。其中工艺美术设计与制作专业在漆艺、玉雕、陶艺、景泰蓝、琉璃、丝网版画等领域成立工作室，不少即为美术、手工技艺类非遗项目。

尽管上海的非遗保护有其优势和特点，但不可否认的是上海非遗项目和传承人情况并不容乐观，保护工作还存在着很多的问题和困难。

## 二、 影响上海非物质文化遗产项目生存状况的诸多问题及其原因分析

针对当前上海非遗项目生存状况的具体现实，及时地分析问题，认识问题、寻找对策是非常重要的。只有深入细致地对影响当前上海非遗项目生存

状况的各种因素进行分析研究,找到导致上海某些非遗项目生存状况不够理想的根本原因与关键所在,才能有效地提出相应对策与建议。现分别从项目本体的保护对象和从事保护工作的保护主体两方面的问题进行考察:

## (一) 保护对象

保护对象是指经过政府部门认定的非物质文化遗产项目及其传承人。目前保护对象存在的主要问题有:

1. 项目生存状况不理想

在上海的非物质文化遗产项目中,有一部分濒危现象较为严重或者十分严重。具体表现为活动不能正常开展、传承人缺乏、没有后继人员、核心技艺逐渐失传、社会影响小、社会受众面狭窄。分析其原因主要有以下因素:①生态环境改变是造成部分非遗项目生存困难的主要原因。田山歌本是农业生产的产物,手工棉纺、土布染织、篾竹编织等项目都与传统的农业生产方式紧密联系,随着农业生产方式与生活方式的改变,这些非遗项目必然会失去生存的基础,逐渐陷入濒危状态。②市场经济冲击。生产性保护的部分项目,存在着技艺落后、操作周期长、效率与收益低下、市场狭小等问题,根本无法在市场上与机器生产的产品进行同等竞争,面临着市场萎缩,经营困顿、被逐步边缘化的局面,造成非遗从业人员收入菲薄、人才流失、后继无人等诸多后果。③缺乏扶持政策。一是原材料限制。在当前上海的非物质文化遗产项目中,有相当一部分由于原材料限制而逐渐失去生存的条件,例如象牙篾丝编织所用到的象牙,成了国家保护动物产品,象牙雕刻艺人已很难获得原料;紫檀雕刻中所用到的紫檀木,属于珍贵材质,目前材料紧缺,价格昂贵,普通民众已无力承担。原材料因素在相当程度上制约了当前上海某些非遗项目的生存发展空间。二是高税收阻碍。目前我国对被确立为非物质文化遗产项目的文化产品,依然实行与其他工商业产品同样的税收政策,高税率导致非遗企业负担过重,难以维系。比如演出行业的高税率带来高场租,直接导致高票价,极大地抑制了文化消费,剧团的生存空间愈发萎缩。三是与现行政策法律有矛盾。国家级项目中唯一的酱油酿造类项目钱万隆酱油最为知名的产品特晒酱油采用古法酿造技艺,但是这种露天晒制酿造的传统生产工艺不符合现代生产标准,与卫生局的现行食品生产卫生标准起了严重冲突,被质监部门勒令停产,对公司的正常生产和运营造成了严重后果。四是知识产权保护不力。众所周知,国内对知识产权的重视和保护是十分不足的,侵权现象十分普遍,现行法规与条例失之空洞,流于形式,缺少畅通的维权渠道,过高的维权成本,使得非遗项目深受仿造假冒现象的困扰。

2. 传承活动不到位

作为项目保护的核心因素——传承人培养也存在着诸多问题:①传承人年龄老化。上海市代表性传承人的年龄多在60—70岁,国家级传承人更是年事已高,已过了从事传承工作的黄金时期,部分传承人或年老多病或寓居外地,有传承人之名而不行使传承人之责。②收徒困难。很多年轻人认为非遗与当代生活脱节,对此没有了解欲望,更没有学习兴趣,再加上学习难度大,技术要求高,导致传承人收徒困难。③传承质量降低。许多地方性戏剧曲艺类项目面临着艺术人才断层,尤其是自成一家的表演艺术家缺乏,而新的从艺人员青黄不接的困境。传统美术类和传统技艺类的项目也面临着核心技艺失传、技艺水平下降的现象。如顾绣、嘉定竹刻、黄杨木雕等项目都曾经创造历史上的辉煌,但如今由于传承人自身文化品位、刻苦程度、天赋等诸多因素的限制,要将高超技艺完整无缺地传承下来还存在着很大的距离。④非遗人才流失严重。这与非遗缺乏人才扶持政策有关:一是职称评定序列不完善。由于非遗项目很多都属于小众行业,因此没有社会统一的职称评定考核,晋升途径的不完善和社会地位的不明确导致技术人员无法长期安心为企业服务。二是外地人才留沪门槛高。戏曲类非遗项目现已很少有上海人愿意报考学习,项目单位只能招收外地学生,大大提高的留沪门槛使得学生毕业想留在上海十分困难,即使进入上海,由于待遇、收入、职称、住房、医疗保障等原因,也很难使这些人员安心于这一事业。总之,当前上海在有关非遗人才培养与传承的方面,政策扶持力度还不大,能够调动非遗人才积极性的手段还不多。

3. 项目保护机制不完善

经过十年的努力,非遗保护的基本制度——调查制度、名录体系建设制度、传承传播制度已写入《中华人民共和国非物质文化遗产法》中;国家、省、市、县四级非物质文化遗产代表性项目和代表性传承人名录体系基本形成,顶层设计的基本框架已经成型,但还是存在着很多的缺陷和漏洞:2005 年启动的非遗普查成果因一刀切的操作模式和过于粗陋的书面问卷设计导致普查结果不细致、不完整、不严谨;名录体系申报条件设定的模糊已经造成不少地区非遗项目和代表性传承人的泛滥和异化;确定的项目保护单位没有能力统筹全市的资源,无法胜任市级甚至国家级项目的全面保护的情况比比皆是;传承人游离于保护单位之外,很难得到有力的资金、场地、社会资源上的保障,所承担的传承保护工作形同虚设,这些现象的出现与保护工作的细化条例迟迟没有出台有着很大的关系,要使非遗保护走向科学化、可持续化的长效保护,保护机制亟待完善。

4. 项目管理体制不健全

由于非遗项目涉及门类众多,如医药、科技、卫生、宗教、商业、旅游等方面的门类,都难以由文广局一个系统来进行统辖,以致造成部分项目管理失控,或者难以协调,给保护工作带来一定的困难。例如黄浦区目前共有 34 个国家级、市级、区级项目,其中 10 个国家级项目中 7 个不归文广局主管,10 个市级项目的主管单位也都不在文广局,24 个区级项目大多属于商委的管理系统。虽然黄浦区很早就成立了区级联席会议制度,但随着两次行政区域的合并,领导干部的频频调动,联席会议制度早已形同虚设,目前黄浦区文化局和非遗分中心的保护工作基本只限于日常申报、评审、沟通等基础工作,受到主管权力限制,保护工作开展起来具有很大的难度。又如龙华庙会原来主要由徐汇区旅游局负责承办,现在虽然已被列为国家级非遗项目,但是其相关的活动仍然主要由旅游局负责,其中与龙华寺相关的部分内容,又涉及宗教局,而龙华庙会项目的各项具体保护工作,却主要又是由徐汇区文化局负责组织落实。可见龙华庙会作为一项独立的非遗项目,在管理机制上分散不统一的现象较为突出。

5. 经费投入不足

目前虽然文化部和上海市文广局都设有非遗专项资金,但相对于 49 个国家级项目、179个市级项目和300多个区级项目来说这些资金还是僧多粥少，无法惠及所有项目。因此文化部和市文广局基本采取轮流补助的方式，但非遗保护工作具有长期性、延续性，这种补助方式造成保护单位制定的5年长期发展规划难以落到实处，保护工作出现断层，也在一定程度上助长了部分项目保护单位漠视需要长期积累方见成效的基础性工作，如普查、建档、建立数据库，而热衷于筹办容易见成效的大型展示展演等活动，这种浮躁的心态和走捷径的工作方式都是不利于非遗的长远健康发展的。经费投入的不足也使政府部门对项目保护单位和传承人的管理缺少有效的监管手段。当前区级有配套资金的区县还是少数，对非遗经费的投入多少全凭各区县领导的重视与否，而缺少强制性的政策规定，因此区级配套经费投入方面还存在着很大的随意性。

### （二）保护主体

“保护主体”是指那些处于传承圈之外，却对非物质文化遗产传承起着重要推动作用的外部力量，这支队伍主要由政府部门、学界、商界、新闻媒体等组成。但是，他们的工作不是亲自传承非物质文化遗产，而是利用自己的行政资源、学术资源、资金资源以及媒体资源，去鼓励、推动、扶持非物质文化遗产项目及传承人实施活态传承。目前投入到非遗事业中的保护主体力量还是十分单薄的：

1. 非遗保护机构不健全

我国非物质文化遗产保护工作的方针是“政府主导，社会参与”，这一方针强调了政府在非遗保护工作中的主要责任，当前上海非遗工作的运作与管理，主要还是依靠政府文化管理部门这个较为单一的层面。

一是机构编制不健全。当前上海虽然各个区县都建立了非遗保护分中心，但是大多没有正式编制，没有公章、不设法人，大多附在群艺馆下进行办公，非遗分管领导多兼职群文工作，群艺馆侧重于举办声势浩大的群文活动，致使非遗保护工作也带有很浓的群文色彩，没有形成独立的符合非遗特点和需求的保护模式。

二是人员队伍不稳定。有些区级保护单位的非遗工作人员工作常常临时兼任其他工作,人员变动频繁,因此导致非遗工作人员业务生疏、经验不足,未能形成一个对于非遗项目长期、稳定的跟踪保护机制。例如虹口区、黄浦区长期只有一名退休返聘人员负责全区非遗保护工作,人力的严重不足使得该区非遗项目处于自生自灭的状态。

2. 社会保护群体关注不多

当前上海虽然有上海民间文艺家协会、上海工艺美术行业协会、上海市收藏协会等一些社会组织机构积极参与了非遗保护工作,但是相对而言社会民间机构参与非遗项目保护的数量还很少。尤其是广大的工商企业、社会团体、社区居民、青年学生,大多处于"隔岸观火""袖手旁观"的状态,尚未积极地投入到非遗保护的行列之中,致使上海非遗保护的社会化程度还是处于相对较低的程度。而对于如何调动整个社会的保护力量,形成全社会的保护共识和保护行动,文广局也缺乏整合机制。如何从更为广阔的社会层面上来集聚保护力量,发挥多元优势,这对于牵涉社会众多层面、部门的非遗保护工作来说也是极为重要的。

3. 高校学术力量参与少

上海的各大高校中开设有民俗学等与非遗相关专业的不在少数,但与保护中心保持较紧密联系的学校却极少。普遍存在着高校的研究成果最终只停留在纸面上,或因与项目实际情况脱节而欠缺理论指导功能,而非遗实际从业人员又多属半路出家,学术素养和专业水平一直无法得到提高的尴尬局面。

上海市虽然成立了非物质文化遗产保护工作专家委员会,在评审、考核、调研等工作中也经常依靠专家力量完成各项工作。但细数既有非遗理论建树又对上海非遗实际情况非常了解的专家不过寥寥数人,因此能对保护工作提出具有建设性、可行性意见的专家实为少数,部分专家对非遗的理解还存在偏差,起不到实际的指导作用。

4. 社会媒体宣传不够

尽管这些年"非物质文化遗产"这个词汇开始在媒体上出现,但何为非遗、上海的非遗有哪些项目、上海有哪些代表性传承人、上海有哪些非遗展馆,非遗保护工作有哪些,这些基本信息社会大众还是十分陌生的。主流媒体对非遗的宣传主要聚焦在文化遗产日期间,关注点多集中在活动上,对项目本身和传承人的关注远远不够，对非遗的解读也很不到位，造成社会大众对非遗含糊不清的理解和一知半解的认知。作为上海非遗宣传的主要网站，非遗网的信息更新慢，信息量少，如今已沦为非遗相关单位的工作平台，无法承担起向社会公众普及、宣传、推广、引领的职能。

## 三、促进与改善上海非物质文化遗产生存状况的对策与建议

综合当前上海非遗项目的生存状况及其诸多问题与不足，我们提出以下几个方面的对策与建议：

### （一）确立多种保护模式

1. 根据项目的不同生存状况，确立不同的保护方式

文化主管部门要对各种非遗项目的生存状况与发展前景作出一个清晰的了解与科学的评估，并在此基础上制定出针对这些项目的差别化保护措施，以使当前上海的非遗保护工作能够做得更加具体、深入与科学。①对于那些在当代社会中已经失去生存环境的项目主要采取抢救性保护，重点做好资料的搜集、整理、建档、展示展览工作。②对于那些具有市场潜力和前景的项目，通过鼓励和支持运用传统核心技艺开发适应当代民众审美需求的产品，通过加大生产性非遗项目的创意力度，延伸生产性非遗项目的产业链，推动传统产品功能转型，使非物质文化遗产项目在生产实践中得到积极保护，即生产性保护。在有条件的地区，还可以尝试建立集聚各种“老字号”品牌的创意产业园区，开拓非遗项目生产性保护的广阔渠道。③对依存于生存环境的项目实行整体性保护，即对项目本身、相关环境以及人群进行立体、系统性的保护。在当前，鼓励在非遗项目比较集中，非遗形式和内涵保持相对完整、自然生态环境和人文生态环境较好的传统村镇、街区等特定区域建设非物质文化遗产传习馆、博物馆、展览馆，以点带面，扩大影响，保护项目生存的文化空间，对于那些植根当地文化、历史、习俗的民俗类，民间文学类，民间音乐、舞蹈类项目都

具有十分重要的意义,对于防止项目碎片化、空洞化可起到关键作用。

2. 根据十大门类项目的不同特征,确立分类保护模式

非遗项目种类繁多,内涵丰富,表现形式多样,各有特色,要采取一刀切的方式对所有门类进行同一模式保护极有可能对项目造成削足适履的保护性破坏。研究、了解和掌握不同项目类别的特点,因类制宜,采取有针对性的措施,尊重项目的自身特点和传承发展规律,制定出台符合项目特点和实际的非物质文化遗产分类保护标准和实施方案,指导项目单位采取有针对性的保护措施,这样才能真正取得保护的实效。分类保护是非遗保护方式不断细化、不断深化的体现,有利于项目的可持续发展。

### (二) 提高传承人待遇

1. 提供传承空间和传承条件和经费补助

尤其是后续人才的培养,更要重点予以支持。研究制定对学艺者、继承者的助学、奖学等激励措施,尤其对濒临消失的非遗项目学艺者,在达到一定资格条件后可以提供专项资助,逐步建立起长效的传承机制。

2. 加大宣传力度,提高传承人的社会声望与社会地位

对于经济困难的传承人适当给予生活补贴。在条件允许的情况下,定期组织传承人检查身体,保证传承人良好的身体条件。

3. 建立考核奖惩制度

明确传承人的责、权、利,完善监督机制、考评机制,对传承人的各项工作进行考核,实施奖惩措施,以此鼓励传承人积极负责地做好本职工作。

4. 除传统的师徒传承外加强学校教育的普及传承力度

为传承人开设相关专业,邀请传承人走进课堂进行教学,同时重视非遗的社会化传承,积极参与到各种非遗培训班、辅导班活动中,为宣传推广非遗项目作出贡献。

5. 制定职称评定序列,引进人才

制定小众行业技术人员的职称评定序列,使其能够享有被社会公认的技术水平认证和畅通的晋升渠道。对于达到一定级别的非物质文化遗产代表性

传承人将其纳入紧缺人才引进的范畴，在户籍准入、职称待遇、医疗保障等方面都给予一定的优惠政策，为上海非遗人才的扶植、培养、引进创造各种条件。

### （三）完善保护与管理机制

1. 细化评估考核机制

为了防止非遗保护单位重申报轻保护的情况，应当建立与完善非遗保护的评估机制，建议设置一套科学规范的评估标准，定期组织专家对上海每个非遗项目的生存发展状况和保护工作情况进行全面的分析、评估与考评，并定期公布考评结果。

2. 细化考评与奖励机制

细化项目与传承人的奖励和退出机制，对于考评成绩优秀、工作成绩突出的单位与传承人，要通过各种方式进行表彰与奖励，在资金申报时予以倾斜，促其在非遗保护方面作出更多的成绩。对保护不力和进行破坏性开发的项目和单位予以警告，对于确实不符合名录标准，没有资格继续列入名录的要予以除名，可采用先黄牌警告，后摘牌撤销其保护资格等措施予以惩处，以保证非遗保护工作得以落实。

3. 尝试推行共同管理模式

对于有些保护单位在人力、财力等方面的不足，无法统筹全市的资源，可以尝试推行与市非遗保护中心、区非遗保护分中心或者其他有关单位如上海民间文艺家协会、上海工艺美术研究所、相关专业协会进行共同管理的模式，在有关非遗项目保护的规划制定、措施落实、资金运用，以及传承人培养方面，实行共管共理、协调运作。

### （四）出台扶持政策

1. 鼓励和确保对天然原料的优先使用

确保保护单位和代表性传承人对珍稀天然原材料有优先使用权，鼓励种植、养殖与非物质文化遗产代表性项目密切相关的天然原材料。鼓励开发、推广和使用与非物质文化遗产代表性项目密切相关的天然原材料的替代品。

2. 实行税收优惠政策

对于那些承担非遗项目保护的企事业单位,实行税收优惠政策,减少或者免除其营业税收,为生产性非遗项目的保护与发展提供各种有利的条件。出台非物质文化遗产生产性保护的融资优惠政策,放宽非物质文化遗产项目企业及传承人的信贷质押条件,并简化审批手续。

3. 细化知识产权保护措施,建立通畅知识产权保护机制

对于非遗项目中涉及专利权、著作权、商标权的作品,依托知识产权局、上海市非物质文化遗产保护协会等机构实行登记、注册、管理、交易,建立维权投诉和举报平台,打击侵权行为,保障知识产权权利人的合法权益,使项目保护单位和传承人的作品一旦受到侵权,有畅通的行政和法律申诉渠道。

### (五) 加大经费投入力度

1. 明确区级专项经费要求

要明确区级专项经费要求,为区县积极争取区级财政的配套投入提供依据。

2. 明确不同层级项目保护经费的配比

明确不同层级项目保护经费的配比,不同层级对国家级、市级、区级项目的的经费投入各有侧重,使之达到总体平衡。

3. 加强专项资金的扶持导向

如扶持生产性保护的专项、如加强对项目本身的发展研究专项,对于科学合理并需要重点扶持的 3 年或 5 年长期规划可逐年给予补助,帮助其完成一些需要长期投入的项目,使资金发挥出其应有的作用和成效。也可采用文广局牵头公布一系列课题或专项活动,由项目单位竞标的方式进行,这样可集中力量在非遗保护的某些方面取得突破性成绩,在目前经费有限的情况下不失为一种比较有效的补助方式。

### (六) 健全保护工作机制

1. 健全市级和区级的非遗保护工作联席会议制度

联席会议是非物质文化遗产保护工作的领导机制、协调机制和工作机制。

非遗项目涉及很多方面、很多部门，只有建立健全联席会议制度才能从根本上解决这个问题。通过整合部门资源，凝聚共识，统一协调解决非物质文化遗产保护工作中的重大问题，尤其是教委、发改委、卫计委、旅游委等与非遗保护工作息息相关的部门，要建立长期的定时的沟通合作机制，全面推动非物质文化遗产保护工作。

2. 确立人员编制设置，稳定人员队伍

针对当前上海非遗保护工作中岗位编制不健全，人员队伍不稳定的问题，必须尽快确立区级非遗岗位的人员编制设置，稳定人员队伍。建议在每个区县中设置专职非遗编制 1—3 名，定岗定编，明确规定其工作职责、工作内容与工作量，做到项目有专人负责，资料有专人保管，日常工作有专人主持，使非遗保护工作向更加专业化、常态化的方向发展，确保非遗保护工作队伍的稳定性与持久性。

### （七）吸引社会多方参与

1. 从学生抓起

针对当前上海广大民众对于非遗保护事业仍然较为缺乏认同感，尤其是青少年群体中缺乏对于非遗的感情与认识问题，加大非遗教育的力度，积极推进非遗项目进校园、进课程计划，在有条件的高校与中小学中开设非遗讲堂，编写非遗项目的教材，使广大学生从小接触非遗、了解非遗，进而热爱非遗。鼓励普通高等院校、职业技术院校通过开设非物质文化遗产相关专业、传承班以及与相关单位联合办学、办班等途径，培养传承专门人才。同时为培养非遗工作的相关行政人才，鼓励高校设置相关的非遗专业课程，提高工作人员的专业知识和管理水平。

2. 鼓励社会资本进入非遗保护工作

鼓励社会资本进入非遗保护工作，形成政府主导、社会力量广泛参与的良性投入机制。媒体要加大普及宣传力度。借助“文化遗产日”、节庆习俗等平台，开展丰富多彩的活动，提高人民群众对非物质文化遗产的认知度和自觉参与保护的意识。常规性地组织非物质文化遗产的国内外演出、展览，进一步发挥非物质文化遗产沟通情感、凝聚人心的作用。

# 8

# 让城市成为文化的容器

## ——以上海青浦文化建设的实践与创新为例

曹伟明*

摘　要　文化是城市功能的最高价值和最终价值的主要表现形态。城镇文化建设的持续发展和城镇文明程度的不断提高，关系到我国城镇化发展的质量和效能。城镇化不是简单的人口比例增加和城镇面积的扩张，最重要的是实现产业结构、就业方式、人居环境、社会保障等由"乡"到"城"的最终转变。没有文化的城镇化是野蛮的扩张、格式化的发展，而重视文化平衡建设的城镇化则是以人为本的城镇化，是可持续发展的城镇化。上海青浦文化建设的实践与创新，寻找到了一条符合中国城镇化进程实际的路径和方向。营造了我国城镇化进程中，文化引领、生态良好、市场规范、管理有序、社会和谐、情感丰富，"生产、生活、生态"融合发展的氛围。激活了人们在诗意地栖居中创业、创意、创造的能力，提升了"绿色青浦、上善之城"可持续发展的软实力。

关键词　城市空间　文化建设　可持续发展　文化软实力　实践创新

城市是人类物质、精神和制度文明的结晶，城市化水平是一个国家政治、经济、文化、科技水平的重要标志。城市文化建设的持续发展和城市文明程度的不断提高，关系到我国城镇化发展的质量和效能。城镇化建设进程是实现"中国梦"的过程，它不仅可以缓解大城市和特大城市的人口和经济压力，还

---

* 曹伟明，上海市青浦区文化广播影视管理局局长、青浦区文化创意产业推进领导小组办公室主任、研究员，华东师范大学等高校特聘教授。

可以为农民就近创造更多的就业岗位，实现农村富余劳动力的就地转移。一方面，它可以优化农村的经济结构，解决农村的空心化和农民的老龄化，增加农民收入，扭转农村凋敝、文化遗产流失的趋势；另一方面，还降低了农村人口盲目涌入大城市带来的风险，缓解大城市人口集聚的压力。所以，城镇化不是简单的人口比例增加和城市面积扩张，最重要的是实现产业结构、就业方式、人居环境、社会保障等由“乡”到“城”的最终转变。要以民生改善为根本目的，不单纯追求城镇化的速度，要关注城镇化进程中，人们生活方式的转变，生活质量的提高。在推进城镇化的进程中，要同步推进城镇的文化建设，这关系到我国的可持续发展战略，它符合党的十八大以来提出的着力在文化强国、城乡规划、基础设施和公共服务等方面实现协调发展的要求。

## 一、 上善若水与以文化人

人类的集聚产生了城市，城市的昌盛繁荣了文化，文化的璀璨加速了文明。一座缺乏文化底蕴的城市，只能是一座令人乏味、生态失衡、形象失真、市场失序、管理失范、责任失察、情感失落的躯壳之城。而一座文化底蕴深厚的城市，一定是一座令人渴望、生态良好、形象生动、市场规范、管理有序、社会和谐、情感丰富、充满诗意的人类栖居地。

没有文化的城镇化是野蛮的扩张格式化的发展，而重视文化平衡建设的城镇化则是以人为本的城镇化，是可持续发展的城镇化。评判城镇发展的优劣，预测一个城市的前景，评估一个城市的梦想是否能够实现，市民能否安居乐业，关键要看城镇建设能否继承地域传统的文脉，嫁接现代潮流的风尚，是文化建设的点睛之笔。

这些年，青浦以“绿色青浦、上善之城”的创建为引领，在“创新驱动、转型发展”中推进农村地区“生产、生活、生态”的融合发展，加快城镇化建设。在青浦城镇建设的创新实践中，强调以人为本，留住当地人，吸引外来人，培育具有“四新经济”的特色产业，以市级工业园区、西虹桥商务区、张江青浦园区、出口加工区等为支柱，引导外来建设者和农村人口集中集聚。实施“产城一体、水城融合”的战略,让创业区、商贸区、居住区、公共服务的各项设施叠加融合。同时,保留青浦老城及朱家角等古镇的传统风貌、人文历史和自然环境。疏浚河道,配置绿化带及市民文化广场,增加市民的文化和生活空间。在文化建设中,重视对非城镇人口的情感关怀和心灵沟通,通过丰富多彩的社区文化活动,公共图书馆设立“图书驿站”开展“清阅朴读”的全民悦读活动,让城镇各社区的人群不仅“共存共荣”,更是“亦邻亦友”,促进城镇化质量全面提升。公共文化通过体制机制的创新,实行社会化、专业化运作,促进文化服务的均等化、全覆盖,改进公共文化服务的供给方式,合理构建和调整公共文化的区域配置,增强城镇化进程中文化服务资源的承载能力。在贯穿全年、全方位、多层次、永不落幕的市民文化节中,青浦倡导“上海源头、文化共创”的理念,让城镇乡村的每一个“普罗大众”既是文化活动的参与者,又是文化创造的享有者。总结青浦城镇化进程的文化实践,主要有以下几个特点。

### (一) 公共文化惠民育民,服务民生,助推“绿色青浦、上善之城”的可持续发展

城镇化的重要特点是人口在短期内集聚。城镇空间内建筑物的林立和人流的大量导入,造成了人们原有活动空间的压缩和文化空间的锐减,使人们在不知不觉中感觉心胸、思维被压抑,创造力下降。因此,文化空间的营造、文化活动的开展、文化设施的建设,让感受宜居与乐业至关重要。十年来,青浦坚持“广覆盖、保基本、促均衡、提水平”的文化民生理念。在新城和集镇建设中,注重文化外延的拓展、内涵的提升,建造了一批亲民、惠民、育民的博物馆、图书馆、文化馆,即使在老城区逼仄的生活空间中,充分摆开了文化的“道场”,读书角、戏曲角、书画角、健身角,星罗棋布。居民悦读、农家书屋、文化信息资源共享工程数字电影放映等文化项目,贴近生活,服务市民。为了推动城镇的发展、市民精神平衡的需要,文化成为城市安定、社会和谐、市民和睦与城镇繁荣的重要支柱。文化设施、文化服务、文化活动的建设与繁荣对市民精神的调养,对城镇的可持续发展作用重大,有效促进了青浦城区及集镇市民文明素质的提高。近年来,青浦立足于文化育民,让文化艺术的脉搏贴近人民的心

跳，创作了一大批演绎青浦人创业、创造和创新的故事，讲述“身边的感动”，点赞“创业的情怀”，这些富有人文气息的“文化故事”“文艺作品”，着眼于人的全面发展，释放了推动社会发展的正能量。

## （二）文化生态精心营造，规划先行，引领“绿色青浦、上善之城”的高起点建设

文化的繁荣和发展为城镇化建设书写了精彩。在制定青浦新城、朱家角新镇等城镇发展过程中，青浦的古文化和水文化资源始终是影响规划的决定性因素之一让文化基因在传承中弘扬和光大，充分发挥其文化价值。让朱家角新镇与古镇交相辉映，成为青浦文脉的延续和传承，塑造成“新江南水乡”的风貌。这里有绿树成荫的淀山湖大道、风景秀丽的大淀湖、雕塑林立的绿地公园，让新的建筑风貌服从于传统，服务于大众，延续着文脉。与此同时，保护好古镇，在课植园、水乐堂、涵大隆、大清邮局、江南第一茶楼、阿婆茶楼等古老建筑中，既有风貌的保护，又有时尚元素的注入，让古文化动起来，让水文化流起来，在一静一动中勾画出朱家角集镇文化的韵律，被联合国教科文组织授予“最适宜人居的典范”。由此可见，文化资源的发掘和传承，在整个城镇规划中至关重要，它既是规划的起点，更是规划的终点。独具特色的文化遗产是我国新一轮城镇化规划的重要依据，它可以避免千城一面、格式化建设的窘况。在青浦，文化资源决定着城镇发展规划，决定着城市的格局和个性化的市容和市貌，成为城镇化建设的典范。

生动的文化环境，对于营造一个吸引年轻人、受过高等教育者和流动性高的劳动阶层的城镇来说，非常重要。作为一个城镇，吸引有才华的创业者和创新者，越来越成为城镇经济发展的重中之重。青浦这几年推进文化创意产业的发展，既保护和丰富传统艺术和文化遗产，又让创新人才蜂拥而来。时尚产业园区、绿色印刷园区、E 通世界、中国北斗、中国梦谷等一批文创产业集聚区如雨后春笋，不仅创造了众多的就业岗位，形成了人际交流的跨界网络，更促进了城镇居民创新思维的发育。可以说，艺术氛围的营造、良好的文化生态，对市民的生活和城镇的发展都产生着极大的影响。

### (三)文化浸润和风细雨,潜移默化,构建具有“绿色青浦、上善之城”品质的精神家园

城镇化不仅是城镇人口比例的增加和城镇面积的扩大,更重要的是人们的生产方式、生活状态、行为习惯等由“乡”到“城”的转变,是发展层次和文明水平的提升。因此,推进城镇化必须坚持以人为本。让农民市民化,让外来人口具有归属感,让人的能力素质与现代城镇文明相适应。所有这些,都需要以文“化”人,让人的发展舞台由传统乡土亲缘,拓展到整个城镇社会,让人们在更广阔的空间内放飞梦想。青浦的城镇建设不仅转移了农民,而且提升了农民;不仅创造着就业的机会,更提高了人们的职业技能;不仅为农民提供了服务的保障,还培养了人们现代的思维方式、行为习惯。所有这些,都得益于文化的浸润。青浦区通过节庆文化活动中的农耕文化展示、快乐村民秀、才艺大比拼、包粽子比赛、摇快船竞赛、“角里人家”田山歌音乐剧的排练等,增强了“陌生人社会”的情感联系。在青浦新城,通过“我们的节日”等文化活动,元宵灯会、端午赛龙舟、社区邻里节,把来自五湖四海的新老青浦人集聚起来,让沪剧与黄梅戏同台,独角戏与二人转共演,外语与方言同场进行故事会串等,营造了社区人们共同的精神家园。

青浦的实践告诉人们:文化的历史延续和基因传承,在新型城镇化过程中意义重大。城市不仅要满足市民在物质形态上的功能需求,更要满足市民在精神层面上的功能需要。城市对于市民来说,不只是可供居住和使用的场所,更是承载着情感记忆的文化载体。不仅是各种物质要素的容器,而且是市民文化生活的“剧场”。

### (四)文化集聚海纳百川,兼容并蓄,演绎“绿色青浦、上善之城”宜居宜业的创新篇章

城镇文化的健康发展不应仅仅拘泥于弘扬传统文化,而要敞开胸襟,面向世界,汲取一切给人们精神以力量的东西。泰山不却微尘,固能成其大也。文化只有融合、包容,才能和谐、进取,才能形成蓬勃向上的文化氛围。这些年,青浦城镇建设与文化发展同步,一些文化项目快速集聚,诸如:上海淀山湖文

化艺术节成为一年一度市民展示艺术才华的文化嘉年华;驰名中外的“水乡音乐节”并不局限于青浦田歌,让海内外的民歌手在水乡比拼和展示,让青浦歌谣在交流中加大传播;谭盾的“水乐堂”,让现代且富有禅意的高雅音乐在水乡古镇飘荡;“国际水彩画双年展”,把水彩画从上海朱家角输出到国外,并吸引了全球165个国家的近千名中外水彩画艺术家参加,与青浦原有的水印木刻版画共同亮相、相互交流。

随着人口的流动,外来建设者的加入,多民族、多文化、多人群的丰富之美为城镇识别的差异化提供了更为广阔的平台。这几年,青浦朱家角把淀山湖水资源的自然景观,与旅游资源、生产生活资源、乡土文化资源和现代元素相互融合,建设成一批能体现中国历史文化名镇、江南文化、海派灵魂标志性的文化风景线,诸如证大文化园、尚都里文化天地、安麓品臻园等,均充满了时尚文化和传统文化相互交融的韵味,经典而又绵长。同时让文化书房、文化咖啡屋等贴心的文化琳琅满目,吸引着成千上万的中外游客纷至沓来。

### (五)文化资源开发利用,创新驱动,推动“绿色青浦、上善之城”经济和社会协调发展

从文化资源着手,加快城镇化建设,资源有限、创意无限,让文化创意点化文化资源,保护与利用并举。如今,在青浦和朱家角等地,“淀山湖文化艺术节”“古镇朱家角旅游节”“国际水彩画双年展”“草莓节”“茭白节”“捕捞节”此起彼伏,年年有新的亮点。谭盾的“水乐堂”音乐演出,张军的课植园实景版“牡丹亭”,每一次节庆活动和文化演出,都成为一个个文化的博览盛会,古镇街道人头济济,水泄不通。江南茶楼,中外游客,高朋满堂,人气十足。

文化资源经过现代的创意催化,社会效益和经济效益都达到了最大化,更催生了新的文化样式和品牌的产生。这样富有文化基因的衍生产品,提升了新型城镇的盛名,对城市经济具有强大的辐射效能,成为支撑城市可持续扩张的基础智力支撑。实现了集聚有效资源,建设文化功能平台,促进文化产业发展。同时,通过进一步推动文化资源、文化生产、文化传播和文化消费领域的数字化和网络化,促进了高新技术与文化产业的融合发展。在城镇化社会发

展中体现出文化的多元性和不同城镇的文化差异,使之“一镇一品”“一镇多品”“各美其美,美美与共”。青浦区的各街镇结合各自的文化优势,发展文化事业与文化创意产业,让具有地方特色的文化活动有声有色,蓬勃发展,彰显了当地的文化软实力,提高了城镇的经济社会效益,增强了新型城镇发展的核心竞争力。同时,使新型城镇居民充分享受到现代的城市文明,让传统文化给人们的生活,带来了无穷的乐趣。青浦区近几年来,加强对古文化、水文化资源的开发利用,转化为文化资本。从过去的“招商引资”,到如今的富有吸引力的“筑巢引凤”。朱家角的一些传统行业通过全新的文化创意,使“百年老店”焕发了新的活力。许多工业和现代农业产品,通过融入文化元素,大大提高了产品的档次和附加值。朱家角新镇作为新江南水乡的典范,呈现了“经济赛舟,文化添彩”的生动局面。

### (六)文化设施科学规划,空间营造,提供“绿色青浦、上善之城”良好的人文环境

对一个城市而言,市民的文化素养、审美情趣,本地人口和外来人口的文化需求量是文化场所建设的依据。公共文化设施的规划,不但要对现时的文化状况、文化环境有准确的把握,同时,还要从未来城市发展来考量。市民欣赏趋势的变化,社会文明程度的提升,居住环境的改变,均足以带来对文化消费的影响。例如青浦通过对崧泽文化、福泉山文化以及青龙古镇、朱家角、练塘、金泽等江南文化的考古发掘及历史考证,新建了具有标志性建筑和历史文化底蕴的博物馆,展示涵盖“上海古文化之源”“申城水文化之魅”的历史内容,吸引了成千上万的市民参观,成为“学生的第二课堂”,市民的“爱国主义教育基地”,中外游客体验“上海之源”的旅游景点。再譬如建于青浦夏阳湖上的“水上图书馆”,古朴典雅,成为市民休闲“悦读”之地。“清阅朴读”的网上微博,吸引了全国各地几十万的读者粉丝。朱家角结合城镇建设倡立的“人文艺术馆”,创作展示了朱家角民俗风情的油画,吸引了游客驻足参观,成为影响全球的“朱家角国际水彩画双年展”展示空间,既提升了市民的文化素养,又成为中外文化交流的展示平台。在青浦,公共文化设施的建设,不是为了城

市的建设而建设，而是为了人民的生活需要而建设。各类社区文化活动中心的文化空间已成为市民必不可少的生活空间，它已成为市民生活的有机部分。

### （七）文化遗产深邃悠长，根深叶茂，体现了“绿色青浦、上善之城”内涵的博大精深

优秀的文化遗产，尤其是富有特色的地方传统文化是具有重要价值的。如今的城镇化更需要传统文化的发展，让传统文化成为城市化的推动力。在城镇化过程中，青浦这几年，不少富有文化内涵，堪称当地文化符号的古建筑、古街道、名人故居都得到了积极地保护敬重和善待。朱家角、练塘、金泽古镇都在城镇化的过程中积极申报并获得了“全国历史文化名镇”的称号，进一步彰显了原有的历史底蕴。如今，青浦西部这三个历史文化名镇的联动保护、合理利用、适度开发，既让文化资源转化为发展的资本，让青浦西部地区农民得到实惠，有获得感；又让淀山湖地区的发展，具有文化创意的点化，逐步建设成为世界著名的湖区。即使是淀山湖畔的这三个历史文化古镇的新区建设，也都继承和贯通了老镇区的文脉，不搞不伦不类牵强附会的混搭。

作为一个城市，既要有文化遗产的体量，更要有引人入胜的文化品质，提高人们的生活质量。因为，文化品质决定着人与生活的品质。如今，朱家角古镇家家户户读书、藏书、用书，成为全国闻名的“藏书之镇”。而“拳船之乡”“戏曲之乡”“民俗文化之乡”等，熏陶和培育了一大批参与文化、创造文化的市民和农民。为了凸显文化品牌、青浦田山歌音乐剧《角里人家》的创作排演，广大市民踊跃报名，争抢“角儿”，结果近 200 个群众演员，分成 AB 角轮番排练和演出。文化的建设与发展，通过人民群众的自我践行、自我选择和自我创造，越发根植于本土，具有蓬勃的生命力。

### （八）文化发展模式多样，要素叠加，开创“绿色青浦、上善之城”文化建设各领风骚的局面

加强城镇化公共文化服务、文化事业与产业建设是政府的基本职责，但这并不是意味着政府是公共文化服务的直接提供者和文化建设的唯一投入者。

实践证明,青浦在城镇化推进中,调动全社会参与文化事业与产业建设,形成政府主导、社会参与、多元投入、协力发展的新格局,收到了良好的效果,造就了青浦城镇文化的多元和多彩。

青浦区这些年实施的市民广泛参与的“家庭图书馆种子计划”,便是利用民间力量营造了良好的读书氛围,既沟通了社区市民的情感,又提升了市民的文明素质。民办博物馆、社会化电影院等建设方兴未艾,走出了一条国助民办、民企民办、合作联办等多种社会力量兴办文化的道路,充分发挥了市场配置资源、社会参与文化建设的功能。同时,积极探索市场运营机制,体现了“企业经营、市场运作、政府购买、市民受惠”的特点,营造了政府、社会、企业三股力量繁荣文化的良好环境。在文化建设与管理上,引入了市民“自治化管理”的理念,由社区居民自主组建、自主管理、自主监督,有效地防止了政府提供的文化产品与公众需求不匹配的困境,变大众被动接受为主动参与,极大地拓展了实现人民基本文化权益的外延和内涵。通过政府和社会各方的互动,推进了文化事业与产业的建设,吸引了更多有才华的创造者和创新者,在城镇中创业定居、交流情感和分享成果。让城市经济发展与文化大发展大繁荣有正向的关联性,使海纳百川的“创新文化”,形成一种隐性的影响力,创造浓郁的艺术氛围,促进城镇居民创新思维的发育,加速城镇化的进程。诸如青浦东部,积极推进产业的互联网化,依托国家会展中心做强大会展。依托“三通一达”发展大物流。依托“北斗”,发展新一代信息技术产业。淀山湖地区,凭借文化生态优势,加快推进“大文化、大旅游、大健康”产业,着力打造成为全国或全球具有影响力的新经济企业总部基地。在朱家角古镇的城镇现代化建设过程中,文化艺术已成为新镇经济发展的一个有机组成,文化艺术为吸引知识产业人才集聚,提供了重要的条件,刺激了科技和经济领域的创新。这种多元发展的文化建设模式,造就了文化类型的丰富多彩,使各种要素叠加,整合了文化繁荣发展的力量,成为每个市民的文化自觉、自信和自强。

## 二、 文化创新与城市转型

新型城镇化的转型发展,必须注重地域文化的传承和弘扬,形成一镇一品的发展模式，顾及和满足人的需求。对上海青浦来说，更应跳出青浦老的城镇体系，调整城镇空间布局，从本土的崧泽文化和上海的海派文化中汲取智慧和养料，推进城乡一体化。在文化建设和发展上，要坚持“保基本、促均衡、出亮点、创特色”的原则，从建立“长三角”地区世界级城市群的眼光中寻找突破口，弘扬“海纳百川，追求卓越，开明睿智，大气谦和”的上海城市精神。

### （一）坚持导向，开启文化民生扬帆远航

在新型城镇化的推进中，要把保障人民群众基本文化权益放在文化建设的首位，发挥好人民群众的文化创造性，构建文化平台，搭建文艺舞台，畅通情感交流通道，让人们在文化创造的自我管理、自我服务、自我表现中得到自我教育、自我提升。坚持“三贴近”、接地气的创作导向，让先进典型和优秀作品无愧于历史、无愧于时代、无愧于人民。既要继承创新，也要融合创新。一是要有自立意识，让创新要素与内容的选择服务于创新主体，解决文化发展繁荣的需要；二是要有跨界意识，要全面开放创新要素与内容选择的空间，实现主体选择的最优化；三是要有整合意识，善于集中智慧，凝聚力量，开放建构，有机整合；四是要有超前意识，文化建设不仅要满足群众的现实文化需求，更要开发其潜在的文化需求。

### （二）敢于创新，加快文化发展理念的提升

在新型城镇化的建设中，要发挥好文化引领风尚，教育大众、服务社会，推动发展的作用。要让“先进文化”深入人心，“两个文明”全面发展，开创全民族文化创造力持续迸发的新局面。实现全社会文化生活的丰富多彩，人民基本文化权益得到有效保障，人民思想道德素质和科学文化素质全面提高。健全和完善公共文化服务体系，实行公共文化设施网络全覆盖。以文化民生为重点，围绕提升市民精神面貌和城镇美誉度，积极推进“没有围墙的”文化馆、美术馆、音乐厅、图书馆和博物馆等建设，强化公共文化“门到门”“点到点”的贴心服务。不断拓展和丰富文化服务的外延和内涵。让文化真正成为民族奋进的血脉，人民的精神家园。坚持文化“请进来”与“走出去”，举办国际性高

层次文化论坛、精品艺术展示、文化节庆活动,提高城镇的文化品位和档次。为城镇化进程中的文化发展带来新气象和新境界,让“新文化时代”助推新型城镇化的实现。

### (三) 勇于创意,加强文化与产城一体的融合

改革创新和科技进步是文化发展的根本动力。在文化建设和管理上,要推进体制和机制的创新,推动文化和市场、科技的融合,文化与旅游、现代农业等的“联姻”和“联动”,培育文化企业。不断满足群众对文化需求的新特点和新变化,推进文化内容与形式的创新。运用现代科技手段,开发利用文化资源,改造传统文化产业,创造既根植于本土,又现代时尚的新型文化业态,发展文化创意产业。整合和叠加文化资源,以项目为平台带动文化创新。建立以市场为导向的内容集成、创造和创作机制,实施“精耕细作”的文化品牌发展战略,造就一批有影响力的“精品、新品、优品”的文化作品、活动、项目、团队等品牌,满足群众的文化需求,引导和培育群众的文明程度,让文化滋润民生、集聚民气、激发民力。

### (四) 善于集成,追求文化管理与建设的自觉

城市是乡村社会的集聚、扩张、构建和提升。相对于乡村的社会形态而言,城市有着更为广泛的人口流动和更为复杂的人际关系,生成着更为多元的社会结构和更为包容的人文精神。文化建设的由“大”而“强”,不仅需要“创新驱动”,更需要“转型发展”。在城镇的文化建设中,要调动各方积极性,让政府、社会、企业、个人都参与文化的建设和创造。从“做大增量,盘活存量”上入手,形成布局合理、半径适宜、便利可达的公共文化设施网络。在文化事业发展和繁荣中不仅要亲民、便民,更需要惠民、育民。文化产业更要在促进新型城镇支柱性产业发展中,实现传统文化的现代和转型,把握好文化消费的需求和文化发展的动力。

### (五) 培育队伍,形成文化发展不竭的动力

推动城镇文化建设的发展水平与工业化、现代化相适应,着力转变城镇化

发展方式和提高城镇化质量，促进城镇化的布局和形态得到优化。促进城镇化健康有序发展关键在于文化人才和文化队伍的培育。城镇化不仅是经济发展扩大内需的最大潜力之所在，也是文化发展扩大内需的最大动力。在文化建设上要规划先行，根据城镇人口的变化、群众的文化需求布局好文化设施，诸如青浦区制订的《文化事业发展三年行动计划》，既有街镇演艺中心、音乐厅、美术馆以及各类村居社区文化中心等设施规划，更有文化人才队伍的发展规划，建立与完善了文化人才队伍建设的机制和政策导向。加强对高素质文化人才的引进和培育，加大基层文化从业人员的培训和辅导。进一步用活、用好"新老青浦人""大学生村官"，盘活体制内外的文化人才。文化建设倡导市民自治、文化指导员、文化义工、文化钟点工，鼓励社会力量参与文化创造，提高文化设施服务的效能。在城镇文化发展上，既有了文化的自觉，更有了文化的先觉。

### (六) 文化关怀，促进以文"化"人全面发展

以文"化"人，关键在于"以人为本"，在新型城镇的文化繁荣发展上，要坚持文化事业建设和管理的公益性、基本性、均等性、便利性原则。通过文艺演出、读书讲座、展览展示、节庆文化、社区文化等凝聚人心，使社区成员都有归属感，安顿人心。同时，要树立与落实新的文化发展理念，评估机制，还文于民，把文化创造的权利评价的权利、选择的权利交给人民。注重文化的浸润、引导和驱动。在文化产业发展上，要坚持两个效益共同创造，形成一批寓教于乐的文化产品，通过励志、传道、尚德、增智、怡情、养心、明理、崇义等途径，既要熏陶人、感染人，更要教育人、塑造人。同时，要通过宣传推介，加大文化的传播力，扩大文化的影响力，增强文化的感召力，不断提高城镇市民、农民以及外来人口的文化素质和全社会的文明程度，实现中华民族伟大复兴的梦想。

## 三、 文化活力与城市未来

城市是一个民族文化和情感记忆的载体和容器，文化的发展和繁荣是一

个城市魅力和活力的体现。而一个城市的文化活力决定一个城市的未来发展。文化,对一个城市来说,是一种格调;对一个街镇来说,是一种腔调;对美丽乡村来说,是一种情调。当下的青浦已经进入了“大发展、大建设、大转型”的关键阶段,在这种形势下,青浦市民思想的多变性、利益诉求的多样性、社会生活的多元性、社会组织形式的复杂性等等,势必使得人文关怀、心理疏导、精神抚慰的文化建设任务更加繁重。

青浦有地理空间区位优势、有自然生态环境优势、有丰厚文化底蕴优势,还有经济发展成就优势,青浦有上海先民留下的 6 000 年的崧泽文化,有朱家角、练塘、金泽等“全国历史文化名镇”。国家级文物保护单位崧泽遗址、福泉山遗址闻名遐迩,国家级非物质文化遗产项目青浦田山歌唱出了国门。青浦还成功创建并保持了“全国文化工作先进区”和“全国文物工作先进区”两块牌子。“十三五”期间,青浦需要在公共文化设施建设、特色文化品牌创建、重大文化活动举办、公共文化服务效能提升、公共文化产品供给、文化人才队伍充实等方面更上一层楼,为此必须要树立“保障好市民基本文化权益”的底线思维,以文化体制机制改革创新为动力、文化惠民乐民育民为根本,坚持服务大局、服务百姓,补齐发展短板,进一步提升广电宣传的引导力、公共文化的服务力、文化产业的竞争力,打造“绿色青浦,上善之城”城市新形象,助推青浦政治、经济、社会的全面、协调发展。

### (一) 推进改革创新,促进文化转型

要通过创新思维深化政府职能的转变,加强政策设计,进一步推动文化工作转型。

一是推进文化体制机制改革,进一步理顺政府、社会、市场和企业的关系,实现管办分离。完善管理职能、优化服务职能、发育融合职能、强化民生职能。规范政府权力,制定权力清单、责任清单和负面清单,强化事中及事后监管,加紧文化企业的改制工作。二是加强文化审改、文化投入等政策的创新,进一步简政放权,简化审批手续,提高审批效率,编制发布文化行政审批业务手册和办事指南。对基层(村居)文化建设项目实行投入倾斜,充分发挥好国家、市、

区三级财政资金的作用。加强对资金使用社会效益和经济效益的跟踪和评估。

### (二) 聚焦文化民生，提升幸福指数

要通过实施重大文化工程,完善现代公共文化服务体系、推进文化创意产业发展、净化文化市场环境等工作,使老百姓感受到经济发展带来的幸福指数提升。

一是着力办好上海青浦淀山湖文化艺术节、上海青浦市民文化节、市民读书节、朱家角水乡音乐节等区级重大品牌文化活动,以“大文化”理念培育和丰富多元社会文化主体,完善向社会主体购买文化服务的方法,动员、引导和支持社会多元主体参与文化活动和文化建设。二是贯彻《上海市贯彻〈关于加快构建现代公共文化服务体系的意见〉的实施意见》精神,加快推动街镇社区文化活动中心功能完善,以及村(居委)综合文化活动室功能提升,发展社会化、专业化的文化服务。依托互联网、大数据、云计算等,推动实施“文化在线”工程,促进公共文化服务数字化能级提升。三是利用好市、区两级文化创意产业扶持资金,推进文化创意产业项目、企业、园区发展。在发展印刷业、会展业等传统文化产业的同时,加强对网络服务,设计服务等的引导和推动,培育和挖掘有发展潜力的新兴文创企业和项目,提升文化产业发展的贡献力。四是健全和完善区、镇、村三级联动机制,构建多层面、全覆盖的文化市场监管体系,加强联合执法力度,发挥综合治理、扫黄打非、禁毒禁烟、知识产权、卫星整治五大联席会议的作用,不断净化市场环境,建设规范、健康、繁荣的文化市场。

### (三) 坚持舆论导向，传播主流思想

要通过正确的舆论导向,传播正能量,凝聚民心。要把握和用好媒体话语权,讲述好青浦故事、传播好青浦声音。

一是强化宣传舆论的传播能力和传播效果。围绕区委区府中心工作,紧扣“绿色青浦,上善之城”主题,创新宣传手段,改进宣传方式,拓展宣传内容,

打造宣传品牌。要充分发挥新闻媒体、舆论宣传的监督、曝光、鞭策作用,倒逼和促进经济新常态下,社会事业和民生同步发展。二是切实保障广播电视的安全播出。树立意识形态安全意识,把握社会舆情动态,传播正能量,营造健康、积极、向上的媒体舆论生态。健全日常管理机制和应急预案,切实提升人防、技防、物防的一体化、互补化、融合化防护能级,保障广播电视安全播出。

### (四) 夯实文化根基, 构建文化大厦

要通过对文化遗产的保护传承、扶持优秀文化产品的创作生产,加强文化专业人才的培养等工作,不断夯实青浦的文化根基。

一是树立全民保护工作理念,丰富社会保护与传承主体,构建面向全区、广为覆盖、镇村联动的工作网络,形成保护合力。重点结合两个国家级文保单位和三个国家级历史文化名镇,创新文物保护新机制。注重人文资源研究成果的转化利用。二是创作生产优秀文艺作品,引导和鼓励文艺创作者深入基层,深入生活,创作出有温度、有情怀、接地气、通民心的文艺作品。以群文、美术等创作为重点,集聚全区优质创作资源,挖掘和利用文化馆、青浦区作家协会、青浦区美术家协会等文联社团在创作中的骨干作用,出新品、优品、精品。三是实施青浦区文化人才发展行动计划,逐步壮大文化专业人才队伍。以重大文化项目、文化活动、文化课题研究等实践活动为平台,帮助体制内外中高级专业人才的成熟和成长。重视基层文化从业人员的培训辅导,提高基层文化工作者的业务素质和能力。

青浦的“大发展、大建设、大转型”,对文化建设、市民需求提出了新的要求和挑战,所以,在文化的建设与管理上,要树立文化与经济、社会等发展一起谋划、整体推动的思维,更加重视发挥文化在城市建设、经济驱动、社会治理、城市安全、民生保障、改革发展中的润滑与引擎作用。在思想建设中,重视用文化定向;在经济建设中,坚持用文化驱动;在社会治理中,注重用文化引导;在城市安全中,重视用文化助力;在文化民生中,坚持用文化润泽;在改革发展中,力求用文化撬动。文化是民生,更是软实力,它的繁荣发展让群众既有幸福感,更有获得感。青浦的文化建设应该紧紧围绕“塑造青浦新形象,创造青

浦新文化”这条主线而努力。实施创新和繁荣两大主题。真正达到“人人参与文化、人人创造文化、人人享有文化”。具体来说:要用好“文化+”,增强“四个度”。

第一,用好“文化+创造”的手段,让文化建设更有“温度”。回应市民的关切,创作好青浦人在大发展、大建设、大转型中的典型事例的优秀作品,做到青浦人演青浦事,青浦人唱青浦歌。让“绿色青浦,上善之城”更有情怀,鼓舞和激励市民、农民、移民创业、创新和创造,享有幸福感,营造热爱家乡、热爱青浦的浓厚氛围。

第二,用好“文化+空间”的手段,让文化建设更有“广度”。保基本、全覆盖、提水平。文化设施补好短板,完善撤制镇、村居的文化功能,建设一批文化广场、开展全民阅读、开辟文化书场、农家书屋等。让文化建设和服务,既要有“高大上”的标志性项目,更要有落细、落小、落实的贴心服务,回应市民需求,满足供给,让市民有获得感。

第三,用好“文化+创意”的手段,让文化建设更有“力度”。叠加科技、时尚、会展、旅游等元素,推动青浦在文化创意产业发展方面,再培育一批市级、区级文化园区、文创企业。特别是在青西三个历史文化名镇的联动开发中,文化更要有所作为。对该地域的200多个物质文化遗产保护点、20多个非物质文化遗产项目进行梳理、整理,运用广播、电视及新媒体等载体扩大和提升青浦对外传播力和影响力。同时,通过把文化资源转化为文化资本,增强青浦发展的软实力。

第四,用好“文化+精神”的手段,让文化建设更有“气度”。文化建设要与区委、区府中心工作联动,与市民心态互动,塑造典型让人激动,鞭挞落后让人触动,用好舆论宣传手段、文化活动项目设计,把青浦市民、农民、移民建设新青浦的热情凝聚起来,提振精气神,共同建设好现代化的新青浦,让青浦的城市品质在文化创造中有新的提高。

## 四、结　　语

城镇化建设要通过文化的引领和精神的助力,来促进经济发展和社会进步。新型城镇化不但依靠市场的作用,实现工业化、农业现代化、科技信息化,更要以人为本,用先进文化来以文“化”人,在城镇的总体格局、空间结构、建筑风格、文化特色等方面规划先行、处理好历史承继与未来发展的关系,让新型城镇化的“城”与“市”相得益彰,文化事业与文化产业,文化活动与文化服务,文化自觉与文化自信,文化强国建设与“中国梦”的实现,多管齐下,同步推进,让文化精神与文化追求,成为新型城镇化持续发展的原动力。

没有文化建设的城镇化是“大跃进式的城镇化”“半城镇化”和“被城镇化”,是没有底气和人气的“空城化”。新型城镇化既有产业支撑,又有科技延伸,乐居、乐业、乐游的美丽家园,让人感觉“三味”:“城镇有城味”“农村有乡味”和“文化有风味”。中国特色的社会主义新型城镇化,不是对传统的农耕社会简单的“翻新”,更不是对现代工业社会的照抄“复制”,它是一种全新的文化“创造”,也是中华民族与自然和谐共生中的伟大探索。

就一个城镇建设而言,要从地区和谐稳定中发挥好文化的社会调理功效,从经济发展质量、生态文明建设的成效中体现好文化的底蕴和根基,从创业、创意、创新能力的提高中彰显好文化的精神气象和格局,从人民群众满意度和安居乐业中完善好文化为民惠民的成果。文化是一个城市的血脉,文化发展繁荣不是空喊口号,而是知时好雨,润物无声;文化神采飞扬不是搽脂抹粉,而是静水深流,精气充沛。所以,在新型城镇化进程中,要坚持先进文化的引领,以创新的理念科学谋划,以务实的态度把握规律,以超前的思维融会贯通。只有这样,新型的城镇化建设才能挥洒自如、令人向往,凸显文化的影响力、吸引力和竞争力,让城市成为文化的容器,散发出绚丽的“文化光束”。

# 9

# 政府购买公共文化服务的理念做法与浦东的实践

上海市浦东新区文广局

摘　要　国内外不少地区和城市，在政府购买公共文化服务方面形成了一定的理念和通行的做法，它们在概念、主体、范围及监管等方面都有明确的界定，在具体操作方面也形成了政府主导多元合作模式、民间主导模式及政府民间分权模式等多种做法。这些理念和做法无疑对于国内一些地区，尤其是作为改革开放先行地区的浦东新区，有一定的启发和借鉴意义。近年来浦东新区在政府购买公共文化服务方面虽然取得了较大成绩，也积累了一定经验，但仍有不断改进和完善发展的很大空间。

关键词　公共文化服务　政府购买　浦东

## 一、公共文化服务政府购买的基本概念

### (一) 公共文化服务政府购买的定义

政府购买公共文化服务是指政府将原来由政府直接举办的、为社会发展和人民生活提供文化服务的事项交给有资质的社会组织来完成，并根据社会组织提供服务的数量和质量，按照一定的标准进行评估后支付服务费用，这是一种“政府采购、项目补贴、定向投资、贷款贴息”的新型政府提供公共服务的方式。政府购买公共文化服务，不仅可以充分利用社会力量，减轻财政负担，提高政府公共文化服务水平和效率，而且可以通过财政资金引导让更多的民

间资本参与公共事业建设。

《中共中央关于构建社会主义和谐社会若干重大问题的决定》中明确提出:“加强公益性文化设施建设,鼓励社会力量捐助和兴办公益性文化事业,加快建立覆盖全社会的公共文化服务体系。”公共文化服务体系的建设应面向社会大众和基层,充分发挥公共财政的支撑作用。鼓励社会力量,建立适应社会主义市场经济的公共文化服务事业的混合主体。政府购买公共文化服务是构建公共文化服务体系的重要方式,在发达国家,政府购买公共文化服务已经形成了一套完善的机制,目前我国多个地区也已对政府购买公共文化服务给出了相应的政策规范和运行模式。

### (二) 公共文化服务政府购买的主体和范围

从理论上来讲,政府购买公共文化服务的范围应当包括一切能确认受益主体、能衡量受益程度的文化类公共物品或服务,但目前我国实行市场经济体制下的政府购买公共文化服务时间不长,机制和经验都有待完善和丰富。因此,目前政府购买公共文化服务主要有两种方面,一种是项目购买,一种是岗位购买。

以国内大多数的地方实践而言,在一些重大文化活动或品牌文化建设中,政府不包办一切,而采取委托生产或购买服务的方式,吸引民间资本、社会力量进入服务领域,政府加以引导或者采取奖励措施。例如包括浦东新区在内,很多地区在公共文化服务配送领域尝试采用政府购买服务的“竞标+点单+配送”方式,改过去由政府部门直接送戏到基层的传统做法,变为如今的“下面要什么,上面演什么”,使公共文化服务更加贴近实际、贴近群众、贴近生活,实现公共文化产品的有效配送。

对我国而言,在政府购买公共文化服务的过程,有几个核心问题是需要深入思考的:一是政府购买服务的范围到底多大;二是政府在购买服务中如何处理和社会组织之间的关系;三是怎样使政府购买服务更加规范。

政府购买什么样的服务,关系到政府与 NGO 组织合作的方向。在国际经验中,很多做法值得学习。在美国,联邦政府采购局有一个解释文件,有 19 项核心工作必须由政府公务员来做，不能委托给别人。中国香港也将公共服务分为核心职能、辅助职能和商业服务职能，鼓励将核心职能以外的职能或服务通过购买加以实现。这是购买与不购买的经验的例子。

我国公共服务需求大致分三个板块，有三个相应服务主体：第一个板块，是行政审批等事项服务，可以通过服务中心和服务大厅由各个政府部门直接做，基本不委托；第二个板块，是教科文卫体范畴的服务，包括基础教育、公共卫生、基本医疗、基础科研、公共文化、大众体育以及一些基础性公用事业服务等，主要通过大量的事业单位组织来提供，这在我国已经形成固定模式；第三个板块，就是上述二者之间的大量社会公益服务事项，则可以由政府和各类社会组织来合作提供。

第三个板块的服务可再分为三类：一是商业性质的服务，包括行业调查、行业评估标准、统计分析、职称评定、资质认定、项目评估、成果鉴定、业务咨询、技术服务、资产评估、检验检疫检测等服务事项。二是机关履职服务，机关履行自己职能的一些服务需要支持，包括法律服务、课题研究、立法调研、政策草拟、决策论证、绩效评价、技术保障、会务服务、机关后勤服务等。三是社会公益服务，包括对妇女儿童的照顾、养老助残、社会救助、家政服务、慈善救济、社会矫正、安置帮教、就业服务、矛盾调解、环境维护、文体设施和场所养护与管理等。

三类服务性质不同，决定了购买服务政策的侧重点。

对前两类服务，最有条件承担的主体是一些互益性行业协会和一些专业技术组织，比如中介组织。这类工作原来属于政府自己的工作范围，现在外包后实际上减轻了政府机关的负担，但社会公众的福利并不会因此净增加或者增加较少，这一点非常值得政策制定者关注。第三类服务则和政府机关自身利益关系不多，却与增加社会广大居民的净福利直接相关，并且大量公益性社会组织更有条件承担。

以上三种服务的受益性差别和承担主体的差别，提示公共政策制订者必须谨慎对待购买社会组织服务的政策准则和事项选择，要求政府不仅要照顾到各类提供服务主体的协调互补，而且更要注意将有利于社会福利净增加的服务事项,作为政府购买服务的政策重点。①

### (三) 公共文化服务政府购买的监管

政府购买公共文化服务的监管机制是实现这一购买体系公正、有效的重要保障。购买服务的监管机制不仅包括对服务提供方的监督,也包括对政府相关部门的监管。分期付款的付款方式、动态管理和第三方评估的措施都是完善监管机制的重要内容。政府购买公共文化服务应实行阳光操作,提高政府的公信度和为民办实事的能力;对通用的后勤岗位的购买,建议由编制、人事、劳动、财政、物价等有关部门制定统一的管理和服务模式,必要时设定指导价;聘请一批资深文化学者,设立专家库,对政府购买公共文化服务进行科学论证,要规范论证过程,纪检部门全程监督,避免逃避论证监督、引发新的腐败等现象和行为的发生。

## 二、 公共文化服务政府购买的国际理念和通行做法

政府购买公共文化服务在我国从产生到发展历时不长,还在不断完善探索中。但在世界范围内,尤其是发达国家,政府购买公共文化服务已经是一项机制较为完善、应用领域广泛的有效公共文化建设手段。世界各国由于传统、国情的差异,具有各自的公共文化服务建设理念,并形成了不同的公共文化服务制度与模式。归纳起来主要有三种:

### (一) 政府主导及政府主导下的多元合作模式

从国际经验来看,需要以公共财政作为唯一支持的政府直接生产方式适用于具有纯粹公共物品性质的文化产品与服务,比如具有文化传播载体和使用性质的国家图书馆和博物馆、国家文献和数据中心,反映国家或城市形象的大型文化景观、人们娱乐休闲基础设施等。政府供给方式包括政府通过建立国有企业直接生产上述公共文化产品与服务,或通过财政支出向其他社会主

① 马庆钰:《对政府购买公共服务的政策建议》,人民网·理论,http://theory.people.com.cn/n/2013/0530/c355075-21679481-4.html。

体(包括企业和非营利组织)购买上述公共文化产品与服务。这种模式中从中央到地方政府均设有文化行政管理部门,有垂直领导关系和非垂直领导关系,各级政府文化部门向文艺团体进行有限的资助并提供比较完善的公共文化服务。此种模式以法国和日本为典型代表。以日本为例,在公共文化购买服务方面,日本国立图书馆馆内的组织是由中央馆、国会分馆、支部上野图书馆、支部东洋文库以及行政司法各部门的35个支部图书馆构成,国立国会图书馆的经费全部由国家支付。又比如,日本每个社区通常都有公民馆,公民馆设置的目的是为市町村及其他一定区域内的住民,开展各种有关适应其实际生活的教育、学术及有关文化的各种事业,以谋求居民教养的提高、健康的增进、情操的纯化、文化生活的振兴以及社会福利的提升而作出贡献,早期公民馆的建设和修缮费用全部来源于政府的专项经费。

同时,日本也推动以政府为主导的多元化合作方式。其中包括:

1. 合同外包方式(指定管理者制度)

2003年,日本政府借鉴西欧公共设施经营的经验,修改了地方自治法,允许地方政府将公共设施(包括公共文化服务设施)的管理外包给私营企业组织或者团体,这就是所谓的“指定管理者制度”(DMS)。即政府通过授权的方式将公共文化服务中一部分具体的管理职能或服务提供转交给企业、社会组织等执行。该制度涵盖了由地方政府设立的旨在提升公民福利的一系列公共设施,其中包括道路、街道、公园、学校、图书馆、博物馆、幼儿园、供水系统、文化馆、社区会堂、社区中心、体育场馆等。日本政府实施“指定管理者制度”的目的并不是促进“私有化”,而是“放松管制”,是通过降低市场进入壁垒发挥企业等社会力量的效率优势,补充公共文化的供给与运营。①这一新体系提升了当前日本文化管理和文化政策的各个方面的透明度。

2. 非营利组织(NPO)促进企业赞助公共文化

除了以盈利为目的的企业,日本还存在着将近4万个大大小小的非营利法人和非营利组织(NPO)。这些非营利组织以从事公益和慈善事业为目的,

① 吕志胜、金雪涛:《基于公共财政的公共文化多元化供给模式研究》,《现代经济探讨》2012年第12期。

大多诞生于1980年代的工业经济鼎盛时期,从事慈善、教育、学术、环保、艺术等领域的工作。日本文化艺术领域里非营利组织的数量已经超过了2 000个。在1990年代以前,日本的大多数NPO的规模都比较小,主要举办的活动与社区居民的日常生活密切相关,比如文化祭、消夏晚会等。在确立了"文化立国"的国策后,日本政府开始从经济等方面援助这些NPO。目前这些非营利组织,特别是提供地方中介服务的非营利组织,不仅是推广文化艺术的主力,也是使艺术家与学校、福利机构相互沟通联系的纽带,还是社区重建的关键。1990年2月14日,KMK(企业赞助艺术协会)成立,由私营企业创立的日本第一个非营利性协会,目的是促进企业对文化艺术的赞助,自1994年开始,KMK发起了艺术项目审批程序(APAAP)。值得关注的是KMK并没有自己的基金为艺术项目提供赞助,也不会为艺术项目寻找赞助者,申请人要自己找到赞助企业,但经由KMK得到的企业赞助可以享有减免税的优惠待遇,但企业或个人捐助者必须直接向KMK捐赠才能获得税收优惠。①

### (二)民间主导模式

在这种模式下,政府没有正规的文化行政主管部门,主要以政策法规营造良好文化生态,鼓励各类文化团体或机构自我生存和发展。政府财政对文化的投入主要通过各类"准行政机构"进行分配,这种机构通常被称为"国家艺术理事会"或其他类似的名称。非政府组织或非营利机构是开展政府公共文化服务的中坚力量,此种模式以加拿大、美国、瑞士为典型代表。

不过,需要注意的是,以美国在公共服务购买方面的经验而言,其开始从以往单纯的"合同外包"模式,开始采用"混合策略"模式。在地方和城市基本公共服务体系发展中,单一的合同外包正在被多元的合作策略取代,在效率、市场管理和居民满意等多元评价体系中平衡,就不能仅仅使用单一的手段,而是发展出基本公共服务供给的组合手段。进入21世纪以来,国会和总统日益转向设立混合组织以执行公共政策和履行指定给传统行政部门和机构的职

① 金雪涛、于晗、杨敏:《日本公共文化服务供给方式探析》,《理论月刊》2013年第11期。

责。其大致可以分为五类:①政府发起设立的企业;②联邦资助的研发公司;③与政府机构相关的非营利机构;④风险投资基金;⑤国会特许的非营利组织。在对一些美国城市的研究中发现,混合策略,诸如把市场手段与计划有机结合起来,可能比单一的手段更有效。也有人把这种方式称为行政管理领域的新公共服务,以替代曾经风靡一时的新公共管理。

### (三) 政府与民众组织的分权化(Decentralization)模式

此种模式主要指政府与民众组织合作,将文化资源进行分配,并共同管理文化事项,提供文化服务。其中,核心要义是政府的“一臂之距”( Arm's length)。“一臂之距”这一概念用到公共文化政策上多是指政府对公共文化拨款的间接管理模式,它要求政府对公共文化采取一种分权化的管理体制,其原则是从集中管理到分权管理。此种模式以英国、澳大利亚为典型代表。

例如,芬兰在文化政策上实施的“一臂之距”原则具有“垂直”和“水平”的两种分权向度。所谓“垂直分权”涉及中央政府与其所属行政部门和各级地方政府的纵向分权关系:即一方面,中央政府将文化政策制定和实施的主要权力以及部分文化拨款的责任交给其所属的文化相关部门;另一方面,它还要求各级地方政府行使相应的权力或承担相关的责任。对狭义艺术生产的资助来说,中央政府和地方政府各占一半。“水平分权”是指各级政府与文化方面的非政府公共组织的横向分权关系。这类组织是介乎政府与具体文化单位之间的一级中介机构。它有两个基本特性:其一,这类组织通常接受政府委托,为政府提供文化政策咨询,甚至向政府提供文化政策设计,并策划具体的文化政策实施方案。同时,它还负责把政府的部分文化拨款落实到具体文化单位。就此而言,它是代理政府具体管理文化的准政府组织。其二,这类组织往往由艺术方面和文化产业方面的中立专家组成,它虽然接受政府委托,但却独立履行其职能,从而尽可能使文化发展保持自身连续性,避免过多受到政府行政干预,这些非政府组织之间通常不具有隶属关系。①

① 参阅吴世广:《芬兰的文化管理模式》,《中国文化报》2015 年 1 月 12 日。

英国是最早实行“一臂之距”文化政策的国家,随后“一臂之距”原则得到了发达国家的广泛接受。“国际艺术理事会和文化机构联盟”的文件指出:“目前在世界各地,无论穷国还是富国,也不论英语国家还是非英语国家,都普遍建立了对文化艺术进行资助的准政府国家机构。”在发达国家的文化政策中,加拿大、澳大利亚、奥地利、比利时、芬兰、瑞典、瑞士等国明确声称采用这一原则。

随着西方新公共管理运动的开展,欧洲各国及澳大利亚的公共文化国家治理也开始引入新的治理机制,将市场经济的机制如委托—代理关系、公私合作关系和公共股份公司等方式广泛引入公共部门,尝试性地构建起一系列公共文化治理机制。

1. 公共文化基金会制

文化基金会制是由非政府组织与国家合作,通过政府对项目进行资助或企业、私人的捐助而设立的非营利性文化管理机制。文化基金会通常比政府更能满足公众差异化文化需求,并且能够对政府的文化职能进行补充。它通过对文化政策施加影响,在政府与社会之间建立起一条良性互动的渠道。公共文化基金会制是目前西方国家公共文化部门普遍确立的一项制度,几乎所有的公共文化部门都会设立自己的基金会组织。

2. 公共文化托管制

托管制是一项传统的商业信用制度,由委托人将财产权转移于受托人,受托人依信托目的为受益人的利益管理信托财产的制度。公共文化托管制是由委托人将财产委托于公共文化托管机构,由其代为经营和管理。公共文化托管制有利于公共文化经营管理的专业化,丰富国家公共文化的内容。英国议会以托管制建立的大英博物馆,是早期以私人托管方式筹建的一座国家博物馆,它通过政府的财政拨款来实施国家的公共文化政策。

3. 公共文化招投标制

公共文化招投标制是一项由招标人公开进行的公共文化项目招标形式,中标人对发包者支付承包金,并按照合同规定自主经营这一公共文化项目。这一方式保留了公共文化部门对公共文化项目的所有权和非盈利性,实现了经营权和所有权的分离,引入竞争机制,提高了公共文化项目的运营效率。欧洲不少地方政府的公共文化机构都采用招投标制方式，保留文化机构设施所有权和对承包者的监督权，至于日常经营、人员雇佣则一切由承包者负责。

4. 公共文化有限责任公司制

公共文化有限责任公司制是根据股份有限公司制而形成的公共文化管理制度，它将公共文化公司的资本分成等额股份，国家等股东以其出资额为限度承担债务责任，公司也以其全部资产对公司债务承担责任。[①]将现代公司制度运用于公共文化领域再次实现了所有权同经营权相分离，同市场化竞争相适应，有利于公共文化部门的体制改革。

## 三、 浦东政府购买公共文化服务的经验与不足

国内外研究领域及实践领域有关政府购买公共文化服务的相关理念和一些通行做法，无疑对于作为改革开放先行先试地区的浦东新区不断推进和完善相关的实践，具有一定的启发和借鉴意义。十八届三中全会强调，要“推广政府购买服务，凡属事务性管理服务，原则上都要引入竞争机制，通过合同、委托等方式向社会购买”。新一届中央政府对加快转变政府职能、改善公共服务均作出过重大部署，并明确要求在公共服务领域更多利用社会力量，加大购买服务力度。正确认识、积极稳妥地推进政府购买公共服务工作，不断创新和完善服务提供方式，是我国建设服务型政府的必然要求。

就浦东新区多年来的实践看，从 1990 年代的“罗山会馆”开始，新区在政府购买公共文化服务的实践道路上可以算是上海乃至全国内容最丰富、创新力度最大、涵盖范围最广泛的区县之一。随着浦东新区把转变政府职能作为改革重点，逐步建立了“政府承担、定向委托、合同管理、评估兑现”的购买服务模式。在 20 多年的发展过程中，浦东新区不断创新积累经验，在公共文化服务政府购买的探索中收获了许多成果，同时也面临人民日益增长的文化需求的挑战。

### （一）浦东新区政府购买公共文化服务的背景特点

2009 年，原南汇区整体划入浦东新区。目前，浦东新区区域面积有 1 210

① 《国外如何提供公共文化服务》，引自百度网“知道”条目。

平方公里,常住人口 526 万。随着人口组成日益多元化,新区公共文化服务体系建设也面临巨大的挑战。

从全国范围来看,公共文化服务体系建设所遇到的一些问题是共性的,但更多的是个性的问题。公共文化服务体系本身也是开放、动态和发展的,各个地方情况不尽一致。就浦东而言,有这样几个特点:

一是市民群众对多元文化需求越来越强烈。浦东常住人口 526 万人,其中外来人口占到 42%以上(222 万人);浦东城市化程度比较高,89.3%都是市民,但是还有 56.4 万的农民(10.7%);浦东市民的职业类型也很广泛,既有以金融企业为代表的“金领”,也有以高科技企业为代表的“白领”,还有以制造业为代表的“蓝领”。此外,浦东还有 6.6 万外国居民。多样的人口样本必然导致多元的文化需求,他们在文化产品的消费方面各有特点。要为所有这些群体都提供令人满意的公共文化大餐,并实现“公益性、基本性、均等性、便利性”的公共文化服务,显然要面临更大的挑战。

二是社会力量投资建设公共文化设施积极性越来越高。近几年,浦东先后建成了龙美术馆、震旦博物馆、证大喜玛拉雅美术馆、翡翠画廊等一批民营文化设施。龙美术馆由刘益谦、王薇夫妇投资建造,在传统艺术、红色经典和当代艺术三个领域都有丰富的藏品,是目前全国馆藏规模最大、水准最高的私人美术馆;震旦博物馆是由震旦集团投资建造,馆藏数千件佛像、玉器、陶瓷珍品;证大喜玛拉雅美术馆由证大集团全资建立,已经成为浦东文化新地标;而位于浦东滨江的翡翠画廊是英国翡翠集团在中国的第一家分支机构。

三是社会力量参与公共文化设施管理范围越来越广。最典型是东方艺术中心,2004 年由市区两级政府共同投资 10.8 亿建成,当时通过全国招标的方式,最终委托由保利文化与上海文新报业共同组建的管理公司来运营,是国内最早探索所有权和经营权分离的公共文化设施,被称为“东艺模式”。目前运行良好,每年演出 500 多场,观众 52 万人次,以东艺为依托创立的“高雅艺术走进百姓的运作模式”成为国家公共文化服务体系示范项目,取得了良好的经济和社会效益。浦东在吸引社会专业力量运行公共文化服务设施方面进行了初步的尝试,比如,三林世博家园文化中心由“屋里厢”民非机构来运营管理,等等。

## （二）浦东新区政府购买公共服务的基本机制

浦东新区于 2005 年制定了政府购买公用服务和建立新型政社合作关系等一系列政策文件，政府购买服务的机制初步确立。根据这些政策文件，制定出政府购买服务的基本流程：政府部门提出年度购买公共服务的具体项目并编制相应的预算，新区购买公共服务审定委员会负责审定；新区财政部门在政府部门预算总量内对经审定的项目安排预算；购买服务的项目通过政府公共信息平台对外发布，以招标方式确定服务供应方；服务供应方确定后，由政府部门或授权的事业单位与服务供应方签订合同；相关部门会同新区财政部门根据行业特点，设置评估标准，采用内外部评估机制相结合的方式，内部由政府主管部门、外部由社会中介机构，分别对购买服务的实施情况进行绩效评估，根据评估结果按合同约定支付资金。

浦东新区政府购买公共服务机制具有如下特点：实现预算管理，特购买公共服务的费用纳入预算；强化契约式管理，政府和社会组织的责任、义务以及服务要求，全部在合同中体现；建立评估机制和规则，委托第三方专业机构，对社会组织做到项目合作前有资质审查，合作过程中有跟踪了解，在合作完成后有社会绩效评估；规范程序，区民政局的关于购买公共服务的试行办法，确保购买公共服务制度可操作、有实效。

从实际操作程序来讲，一个通常的做法是从区级层面到街镇层面，通过设立“文化基金”，再通过文化基金实行政府购买服务。“文化基金”纳入政府预算。还有一种模式是通过相关的民非机构进行政府购买公共文化服务，如陆家嘴街道就通过“陆家嘴文联”民非机构进行相关的政府购买公共文化服务。

从上述对公共文化服务体系的建设成效和政府购买服务的机制现状的阐述中我们可以看到，浦东新区在政府购买公共文化服务并完善公共文化服务体系的建设中确实实现了一整套完整的购买机制和保障体系，也通过购买服务的方式实现了公共文化服务体系建设的新突破。成果十分显著，也成为了其他区县参考取经的对象。

## (三) 浦东政府购买公共文化服务目录清单

根据国家和上海市的要求,并根据浦东新区的实际情况,应在政府购买公共文化服务方面加强力度,努力完成先行先试的示范作用。在目录清单中,根据上海市文广局的目录清单,并根据浦东已有的经验,浦东新区在政府购买公共文化服务目录中,至少应包括以下方面:

| 一级目录 | 二级目录 | 三　级　目　录 |
|---|---|---|
| 文广影视基本服务事项 | 公共文化(非物质文化遗产)类 | 公共文化(非物质文化遗产)课题研究 |
| | | 公共文化服务监管评估 |
| | | 文化设施文化监管评估 |
| | | 群众性文化活动演出展览创作辅导 |
| | | 公共文化数字资源建设及服务 |
| | | 公共文化(非物质文化遗产)设计出版及宣传推广 |
| | | 公共文化(非物质文化遗产)专业性会展活动的组织、策划等辅助性工作及服务 |
| | | 非物质文化遗产记录建档 |
| | | 非物质文化遗产保护绩效评估 |
| | | 其他公共文化(非物质文化遗产)服务 |
| | 艺术类 | 美术作品设计制作印刷出版 |
| | | 艺术展览活动的组织、策划等辅助性工作及服务 |
| | | 艺术演出展览活动组展设计和实施 |
| | | 政府组织的公益性艺术创作 |
| | | 公共文化场馆与青少年教育对接并引入第三方管理服务 |
| | | 其他艺术服务 |
| | 文广影视市场类 | 文广影视市场发展报告及城市文化艺术手册编撰 |
| | | 文广影视类展会的组织、策划等辅助性工作及服务 |
| | | 社会与管理咨询服务 |
| | | 政府举办的公益性文艺演出及展览活动 |
| | | 其他文广影视市场服务 |
| | 重大活动类 | 政府委托举办的大型文艺演出 |
| | | 其他重大文艺演出 |

续表

| 一级目录 | 二级目录 | 三级目录 |
|---|---|---|
| 文广影视基本服务事项 | 国际交流（含港澳台文化交流）类 | 重大课题研究项目咨询及资料采集 |
| | | 政府组织的文化交流合作与推广 |
| | | 文化外宣品设计制作印刷出版服务 |
| | | 其他对外文化交流项目 |
| | 文广影视产业类 | 文化产业规划前期调研工作 |
| | | 文化产业培训组织工作和产业信息汇编 |
| | | 文化会展中公共性项目的组织、策划等工作 |
| | | 文广影视产业统计和产业政策信息服务平台建设内容咨询 |
| | | 国有资产管理业务培训 |
| | | 其他文广影视产业服务 |
| | 广播电视与网络视听类 | 广播电视信息、数据服务 |
| | | 广播电视节目评比和宣传推广服务 |
| | | 广播电视交流活动服务 |
| | | 广播电视专项检测服务 |
| | | 广播电视节目综合评价调研评估 |
| | | 其他广播电视公共服务 |
| | 文化广电科技类 | 文化广电科技重大课题调研 |
| | | 其他文化广电科技服务 |
| | 电影类 | 电影产业调研评估服务 |
| | | 电影产业信息、数据服务 |
| | | 电影产业交流活动服务 |
| | | 其他电影公共管理服务 |
| | 文物类 | 文化遗产保护宣传服务 |
| | | 文物保护监测服务 |
| | | 文物建筑测绘服务 |
| | | 文物保护工程资质评审服务 |
| | | 文物保护专项课题研究 |
| | | 其他文物保护服务 |
| | 博物馆类 | 博物馆调研服务 |
| | | 博物馆开放运行评估服务 |
| | | 博物馆宣传推广 |
| | | 博物馆学科业务资料编撰及出版 |
| | | 可移动文物普查工作 |
| | | 其他博物馆管理服务 |

**续表**

| 一级目录 | 二级目录 | 三　级　目　录 |
|---|---|---|
| 政府履职所需辅助性和技术性事务 | 课题研究类 | 文广影视通用课题研究及信息资料采集 |
| | | 其他课题研究(含重点行业年度报告编撰) |
| | 人才队伍建设类 | 文广影视人才队伍研究、评估服务 |
| | | 文广影视人才境内、境外培训和交流 |
| | | 文广影视人才继续教育工作 |
| | | 文广影视人才引进、人事派遣工作 |
| | | 其他培训服务 |
| | 审计服务类 | 重大事项第三方审计服务 |
| | | 法律服务 |
| | | 其他审计服务 |
| | 监督类 | 重大事项的第三方监督 |
| | | 其他技术性监督服务 |
| | 绩效评价类 | 资金使用绩效评价工作 |
| | | 其他绩效评价服务 |
| | 项目评审类 | 公共服务项目规划、设计、可行性研究、技术评价等专家评审服务 |
| | | 预算申报的专家评审服务 |
| | | 重大事项第三方评审服务 |
| | | 其他评审服务 |
| | 其　他 | 其他辅助性和技术性服务 |

因工作或相关需求发生变化,需要调整项目内容或者新增购买服务项目的,应当将调整或者新增项目,根据实际情况及时完善;其中,在基本服务购买上,尤其要根据市民需求的现状和趋势,形成及时调整的工作机制。

## (四) 浦东政府购买公共文化服务的相关经验

面对新情况、新问题,并根据新区政府购买公共服务的相关政策,浦东新区近年来在公共文化服务购买方面,做了积极的努力和探索,取得了一定的成就。

### 1. 细化政府购买公共文化服务的制度

在浦东新区 2005 年制定的政府购买公用服务和建立新型政社合作关系

等一系列政策文件基础上，根据公共文化服务的特点，完善各项制度，细化各项工作。在政府购买服务的基本流程上、政府公共信息平台对外发布上、内外部评估机制上及效果评估等方面，都有较为全面、客观、完善的操作方法和制度。

2. 完善政府购买公共文化服务的平台

通过“浦东宣传文化发展基金会”等平台，对重大文化创作项目、文化活动项目、文化品牌项目等进行公开招标、政府购买，发挥着越来越重要的作用。基金会设立于2002年，每年投入约一亿元。通过政府购买公共文化服务的方式，与证大喜玛拉雅艺术中心、正午文化艺术中心、碧云文化艺术中心等一批社会力量合作，推动和鼓励它们参与公共文化产品的创作、生产和传播。

3. 拓展政府购买公共文化服务的领域和范围

不但购买文化项目，也购买文化活动，同时也购买文化岗位。近年来，政府通过购买方式，资助扶持并培育打造了“桃李杯”国际标准舞大赛、“翰墨新象”全国中国画名家作品展、上海夏季音乐节、上海世界音乐季、爵士上海音乐节、上海民俗文化节等文化品牌。同时，还通过浦东新区人才中心，对相关需要人才的领域进行岗位购买，储备文化人才、输出文化人才。

4. 提升政府购买公共文化服务的效能

通过政府购买及相关办法，为社会力量搭建了一批展示平台；鼓励社会力量成立民非机构参与浦东文化建设，积极发现和培育那些有意投身浦东公共文化建设的社会力量成立民非组织，在前置审批、活动组织、宣传推介等环节加大服务力度，并积极探索委托经营、合作共管、购买服务等多种服务模式，积极开展社会第三方效能评估。

5. 凸显政府购买公共文化服务的区域特色

政府购买公共文化服务，既有一般性的购买，也要有根据实际情况进行具有特点、具有亮点地购买。浦东新区政府在街（镇）、社区层面，立足于本区域的市民实际的文化需求，制定不同的、有特色的购买项目。例如，2014年6月开始实行的“上海戏剧学院浦东实验剧场”模式，根据小陆家嘴区域的特殊地段，面对周边不同群体的文化需求，在提供免费文化服务的同时，利用双休日、节假日等空闲时间段,开展错时、低收费的文化演出活动,用较低的票价,为市民提供高水准的话剧演出。不但拓展了政府购买公共文化服务的路径,更凸显了政府根据区域实际情况、居民实际需求制定不同购买项目的特色。

### (五)浦东政府购买公共文化服务的有待完善的方面

在社会的快速进步发展过程中,从全国的政府购买公共文化服务情况来看,还是存在一些有待完善的问题。其中主要体现在:一是知晓度不高、参与机构不多。政府购买公共文化服务在我国是新生事物,社会各界对此了解甚少,不少市民对此还很陌生,宣传力度有待加强。二是由于文化服务大多为公益性文化服务,其经济效益难以显现(起码在短期内无法显现),所以社会组织参与的热度还不高、积极性还不够,政府的奖励措施也稍显滞后。三是政府购买公共文化服务还存在城乡之间、区域之间的不均衡;评价、论证体制尚未健全,在购买公共服务的环节上监督还有待进一步加强等。

## 四、 进一步完善浦东新区政府购买公共文化服务的建议

### (一)进一步明确浦东政府购买公共文化服务的基本取向

从理论上而言,购买服务是一种交换行为,无论是公开招标、邀请招标还是委托承担,强调要具备资质和能力。有些跟政府有渊源的行业组织显然更具有先天优势,而大部分民间性社会组织,因为发育不良,在这个过程中处于竞争的劣势。政府需要站在促进公民社会成长的高度,按照政府购买服务的规则和条件,对处于弱势的社会组织采取有针对性的支持措施。应该按照公益性社会组织优先原则,在一些技术要求较为不严格以及一些分散性项目中,直接采用委托或单一购买的方式,将服务委托交给非营利组织。同时,要更加注重规范程序,杜绝政府作为购买主体和资源分配者,将“购买服务”变成“控制服务”以便控制社会组织的可能倾向。

### (二)进一步完善浦东政府购买公共文化服务机制

根据实际情况,完善政府购买公共文化服务制度,制定和细化《浦东新区

政府购买公共文化服务的意见》,在购买的流程、购买的主体、购买的评估等方面,进行科学、全面、深入的界定。从购买的前端到后端,严格制定购买公共文化服务项目的项目、内容,确定当年需购买的公共文化服务项目并列入当年的财政预算,及时向社会公布购买的公共文化服务项目,通过公开招标的方式进行,并在项目完成后,通过第三方对完成情况进行评估。

### (三) 进一步拓展浦东参与政府购买公共文化服务的主体范围

继续扩大政府购买公共文化服务的范围。从理论上来讲,参与政府购买公共文化服务的主体,应该包括所有到民营、业余团社,采取招标购买方式,把公共文化服务供给从文化系统内转变为面向全社会,形成共同参与、有序竞争的局面。从地域范围来讲,除了浦东新区之外,可以选择一些公共文化服务项目作为试点,向全市、全国的相关机构进行公开招标,以提升购买质量。

### (四) 进一步加强浦东政府购买公共文化服务的多元性

目前浦东新区在健全政府购买公共文化服务的机制方面从自身的经验教训出发,强调重点改善招标点单的内容单一性、参与主体的丰富度和保障投入的加大三个方面。招标点单的方式虽然能够切实契合群众的文化需求,但依然面临着内容较为单一,长时间循环演出等问题,因此要进一步鼓励团队演出新的剧目、曲目,不断创新;参与主体要从原来的政府组织的社会艺术表团队扩展至普通百姓,让百姓从单一的观众身份转变为表演者之一,参与到演出中来;此外在经费保障方面,由于浦东拥有的街镇数量大大超过其他区县,为确保文化权益的均等性,用于浦东新区公共文化服务(包括文艺演出、电影、文化指导员和讲座等)配送的资金已经远远不能满足新浦东的群众文化活动的需求。因此必须根据实际情况给予更多的经费支持。

### (五) 进一步加强政府购买公共文化服务的评估工作

对购买的服务进行绩效监督,是政府采购的重要职责。就购买公共文化服务而言,事前评审主要是审查政府购买服务的必要性、合理性、预算安排的准确性以及参与竞标的社会组织条件。服务购买主体以及财政、审计、监督等部门,要按照事先设定的绩效评价标准,必要时借助第三方力量,根据服务消费者群体的意见来客观评价社会组织所提供的服务产品质量效果,并将评估的结果对社会公开。最后就是根据绩效评价结果建立社会组织诚信状况的数据库,将提供服务的履约情况作为今后政府购买服务的重要参考,建立激励约束机制。探索设立"浦东新区公共文化服务购买项目评估指标",对逐步对所有实行政府购买的公共文化服务项目实行第三方评估。

10

# 城市街头表演的管理立法问题研究

## ——兼谈上海市静安区街头表演管理试点经验

黄虚峰　孟　娜　张议丹 *

摘　要　当前，我国许多城市开始改变对街头表演一禁了之的思路，尝试改堵为疏。演员证管理制度、《道路交通安全法》《治安管理法》和《噪声污染法》为街头表演提供了法律规范，应进一步建立健全街头表演的行政管理立法。调研总结上海市静安区将街头表演纳入城市管理的试点和国际发达城市街头表演管理的立法借鉴，着重探讨街头卖艺型表演活动的管理立法问题，提出城市应对街头表演怀着一份尊重甚至感恩，并在艺人资质及考核、管理主体和表演活动管理规范等几个方面做出预案。

关键词　城市　街头表演　管理立法

街头表演给城市带来活力、魅力以及亲和力，是城市文化软实力的重要体现。但长期以来，对于街头表演，我国城市管理部门往往一禁了之。近年来，在推动社会主义文化大发展大繁荣的背景下，随着政府公共文化管理模式转变，许多城市开始改变对街头表演的禁止思路，尝试改禁为管。上海市静安区自 2014 年以来，在全国开启破冰之旅，为探索城市街头表演的管理立法提供了不少有益经验。

---

* 黄虚峰，华东政法大学人文学院文化产业管理系，教授；孟娜、张议丹，华东政法大学人文学院文化产业管理专业 2015 级硕士研究生。

## 一、 街头表演法律规范

城市管理部门禁止街头表演的理由总是离不开市容、交通安全和噪音三个,但演员证管理制度、《道路交通安全法》《治安管理处置法》和《中华人民共和国环境噪声污染防治法》让这三个禁止街头表演的理由站不住脚。

担心影响市容是因为街头艺人总是被看作乞讨者。不可否认,有不少乞讨者以卖艺的形象出现,但已有区别街头艺人和乞讨者的行政法规,即演员证管理制度。现行国务院颁布的《营业性演出管理条例》(2013 年 7 月 18 日修正版)第十条规定,以从事营业性演出为职业的个体演员“应当依法到工商行政管理部门办理注册登记,领取营业执照”,“应当自领取营业执照之日起 20 日内向所在地县级人民政府文化主管部门备案”。而根据 2009 年文化部制定的《营业性演出管理条例实施细则》,个体演员从事营业性演出需要持个人身份证和艺术表演能力证明向户籍所在地或者常驻地县级文化主管部门申请备案。这里的“个体演员艺术表演能力证明”可以是中专以上学校文艺表演类专业毕业证书或职称证书,或演出行业协会颁发的演员资格证明。根据《中国演出行业演员资格认定实施办法》第八条规定,如果不是“中等以上艺术学校(含综合性院校的艺术专业)文艺表演类专业毕业”“政府评定的演员专业职称”“在专业艺术团体担任演员三年以上并出具书面证明”三种情况,那么,个人须通过省级演出行业协会组织的专业技能考评,方可获得演员资格证书。简言之,只要其持有演员证,领取了营业执照并办理了备案,即可在街头从事合法的营业性演出活动。《中国演出行业演员资格认定实施办法》第四条明确,演员资格证书是演员个人从事现场表演工作的资格证明,在全国范围内通用。以上我国演员证管理制度的相关法律规定,解决了街头表演艺人的资质认定问题,从而也将其与街头乞讨者相区别。

妨碍交通安全是禁止街头表演的第二个理由。为了吸引观众以增加收入,街头表演自然选择人流集中的区域,结果往往造成拥堵,影响交通以及公共安全。但交通安全问题,自有《道路交通安全法》和《治安管理法》坐镇。噪音问题也是如此，街头表演的噪音规范有《噪声污染法》，而且街头表演往往在远离居民区的公共场所，产生的噪音问题远不及广场舞。《道路交通安全法》《治安管理处罚法》和《中华人民共和国环境噪声污染防治法》是所有公民都必须遵守的法律，街头艺人自然不例外，只要不违反上述法律的相关规定，街头艺人的表演当在合法范围内。

## 二、 上海静安区经验

由此可见，城市管理部门以市容、交通安全和噪音作为禁止街头表演的理由，其实是懒政思想和对“市容”一词理解的偏差所致，好的市容不是要求坚壁清野似的整洁，而是乱中有序的人文活力。

但“乱中有序”的境界最考验地方政府相关部门的管理能力，如何在放开街头表演的同时，防止街头表演走向低俗、扰民甚至扰乱公共秩序？如果说街头表演还缺什么法的话，那就是各地对于街头表演的行政管理立法。《营业性演出管理条例》附则第五十六条规定：“民间游散艺人的营业性演出，省、自治区、直辖市人民政府可以参照本条例的规定制定具体管理办法。”

党的十七届六中全会作出《关于深化文化体制改革推动社会主义文化大发展大繁荣若干重大问题的决定》，对构建公共文化服务体系提出了一系列新的要求。越来越多的城市认识到街头表演对于营造城市公共文化空间的重要性，武汉、厦门、南京、深圳等地纷纷开启闸门，探索街头表演的管理立法，而上海市静安区则率先破冰。2014 年 10 月 25 日，上海市静安区首批 8 位街头艺人在静安嘉里中心广场挂牌“上岗”，一个月下来，实施效果良好。随后，在 2015 年 6 月 1 日，第二批艺人在静安公园也持证“上岗”。

静安区街头表演管理是国内首次将街头表演纳入城市管理的尝试，每一步都非常谨慎，为国内其他城市的街头表演管理立法提供了一些有益的借鉴。

对街头表演的管理需要城市多个管理部门的联动，这对当前条块分割状的政府行政管理体系是个挑战。考虑到街头表演管理涉及文化稽查、文化管理、城市管理、市容管理、公安、交通、税收等多个职能领域，在管理部门的职能协调方面,静安区组建了专门组委会,包括区市容绿化局、公安分局、城管、市场监督管理局等相关部门,形成“大文化”管理格局。

在艺人资质管理方面,上海市演出行业协会用了一年时间寻访了 100 多位街头艺人,最终甄选出第一批 8 位艺人,并委托上海戏剧学院等专业机构有针对性地对他们加以辅导。正如上海市演出行业协会会长韦芝所说:“街头艺人不是流浪者,也不是乞讨者,他们必须具有专业的表演技能,且文明素养要与城市形象相匹配。”上岗艺人与上海市演出行业协会签订“不扰民、不设摊、不违章”等内容的上岗守则,演出遵循“定点、定时、定人、定事”原则。如有违规行为、随意改变演出时间、地点、内容,将被取消表演资格。

在表演活动的管理方面,2014 年的第一批作为试点,为期一个月。2015 年 6 月起,第一批艺人换证上岗,第二批艺人持证上岗,上岗证三个月一换,表明街头表演活动开始常规化。第一批艺人的上岗地点在靠近住宅区的嘉里中心,因此,排除了唢呐、萨克斯、高音歌唱等这些容易扰民的项目;第二批艺人的表演在静安公园,相对远离住宅区,因此,开放了萨克斯和吉他弹唱等表演门类。

静安区通过街头表演管理的试水发现了一些问题,比如,既然是营业性演出管理,那如何进行艺人收入的税收管理?静安区试点期间,文化局事先与税务部门沟通,不对街头艺人收税。但如果大范围推广,还要不要收税、怎么收,税务法中有没有相关的税种?

静安区试点街头表演管理也引起较大的关注,引出一些值得争议的问题。比如,在演员证之外,是否还需要另设一个“街头艺人演出证”?又如,“艺人里面甚至有海归、白领”“第二批持证上岗的艺人比第一批年龄更低学历更高”等,这是静安区文化管理部门颇为得意的管理心得,但笔者不禁遥想,如果以这样的标准甄选艺人,那瞎子阿炳肯定会出局,此外,如果在更大范围内铺开,每个城市的政府里是否需要设立一个专门的街头表演管理机构?

街头表演是一个城市不可或缺的软实力展现,但需要政府相关管理部门展示管理智慧,建立健全管理立法。上海市静安区的破冰之举,为在全国铺开街头表演管理立法提供了一个难得的示范。

## 三、国际发达城市街头表演管理立法借鉴

对于街头表演的管理,国际发达城市普遍启动较早,经历多年以臻成熟,虽然每个城市的管理规范都植根于各自城市的文化土壤,但还是能为中国大陆各城市探索街头表演的管理立法提供他山之石。

### (一)台北经验

中国台湾地区文化部门对于街头表演采取"鼓励与管理"并存的理念,尤其是其鼓励的一面,值得大陆各城市借鉴。在台湾地区文化管理部门看来,街头文化的健康发展,不仅离不开来自政府部门的人性化管理,也离不开街头艺人自身组织的作用以及观众的参与。所以,台湾地区艺人有自己的行业协会组织,那就是成立于 2003 年 4 月 20 日的旨在传承发扬街头艺人特殊技艺的"台湾街头艺人发展协会"。该组织从 2004 年开始,进行了十大杰出街头艺人的选拔,还连续几年举办街头艺人嘉年华活动。截至 2011 年,全台湾已有超过3 000 组街头艺人,人数保守估计具有 5 000 人。①在改善街头艺人生存环境和发展空间的同时,台湾地区文化部门也注重对街头艺术的接受者即观众进行教育,如引导其观看表演要付费的观念,培养艺术消费的习惯等,通过潜移默化的教育,台湾地区民众已经改变了对街头表演的认知态度,从最初的忽视拒绝转变为认同尊重。随着近几年台湾地区街头表演活动的蓬勃开展,街头表演文化已经成为台湾城市文化中不可缺少的一部分。

台北市的街头表演管理非常完善,并取得了相当成效。为规范台北市区的街头表演活动,台北市政当局于 2005 年相继颁布了《台北市街头艺人从事艺文活动许可办法》(以下简称《许可办法》)和《台北市街头艺人从事艺文活动许可办法实施计划》(以下简称《实施计划》),旨在为街头表演的健康有序进行管理立法。

① 《街头永不停歇的嘉年华——透视台湾城市管理》,http://news.xinhuanet.com/tw/2011-10/30/c_111133941.htm,2015 年 12 月 31 日。

首先,《许可办法》明确街头艺人必须执证上岗,并设立了严格的资质取得门槛。对于街头艺人的资质认证,根据《许可办法》规定,年满 16 周岁以上且具有街头表演技艺的市民,均享有申请报名的资格。考核频率为每年两次,场地设在人流较多的"国父纪念馆"回廊。考核分为表演艺术、视觉艺术和创意工艺三类,每个人只有 3 分钟表演时间。专业评审机构对艺术表现力和技巧,演出对观众和环境的效果,演出者对自身的包装、经营和管理,以及演出的完成度等指标进行考量评价,通过考核后,街头艺人方可执证上岗。考核无任何特殊待遇,残障人士也必须通过与常人相同标准的考核。许可证有效期为两年,期限届满需再换发新证。台湾媒体曾报道过,街头艺人证照比考律师证还难,并非言过其实。特别是在台北,考试是不打分的,要么通过,要么不通过。一般考试通过率在 20%。①

其次,《许可办法》及《实施计划》又对街头艺人的表演场地、表演时间、收费项目等内容进行了规范。目前,"台北市文化局"公布了 68 个公共空间作为"街头艺人表演场地",其中包括捷运站、公园、广场、商圈徒步区,还有部分景点②。街头艺人通过自由登记申请在服务窗口进行抽签,以此决定要表演的场地。表演时间一般规定在一天之中的 10 点至 22 点之间。

街头艺人的资质取得和表演活动受特定许可办法的管理,但前提是遵守《环境噪音管制法》《交通道路安全管理条例》和《社会秩序维护法》等相关法律,如若违反,将被撤销甚至终止街头艺人的资格。③

### (二)国外城市经验

在国外的许多城市,如巴黎、伦敦、罗马、纽约、巴塞罗那等,街头艺人是城市一道独特的风景线,而且越是包容多元的城市越接纳街头表演,视其为催生表演和创作的重要舞台。这些城市的政府部门也在街头艺人的管理和街头艺

---

① 《台北街头艺人:专业演出者,冷硬城市的"针灸师"》,http://www.chinanews.com/cul/2012/09-07/4166534.shtml, 2016 年 1 月 18 日。

② 《境内外关于街头艺人的相关管理办法》,http://www.ce.cn/culture/whyq/102/102yc/201504/13/t20150413_5088481.shtml, 2015 年 12 月 31 日。

③ 郑长宁:《街头表演艺术的管理、情理与法理》,《天津日报》2015 年 1 月 21 日第 13 版。

术的发展中不断摸索出适合城市发展的长久之策。

1. 美国纽约:街头艺人分类管理,具体管理交由表演地点

纽约对街头艺人的管理经历了一个从取缔到有效管理的过程。1935 年至 1970 年间规定禁止街头卖艺行为,之后此规定因为违宪而被取消。①因为街头艺术被定义为以艺术的形式表达言论自由,而"美国宪法第一修正案"明确规定:国会不得制定妨碍言论自由或出版自由的法律。

纽约的街头艺人分为街头艺人、半乞讨性质的表演艺人和纯爱好型艺人三类。街头艺人的表演需要取得政府颁发的合法执照,在规定的场所从事卖艺活动,按商业性活动对待。对于半乞讨性质的表演,在不影响城市正常公共秩序运作的情况下,则不需要任何政府的批准,此类表演如果艺术水准高,报酬还丰厚。而对于不收取捐赠、纯爱好型的街头艺人政府则采取完全开放的态度。

如今在纽约,街头艺人并没有受到统一管理,他们的表演地点决定了其管理部门,并且不同场所会有不同的规定。例如,在公园表演的街头艺人受公园管理处的规范,必须在指定地点进行表演,而且对于表演"摊位"的空间、时间等具体细节都有规定;在地铁表演的街头艺人也会受到地铁运营方的规范,一般情况下地铁运营方会允许艺人在站台卖艺,也曾设立"Music Under New York"的艺术项目来支持艺人表演,但在未经允许的情况下不允许艺人在车厢内卖艺。②

2. 西班牙马德里:设立资质考核门槛,违反规定交罚款

近年来,西班牙各地越来越多的失业者选择成为街头艺人,数量的增加带来城市的嘈杂问题,影响居民生活。为此,西班牙各地区制定了"城市声音环境保护"相关条例。③

首都马德里明确规定,街头歌手需要申请执照上岗,获得执照必须参加政府定期组织的考核。评委评选的两大标准:一是良好的现场表演水平,二是在

①② 成珞:《纽约市:政策环境宽松、塑文化风景线》,《解放日报》2015 年 3 月 9 日第 7 版。

③ 朱婉君:《西班牙如何管理街头艺人》,《新华每日电讯》2013 年 12 月 24 日第 3 版。

不影响邻居和路人的情况下使观众身心愉悦。政府颁发的执照时限为一年,但艺人可以通过申请延长至五年。除此之外,政府对街头表演的具体细节也有规定。例如,街头表演活动区域控制在市中心;两个街头表演"摊位"之间的间隔距离不得少于 75 米;街头表演时间为一天中的 10 点至 22 点(6 月至 9 月可延长至 23 点),并且在西班牙人传统午休时间(15 点至 17 点)不允许表演。①对于违反规定的街头艺人,马德里政府规定了最高 750 欧元的罚款金额。

3. 澳大利亚悉尼:工作许可证和卖艺许可证缺一不可,鼓励艺人长期发展

澳大利亚的街头艺人拥有良好的城市公共氛围,并且每年的"澳洲达人秀"以及其他综艺节目中都有很多街头艺人从街头走上荧幕。澳大利亚政府也鼓励发展街头艺术,并且对此制定了相对完备的管理条例,使街头艺人成为一个受政府监管的职业。

悉尼市政府明确规定了成为街头艺人需要具备的两个条件:其一是申请人需要具备澳大利亚的工作许可,如澳大利亚的税号或公司注册号;其二是申请人必须向当地市政厅申请卖艺许可证,并交纳相应费用②。前者为落实街头表演的税收,后者为落实街头艺人的职业类别。在具体实施过程中,警察主要负责对街头艺人的监管,并会对在固定地点表演的艺人进行身份登记,同时收取税金。由于街头艺人的盈利很难估计,故在交税问题上全凭艺人的自觉。悉尼鼓励街头艺人的长期发展,艺人支付一整年的卖艺许可费会比支付三个月的月费便宜。但是,在悉尼的某些卫星城市,对于街头艺人的批准会相对严格,有些政府部门会选择每年只发放 5 张卖艺许可证,而且每张许可证规定一年表演次数仅为 15 次。③

4. 比利时布鲁塞尔:街头艺人需要持有艺术类文凭,严格规定表演时间和地点

比利时鼓励发展街头艺术,对街头艺人的管理集中体现在首都布鲁塞尔。

---

① 朱婉君:《西班牙如何管理街头艺人》,《新华每日电讯》2013 年 12 月 24 日第 3 版。

②③ 吴启佑、陈诗允、许一鸣:《对上海街头艺人管理法规制订的思考》,《科学发展》2013 年第 10 期。

布鲁塞尔政府对街头艺人的认定和街头表演的规定也相对完备，为城市文化的发展和街头表演的规范起到了一定作用。

在街头艺人的资质认定方面，布鲁塞尔政府规定，每年由市文化办公室主办多场考试，由各艺术专业专家进行评审，申报的艺人通过考试便可拿到由市政府颁发的许可证，艺人即可持证上岗。同时，成为街头艺人也需要持有艺术类文凭，二者缺一不可。在街头表演活动的规管方面，首先，必须在政府在布鲁塞尔辖区内划定的 17 个演出区域，如广场、公园、步行街等地；其次，表演时间规定在一天中的 9 点至 22 点之间，而且每一位艺人在同一地点表演不得超过 1 小时。①

## 四、 我国城市街头表演管理立法的思考和建议

在上海静安区破冰街头表演管理之后，深圳市也于 2015 年 6 月 23 日首颁 68 张《市民中心广场街头艺人证》，对街头艺人实行“资格准入、持证上岗”规范管理。笔者相信，未来将有越来越多的城市进入到这一行列。对此，笔者提出以下思考和建议。

街头表演是城市生活的天然组成，甚至就是城市生活本身。《清明上河图》就描绘了北宋汴京城的街头卖艺者。既然街头表演使人体验到城市生活的完整性，那么，城市对于街头表演应该怀着一份尊重甚至感恩。城市管理部门管理街头表演不应出于居高临下的恩赐或以上压下的强硬。正如“台北市文化局”局长刘维公所说：“我们不是简单地把街头艺人当作城市的文化形象来打造，而是希望让人们从中感受到，文化和艺术就在生活里。让人们有更丰富的城市体验。”②

以商业行为标准区分，街头表演者分为纯爱好型和募捐型，公园和广场里那些自我组织的群众文艺活动就是纯爱好型，募捐型街头表演又可以分为街

① 王钰深：《比利时：管理规定复杂，平衡各方利益》，《解放日报》2015 年 3 月 9 日第 7 版。

② 《台北街头艺人：专业演出者，冷硬城市的“针灸师”》，http://www.chinanews.com/cul/2012/09-07/4166534.shtml，2016 年 1 月 18 日。

头卖艺型和乞讨型,这是以艺术水准区分。因此,无论国内国外,街头表演者往往分为纯爱好型、街头卖艺型和乞讨型三类。这里,首先要明确的一点是,无论哪种街头表演活动,都必须遵守《道路交通安全法》、《治安管理处罚法》以及《中华人民共和国环境噪声污染防治法》,以不扰乱社会公共秩序和影响居民生活为前提。至于对乞讨型街头表演,是禁止、顺其自然,还是如纽约那样采取开放姿态?各个城市可以根据自身情况进行管理明确。

而对于街头卖艺型表演活动的管理立法问题,主要涉及艺人资质及考核、管理主体和表演活动管理三个方面。在艺人资质及考核方面,是否设立"全国粮票"和"地方粮票"两类?因为有很多卖艺者习惯在全国各地流动,如果每到一地就被要求参加当地艺人表演考核才能上街,管理是不是过于刻板?《中国演出行业演员资格认定实施办法》第四条明确,演员资格证书是演员个人从事现场表演工作的资格证明,在全国范围通用。但如果仅以演员资格证书作为街头表演艺人换取街头上岗证,门槛又未免过高,特别是在那些街头表演名额相对宽裕的城市。由于艺人水准参差不齐,随着街头艺人的增多,台北出现了"在一些黄金地段经常欣赏不到真正优秀的街头表演,而是被一些表演平平甚至略差的街头艺人占据"的现象。因此,"全国粮票"和"地方粮票"之间,黄金地段和非黄金地段之间,如何进行有效的资源配置,是街头表演管理立法应做的预案之一。考核制度涉及"全国粮票"和"地方粮票"的考核主体问题,还涉及考核内容和考核标准等问题。虽然每个城市会根据自身情况明确法规,但笔者认为,应确立"艺术面前人人平等"的原则,在艺术水准这个标准面前,没有残疾与非残疾之分,没有白领与蓝领之分,也没有海龟与土鳖之分。

"谁来管街头表演活动?""街头表演出了问题向哪个部门反映?"恐怕管理主体是最挑战当前中国城市政府行政管理体制的问题了。文化稽查部门?文化管理部门?城市管理部门?市容管理部门?公安部门?交通部门?还是税收部门?似乎谁都应该管。但谁都可以管的行政布局结果往往有两个:油水足的谁都要来管,油水不足的谁都懒得管,街头表演明显属于后者。上海静安区专门设立了"大文化"管理格局,但其权威性和长期性有待考察。

最后是管理活动规范问题。这里要规范的是募捐型街头表演活动,此类表演活动属于营业性演出。《营业性演出管理条例》附则第五十六条明确规定,地方政府参照《条例》规定制定“民间游散艺人的营业性演出”的具体管理办法。《营业性演出管理条例》中对演出内容的禁止性规定,同样应该在具体管理办法中予以体现,对于违宪、危害国家主权和领土统一、破坏民族感情、违反社会公序良俗、利用恐怖方式或展示人体变异等行为绝对禁止。同时,根据具体城市环境,在表演者的包装方面、演出场所设定方面、演出岗位分配方面、演出者身份登记和纳税方面、演出安全方面以及管理方的管理规范方面,具体办法内容如何规定也是各城市的街头表演管理立法应做的预案之一。

## 11

# 中华艺术宫开馆三年来的探索实践

中华艺术宫

**摘　要**　中华艺术宫开馆三年来，重点聚焦三大板块建设，在艺术展览展示、艺术教育活动开展、学术研讨交流、媒体推广服务、文化志愿者招募及运营机制创新等诸多方面，取得了显著成效，并积累了一定经验，为"十三五"期间谋求更好发展奠定了基础。

**关键词**　中华艺术宫　艺术　博物馆

2012 年 10 月 1 日，在上海市委市政府的决策下，世博会中国馆改建成中华艺术宫对公众开放试展。在开馆之初，中华艺术宫提出用三年时间打造一个"整洁、美丽、友好、诚实、知性"的艺术博物馆，并设定了三年发展总目标，包含 15 项关键词体系。三年来，中华艺术宫秉持公益的基本价值取向，以学术建设带动"文化生产"，以文教结合推动"艺术服务"，着眼机制创新、着力优化空间、着手丰富馆藏，开拓文化交流、开展学术研究、开创数字博物馆，落实公共文化惠民、夯实公共教育体系、做实配套衍生服务。

## 一、总体情况

自 2012 年 10 月 1 日至 2015 年 9 月 30 日，中华艺术宫共开放 948 天，接待观众近 740 万人次，日均接待量逐年递增，2015 年的日均接待量已经超过 9 000 人次，节假日最高峰突破 36 300 人次；拥有近 7 万平方米的展示面积，举办各类展览 100 余个，展出作品逾 1.8 万件，举办学术活动 90 余场，新收藏近

700件作品；公共配套教育区域约2万平方米，开展艺术教育活动500余场，放映艺术电影1 662场，举办“中华艺术宫之约”专场音乐会38场，各类活动累计参与人次逾20万，招募912名“文化志愿者”，累计上岗服务17万小时，服务观众68.3万人次；设立17个配套餐饮及艺术品衍生服务点，总面积超过3 500平方米，开发衍生产品1 400余款；吸引境内外媒体进行报道约4 200篇次，微信公众平台关注数近37 000人。第三方观众满意度测评达86分，在公共服务类行业中名列前茅。通过了“国家重点美术馆”复审考察，专家组认为中华艺术宫是目前我国“最大、最好、最现代”的美术馆。

## 二、 关于指标体系关键词对照

对照开馆之初所设定的指标体系的15项关键词，在市文广局的直接指导和带领下，经过三年努力，大部分已完成既定目标。下面把15项关键词分三大版块作简要陈述：

### （一）第一版块：秉持学术建馆理念，构建东方文化展示体系

1. “学术研究”传递中国文化核心价值观

一是以中国近现代美术史和世界美术史为学术定位，开展学术研究与展览展示，自主策划推出“海上生明月——中国近现代美术之源”“东方之路——20世纪中国美术的探索”“上海历史文脉美术创作工程成果展”“名家艺术陈列”等一批重要的学术展览并长期陈列，用艺术语言讲好中国故事。二是开展中外艺术家、机构对话研讨等学术活动，如俞云阶艺术研讨会、吕佩尔茨对话会等，编发年报和季度馆刊，出版展览画册，形成了较为完整的学术研究平台及内容载体。

2. “展览策划”注重中外艺术对比同行

在举办自主研究陈列展的基础上，举办了一系列体现中外美术互联、互证、互通的展览，重点创立推出了自有展览品牌“同行——美术馆联合展”，并成为常设展览方式。目前，联展已成功举办两届，分别聚焦表现主义、现实主

义与具象风格艺术,展示了中国艺术与世界艺术之间的关联,以及中国艺术成就的世界意义,借此建构起贯通中外、对话中西的综合展览格局。

3. “文化交流”集聚呈现一批艺术精品

一是继开馆展“来自世界的祝贺——国际美术珍品展”中欧洲国宝级的展品让人记忆犹新之后,米勒、库尔贝、鲁本斯、凡戴克、蒙卡奇、沃尔蒂等一批耳熟能详的重量级名家作品又先后亮相中华艺术宫,为中国观众带来了一道道饕餮大餐。二是结合自有展览品牌“同行”系列展,分别与德国、意大利、俄罗斯等艺术机构进行合作。目前正在策划的2016年“同行”展还将契合国家“一带一路”战略,主动与“一带一路”有关的16家驻沪使领馆联系,旨在集聚“一带一路”国家艺术精品,打造专题展览格局。三是在引进高质量大展的同时积极推荐馆内两大主题展览“走出去”,“三人行——中国当代绘画大师施大畏、许江、罗中立作品展”与“回望海平线——海平线绘画、雕塑展”,均已初步获得俄罗斯、捷克等领馆的合作意向。

4. “鼓励捐赠”助力夯实“丰富馆藏”的积淀

一是确立了以“海派绘画”和“中国当代架上绘画”为主的收藏体系,加强收藏针对性,凸显收藏特色。二是不断完善库房管理制度、加大藏品系统性研究,建立“1+17”市区美术资源联动机制,先后向四个区县的五个艺术场馆配送了馆藏精品展览及配套讲座,提升藏品利用的社会覆盖面。三是在市文广局的指导下,推进“基金会”筹备,开辟资助、募集渠道,吸纳社会资本作为财政有限收藏经费的补充。四是营造社会捐赠氛围、鼓励无偿捐赠,积极与潜在艺术家及其家属等联系,争取无偿或善价捐赠,先后募集了徐悲鸿、哈定、沃尔蒂、瓜亚萨明等名家珍品,丰富了馆藏底蕴。

### (二) 第二版块:秉持标准服务理念,构建艺术服务综合体

1. “公共教育”以丰富多元的教育形式构建艺术服务综合体

一是开设艺术教育长廊,以文教结合的理念聚合普及教育、互动体验、成果展示于一体,为艺术普及教育提供了专业化的场地和艺术品资源,先后举办了“阳光·梦想——全国中小学生书画作品展”等儿童特色教育展览。二是

针对不同的受众采取个性化的艺术教育方式，对幼儿采取亲子阅读、动手体验等方式进行艺术启蒙教育；对中小学生推出“快乐 330”艺术进校园工程，采取现场授课方式进行课本延伸教育；对艺术职校学生开设以学生与艺术“面对面”为主题的现场社会实践教育；对大中专学生采取与学分挂钩的“微课程”教育；对艺术爱好者采取举办“上海美术大课堂”高端艺术系列讲座和“艺文会”文学艺术融合的读书分享会等形式进行普及教育。三是加入艺术电影联盟，长期放映各类艺术电影，并先后举办了“我在岛屿写作”“法国当代动画片展映”“艺心艺意——艺术电影征集展映”等系列专题活动。四是推出每月相聚“中华艺术宫之约”专场演出，精心挑选的艺术作品背景与现场音乐旋律动态结合，升级全感官视听艺术体验。各种体验、演出、讲座、电影等活动，逐步构建起中华艺术宫践行的以展览主题为核心、融多元艺术教育形式于一身的“艺术服务综合体”。

2. 以“数字博物馆”为重点提升“媒体推广”服务的广度与深度

一是在市文广局的支持下，率先在国内试点推出数字美术馆，通过藏品的高清采集和文字鉴赏，以及所有展览的 360 度全景浏览等形式，突出艺术教育，实现从藏品展示到藏品研习、从参观浏览到互动体验、从向观众开放到为观众服务的转型。二是推出微信公众号和 APP，功能错位，体验互补。经过两轮改版，微信已经升级为集信息发布、在线导览、预约互动等各种功能为一体的服务号，重点讲好展览的外延故事，成为公众自发传播的便捷平台。APP 则以数字三维导览地图为重点，逐步解决大型场馆导向复杂的实际问题。三是全面启动了馆内数字资产管理系统建设，从源头开始抓起，重点推行藏品电子化管理，为进一步整合利用各类资源夯实基础。四是充分利用传统媒体、新媒体、专业媒体等各类载体的错位优势，通过新闻发布、信息推送、深度报道、抢票活动等形式，加大外宣力度，扩大了中华艺术宫的知晓率和吸引力。

3. “公共服务”立足标准化，“衍生服务”力求精细化

一是积极参与的国家旅游标准化示范试点通过中期评估。发起撰写的《博物馆、美术馆服务规范》成功申报上海市地方标准，为上海文博旅游事业发展填补空白。二是在大客流形成常态的基础上，设定三级应急响应，实时根

据在馆人数,采取多种方式疏导客流,保证观众和展品安全。三是通过招募、培训、自我管理的方式,建立起一支稳定的、专业的"文化志愿者"队伍,活跃在教育活动、展品讲解等现场,并配合重大展览坚持制作、提供中英文语音导览供观众自主选择。馆内这支志愿者队伍获得了全国"美术馆优秀志愿者"称号。四是设立艺术衍生品商店、艺术书店、艺术沙龙以及餐饮、休息区等各类配套服务点。积极开发衍生产品,保持价格亲民,让观众能够在观展之余"把博物馆带回家"。

### (三) 第三版块:秉持机制创新理念,构建一流艺术场馆

1. 依托"策展人制度"打造优秀人才"队伍建设"

一是通过内部竞聘选拔中层干部,通过社会化竞聘引进一批人才,通过岗位轮换培养一批复合型人才。二是在展览策划执行中,创新建立"策展人"与"项目负责人"工作机制,拿出实际项目"哺育"展览人才梯队,激发人才积极性,"海上烟波——陈澄波艺术大展""补白·添彩——哈定艺术成就回顾展""墨西哥三人展"等优质展览陆续展出,取得良好社会效应。三是坚持入职培训和岗位培训,提升工作人员的专业能力和业务水准,增强人才向心力。

2. "绩效评估"强化全馆社会责任意识

一是始终牢记"全国重点美术馆"的责任与担当,坚守中华优秀传统文化,弘扬社会主义核心价值观,于2015年通过了全国重点美术馆复审,是上海地区唯一的一家。二是委托第三方评估机构进行了两轮观众满意度测评,得分均超过86分,在同行业中名列前茅。通过测评,获得了第一手资料,为后续提供更精准化的艺术服务提供了科学依据。

3. "功能空间"改造营造良好观展氛围

一是开馆后继续对局部功能空间进行优化改造,尽可能多地用于展览呈现,目前共有35个大小规格不一的展厅,恒温恒湿系统、专业展柜设施、LED节能展示灯等配套齐全,专业化的场地与管理为馆内各项展览的开展提供了强有力的支撑,也获得了国内外艺术机构的一致赞誉。二是不断完善出入口、

广场、户外大屏等设施，开放公众停车场并在全市率先设立新能源汽车充电桩，开辟公共休息区域，引进价格合理、选择多样的餐饮与商业服务，合理布局添置绿化，进一步提升公众便捷、温馨的观展氛围。

4. “机制创新”运营架构有序推进

我们试图建立有别于传统美术馆的运行机制，参照国际艺术博物馆运行经验，逐步按照“三位一体”运营架构进行机制创新。目前，“学术委员会”已成立并进入常态运行，以更好地把握学术发展方向，确保学术价值评判的客观公正。“董事会”与“基金会”也在市文广局的指导下有序推进中。希望通过“三会”制度，进一步加强科学管理水平，打通资本筹措渠道，为中华艺术宫可持续发展奠定坚实基础。

## 三、几点感受和思考

三年来，在上海市文广局的指导下，我们按照《三年行动规划》要求，各方面均取得了一定的成果和积累。同时，对标《规划》目标和当下国内国际美术馆发展新态势，我们也发现并反思了一些不足，需要在今后的工作中进一步“破题”。

### （一）三点感受

1. 架起艺术与大众之间的桥梁，坚守文化自信，弘扬主流价值是美术馆的基本坚守

中华艺术宫是面向社会公众，承载、展示、传播先进文化的主阵地，通过艺术作品，将蕴含其中的民族文化和真善美传递给人民，成为公众享受高雅艺术、接受文化熏陶的殿堂。三年来，中华艺术宫始终坚守中华民族的文化自信，以中国自身的文化需求和文化判断为基础，通过文化再生产，集结了一大批反映中国文化发展历史篇章的展览和作品，并与西方文化同场呼应，既顶天在国际视野中积极构建中国艺术的理论体系，讲好中国故事，又立地在广大市民百姓中弘扬核心价值观、传递文化正能量。

2. 履行公共文化服务,通过艺术美育逐步提高全民族文化素质是美术馆的基本职责

中华艺术宫是市委市政府加强公共文化建设的重要举措,承担着面向社会公众开展公共服务、提升艺术美育的重要职能。因此,在筹建开馆之初就明确并始终秉持这艺术服务人民的立馆之本,坚持公益性的基本价值取向,一手抓学术、一手抓教育。运行过程中,在市文广局的指导下,提出并积极践行"艺术服务综合体"的理念,在提前介入展览策划,把握展览主题与重点内容,配套做实常规讲座等普及教育活动之外,一方面深化"文教结合",充分利用馆内资源,与市教委、美术机构联手,针对不同年龄、层次的对象,推出不同的美术教育方式并形成品牌;一方面从单一门类转向综合艺术方式,开启电影、音乐、讲座、表演、数字化等各种形式的跨界综合,催生"大艺术"体验在中华艺术宫绽放出了新的光彩。

3. 加强标准化建设,夯实规范管理,是美术馆可持续发展的基本保障

中华艺术宫既是承载着世博印记转型发展的一个典型,也是上海城市文化发展的一个缩影。三年来,文化与旅游热点呈现叠加效应,"化学反应"不断增强,但同时,作为目前国内体量最大的综合型艺术场馆,没有现成经验可供参考。因此,我们一方面继续依靠世博期间的专业管理团队,保证基础设施设备和公共服务的稳定运行;另一方面狠抓源头管理,从运行中总结提炼,把标准化体系建设放在统领的重要位置予以推进,从观众服务着手,制定规范、细化实施、明确职责、协调联动,在提升自身服务水准的同时,为上海乃至全国的艺术博物馆提供了借鉴和示范,在第二轮国家重点美术馆评估过程中得到各方专家肯定。

同时,针对近年来国内外美术馆的蓬勃发展以及部分展览运作所引发的社会现象,我们也进行了一些思考:

### (二) 两点思考

1. "大而全"的艺术宫也要借鉴"小而精"的民营美术馆所长

中华艺术宫是国内体量最大的美术馆,展厅数量、展览数量、展品数量相

对较多,其中不乏重点展览与精品力作。在展览洽谈时,馆内相关部门都会先期跟进,比如教育部开发有针对性的教育活动;信息中心搜集基本素材,挖掘展览背后的故事,既利用微信等自由公众平台逐步预热,同时也为各大媒体提供内容和线索,应该说也取得了一定的成效。但是,对比一下近年来上海一些规模较小的美术馆和民营美术馆,他们更善于抓住自身展览中的 1—2 个亮点倾尽全力,无论是在宣传推广、互动体验还是衍生品的设计推介等方面都给我们带来了不同的启发。谁能想到一张纸本画作都没有,被戏称为 PPT 演示的“不朽的梵高”展能如此火爆？谁又能想到去淋一场根本淋不到的雨也能刷爆微博与朋友圈？其中有不同展馆基于不同的定位、不同的体制机制所带来的办展理念和可实施政策的不同,但其从人本体验出发,更具活力的市场运作方式还是值得我们借鉴的。

2. 艺术人才队伍建设永远在路上

中华艺术宫在成立之初即明确将学术作为兴馆的第一根本、将人才作为兴馆的第一资源。三年来我们也进行了多种探索:尝试推行了策展人和项目负责人制度,用实实在在的展览项目“哺育”人才;尝试聘用了国内一流策展人,充分运用“外脑”智慧作为有效补充;在国外展览对接时,指派专业人员跟进学习;鼓励学术人员在各种学术期刊上发表研究成果,提供学术成果转化平台,等等。但是,就现阶段馆内人员的数量和质量,如同此次在“国家重点美术馆”复审中了解到的和国内其他大部分美术馆一样,存在着编制人员较少,作为美术馆立馆之本的艺术专业人才长期处于不足的状态,其中既缺乏资深专业的学术研究、策展等人员,也缺乏美术管理、美术行政、美术教育、美术培训、美术服务、开发设计等在内的各种人才,与事业发展的长远需要相比确实存在一定差距。除了在条件合适的情况下通过事业编制招录合适的人才外,对内如何探索建立人才培养机制,尤其是争取与亚洲乃至国际一些知名美术馆共建合作,提供培训的机会;对外如何规范“借用”专业团队和人员的“外脑”,集众之长,补己之短是我们现在可以做,也正在努力尝试的。

## 四、未来设想

目前,中华艺术宫正在总结的基础上着手制订“十三五规划”。总体设想是:以改革的精神和姿态,紧跟世界艺术博物馆发展动态,进一步创新和深化专业化、社会化管理机制,建设具有学术前沿阵地、完善教育平台、精准艺术服务的东方艺术特色的国际性综合艺术博物馆,引领国内艺术博物馆发展趋势,提升国际影响力。

具体将在两方面的管理上下功夫:一是在核心业务上,牢牢抓住学术这个基石和教育这条生命线,进一步加强与国内外知名美术馆的长期合作,提升学术研究和展览策划品质,增强核心品牌竞争力;扩大藏品收藏范围,加大藏品管理力度;深化“文教结合”,拓展“启蒙”“认识”“休闲”三重教育理念;顺应信息化发展趋势,丰富数字化服务体系的载体和内涵,提升中华艺术宫整体形象的文化识别度和社会传播力。二是在保障管理上,牢牢抓住机制、人才和标准化三个环节,进一步创新管理架构与运营模式,逐步完善“三会”制度,在现有学术委员会基础上拓展建设核心智库,提供智力支撑;多元打通资本渠道,拓展财政之外的经费补充。创新人才培养与吸纳机制,深化策展人负责制建设,与日本冈田美术馆等建立培训基地,探索美术馆馆际联动、社会组织举手支持、市民大众参与互动的共办方式。依托企业标准的基本建立,细化丰富并逐步提升公共服务体系标准,做好社会宣传和舆情反馈,巩固绩效评价机制。

开馆以来的三年,是在市文广局的指导下艰辛创业的三年,期间有过困难,更有积累和收获。面对未来,我们依旧任重道远,我们将立足三年沉淀下的基石,拾阶而上,积极开辟更为崭新、广阔的未来。

# 12
# 上海当代艺术博物馆运营三年来的实践

上海当代艺术博物馆

**摘 要** 上海当代艺术博物馆开馆三年来，形成了自己别具一格的办展策略，努力坚持学术定位和国际视野，聚焦城市文化艺术，打造自身策展品牌，同时注重艺术公共教育、文创艺术生活化实践及新媒体营销宣传，为展馆功能向深度化拓展打下了一定基础。

**关键词** 当代艺术馆 策展 创新

从2012年到2015年，从新生儿到青春期，上海当代艺术博物馆成立伊始就被赋予了“时代文化领跑者”的历史使命。三年间，它不断夯实学术定位，建立起了稳固的人员队伍。目前在职人员共48人，男女比例5∶7，借调人员占比14.6%，硕士及以上学历占比45.8%。正是借助这样一支队伍，当代艺术博物馆肩负起了向上海市民普及国际当代艺术文化的职责，通过系统的学术规划，深入的公益教育，符合市场需求的文创生产，逐渐成为了中国大陆当代文化机构中的标杆。本着“创新、创意、创造”的精神，上海当代艺术博物馆团队，依靠自身齐心协力的不懈努力，正向着力争实现办馆水准“亚洲一流”的目标不断迈进。

## 一、 展览与学术研究

三年来，当代馆在上海市文广局艺术处和学术委员会的监督、指导下，本着学术与普及互动，国际视野和本土关怀交织的原则，举办了28个大型展览。展出作品包括绘画、摄影、装置、雕塑、影像、新媒体等艺术门类，涉及建筑、设计、音乐、文学、哲学、社会学等学科,凸显了当代文化生产的多样性,以通感和多重时间叙事为手段,为观众提供生动而具有启发性的观看、学习和交流体验。其中,自主策划、国际合作、特邀策划展览的比例为 10∶11∶3;建筑及设计类展览和视觉艺术展览的比例为 1∶1;群展和个展的比例为 10∶13。

经过三年的探索,当代馆形成了如下办展策略:

### (一) 学术委员会保障学术定位和学术视野

上海当代艺术博物馆学术委员会自 2013 年成立以来,高效运作,对各项展览及收藏的学术价值先期给予国际性的宏观判断,确保本馆投资的每一个展览和收藏作品的学术前瞻性,从而保障了当代馆学术策略的可持续发展。

### (二) 打造国际艺术交流平台,吸收先进运作和管理理念

三年来,当代馆的国际合作伙伴延伸拓展至欧美和亚洲的重要博物馆、美术馆、学校和画廊。包括与巴黎蓬皮杜中心合作举办“电场:超越超现实”艺术展,与美国匹兹堡美术馆合作举办“安迪 · 沃霍尔:十五分钟的永恒”艺术展,与巴黎市立现代艺术博物馆及巴黎原始艺术博物馆合作举办“谜途:时间 · 空间 · 织毯”艺术展,与巴黎大皇宫合作举办“伊利亚和艾米莉亚 · 卡巴科夫:理想之城”艺术展,与东京工业大学博物馆合作举办“篠原一男建筑展”,与英国皇家艺术学院合作举办“新世代英伦创造:走进赫斯维克工作室”艺术展,与美国现代艺术博物馆合作举办“伯纳德 · 屈米——建筑:概念与记号”艺术展等等。通过与这些国际专业团队的紧密合作,当代馆团队通过现场学习实践,办展能力获得显著提升,在吸取对方经验和理念的同时,根据国情和自身条件,摸索开创出了团队建设和学术研究的一套新方法。

### (三) 在收藏经费紧缺的条件下立足上海,通过提供策展和文献服务争取收藏

当代馆展示的并非孤立的展品,而是展览诞生的过程。所有的展览均经过这样一条呈现流程,也就是:系统的理论梳理—视觉和空间的转化—寻找当

下的对话者—媒体激活。上海是中国最先进入现代化发展阶段的城市,也是中国波普和抽象艺术的发源地,东西文化在自然而然的过程中,经历碰撞、交流、交汇与融合,从而孕育出了一大批敏锐而卓越的艺术家。自2015年起,当代馆精编研究队伍,对这两块内容进行深挖,将在2016年和2017年推出余友涵和李山等艺术家的个人展览,并配合开展文献收藏计划。这套集研究、展览、文献、收藏为一体的工作模式将为吸引全国艺术家资源打下一定的基础。

### (四)聚焦城市文化,成为生活美学和消费现象的转述者

博物馆是城市的产物,城市是由不同人所构成,相似的人无法让城市存在,而城市的多样和无序性恰好是艺术的生命之源。当代馆注重对都市现象的视觉表达和文本阐释,已经举办的“Copyleft:中国挪用艺术”和随后也将推出的“市民都会——上海,作为现代化城市样本”展,都将是这一主题下的具体展开。希望借此为市民带去一份日常的奇迹,提供一个观看城市的新视角。

### (五)建筑展览,成为市民进入当代文化讨论的“绿色”通道

当代馆是全国第一个将“城市建筑和空间”纳入研究和展示体系的文化艺术机构。2013年至今,已先后推出“篠原一男”“移动建筑——尤纳·弗莱德曼”“新世代英伦创造:走进赫斯维克工作室”“渐渐件件——伦佐·皮亚诺建筑工作室”“藤本壮介展:未来之未来”等世界重要建筑师的展览。建筑展览在当代馆倍受宠爱,观众人数几乎位居首位,已成为当代馆一个独特的标志。建筑可谓是综合装置,它与政治决策、社会权力、社会阶级、功能、结构、审美密切相关。当代馆从普通人对切身生存和居住环境的忧虑和关注出发,以“建筑空间是对人的终极关怀”为母体,潜移默化地为艺术爱好者们打开了进入社会文化议题讨论的绿色通道。

### (六)扩大双年展影响力,打造当代馆新品牌“青年策展人计划”

创立于1998年的上海双年展,是中国大陆第一个国际性双年展,是亚洲最重要的双年展之一,也是国际知名双年展(2014年排名世界第16位)。继

2014 年第十届上海双年展“社会工厂”获得国际媒体空前高度好评后，当代馆总结经验，继续突出主导性，同时积极发挥海外专业公关团队和国际自媒体的力量，继续维护并扩大其国际影响力和话语权。“青年策展人计划”是当代馆2013 年创立的年度学术品牌，今年将举办第二届。它弥补了国内业界对策展人和艺术评论的漠视，以抵抗过度消费的方式，从展望并把握未来，以中国策展人关注中国艺术家为原则，以培养青年策展人和艺术家为目的，为年轻策展人和艺术家提供展示的舞台，力求获得国内学术界的高度认可。

### （七）注重文献梳理，高品质出版物成为当代馆艺术态度的延伸

开馆至今，自主策划—编辑—设计的画册和专著共计 17 册/系列（跨视觉艺术、哲学、社会学、建筑类）；馆刊《电报》（全年 4 期），深受艺术与设计爱好者、在华外籍人士等人群的喜爱。

## 二、公共教育

### （一）以“教育即交流”的理念，打造“教育体验中心”

补充课堂教育知识的不足，打破传统艺术教育过分强调技术和唯一答案的陈规，以启发的方式营造全面的艺术知识领域，为不同年龄和知识背景的人揭开艺术的面纱，提供路径。目前，馆内已形成以论坛、讲座、活动、演出、放映、工作坊和会员机制共七大板块构建的公共教育服务框架，涉及艺术史、文化批评、文学、社会学、哲学、建筑、新媒体、影像、声音、灯光等领域。影响面覆盖几十万普通市民，三年内，当代馆举办公益活动八百余场。2013 年被评为“上海市民终身学习文化艺术体验站点”，2014 年被评为“上海市未成年人暑期优秀活动项目”体验站。

### （二）多样的活动形式探索公共教育新思路新方法

作为年度品牌活动的“电场 12 小时”，每逢“十一长假”举行，为上海市民准备了从早 9 点至晚 9 点的长达 12 小时的文艺表演和活动。其中“1 顿

半”实验音乐的表演已形成了一些固定的参与群体，从第一年的 4 场至今年的 6 场，参与人数达6 000 人，尽管剧场场地有限（最大容量 400 人/场），但是参与的观众都报以热情和期待。

2013 年成立的“小蜜蜂导览”是当代馆首创先行的特色导览，让受过培训的青少年导览员为同龄观众导览，以启发和通感的方式扩大艺术教育的深度和广度，让当代艺术贴近生活，减少当代艺术的疏离感。

2014 年除了基本教育活动外，另根据每个展览特点开发“教育互动区”，通过多种形式进行文化普及的探索。每周末举办的讲座、导览、儿童体验活动免费向艺术爱好者开放；不定期举办的工作坊、演出等以低票价回馈观众。

## 三、 文创开拓

以“店铺”为创意启发，将“电铺”以艺术形式带入生活。当代馆作为一个艺术衍生品的诞生地，与展览、工作坊相结合的设计展示空间，始终不忘让切切实实的艺术设计转化为生活物件，力求让艺术不再远离生活现实。截至目前，当代馆“游击店”共自主开发 35 件生活物件，6 个类别，与展览相关的衍生品达 20 件。当衍生品与观众发生了生活联系，无形中也就会对人们的生活方式产生积极的影响。当代馆坚持“创新、创意、创造”融入生活，以一种优雅独特的方式，启发人们感知展览的审美体验。

## 四、 媒体开发和拓展

### （一）优化自媒体，最终形成网络的“蝴蝶效应”

目前，当代馆拥有微信服务号、微信公众号、微博、豆瓣、Facebook 等自媒体平台。微信共 5 万余人关注，在最新一期的“中国艺术机构自媒体排名”中上升至第三位。通过这样一种快捷平台，不仅仅只是起到宣传作品，更是以传播思维重新建构美术馆的工作，以专业而亲民的形象构建起观众与美术馆之间的密切联系。

### (二)整合海内外媒体资源,放眼国际媒体平台

当代馆经过三年的努力办展和发展,通过与各类国际学术交流,发展了一批海外传媒记者及媒体平台。特别是举行重大展览例如“上海双年展”,更是吸引了亚洲、欧美的媒体,多国语言来报道当代馆和展览。通过三年的积累,共收获海内外媒体报道 4 600 余篇。

### (三)应对复杂多变的网络舆情,进行及时、有效、积极的解释和疏导

遭遇突发状况时,通过对现实问题的深入分析,在最短时间内规划解决方案,并及时公告,以抓住舆论引导的主动权。同时注重在长期监测和及时沟通的基础上,强化对自有媒体宣传的有效管理。

## 五、 当代文化服务功能向深度和生产性发展

### (一)设计中心

2016 年即将开幕的“设计中心”旨在探讨设计文化背后的成因,引发再思考,推动中国当代设计找到自身的文化价值和身份认同。

“设计中心”位于当代馆 1 楼(由普利兹克建筑奖评委张永和设计),通过空间上来衔接博物馆与城市公共区域,将结合展览、工作坊、讲座、商店、咖啡厅等功能,打造展览、教育、休闲生活的无边界模式,为参观者提供更生动的互动体验,重新审视日常生活,发现设计思维的力量。

### (二)文献库——数字美术馆

文献库的实体包含了公共图书馆的阅读功能,也兼具展示文献、举办文献展和相关艺术教育活动的功能。是集研究、出版、教育于一体的艺术再生产、再创造的新空间,同时也是实体与虚拟相结合的新概念。

文献库是对馆内其他消费性服务的补充,一部分对专业人士开放,另一部

分服务于艺术爱好者,希望成为一个最有亲和力的当代艺术教育平台。此外,我们更希望依托文献资料打造当代馆自己的当代艺术研究中心,通过对史料的研究培养当代馆自己的研究队伍,将自己的研究成果进行多渠道多类型的传播(包括电子出版、数字平台的建设等)。

目前该项目的准备工作正在进行空间改造方面,邀请了日本著名的建筑设计师坂本一成先生进行文献库设计,以突出人性空间为重点。根据设计,2016 年开放的文献库可储藏书籍 8 万册,其中开放区开架阅览 58 500 册,并且在开放阅览区可同时容纳 300 位读者。运营和资源获取方面,利用数字化进行线上线下的资源分享,充分发掘文献库资源的价值。多方联系艺术家、学者、藏家进行文献捐赠。

### (三) 基础设施的完善和改建

当代馆力求在硬件和服务上,为每一个参观者提供舒适温馨的体验。但是由于基础条件存在诸方面的不足,所以需要一定时间逐项优化。2016 年,当代馆希望就户外绿化、洗手间、观众休息区、库房进行重点改建,为下一个三年做好舒心安全的铺垫。

# Ⅳ　节庆活动研究

## 13
## 上海国际艺术节评估标准初探

戴宇菲　张　敏*

摘　要　随着第十七届中国上海国际艺术节圆满落幕，艺术节对于城市发展、文化生活的作用日益凸显，社会各界对艺术节的关注与日俱增。艺术节服务于艺术追求，尊重艺术个性，已经成为社会共识。纵观全球各地，各式各样的艺术节五花八门，几乎可以说有多少个艺术节，就有多少种办节模式。与此同时，每年都有新的艺术节诞生，也有旧的艺术节停办。为了实现艺术节的繁荣与可持续发展，有必要委托专业机构针对艺术节开展评估，为艺术节不断改进完善提供依据。本文围绕什么样的艺术节更适应城市发展与社会大众的需求这一问题，集中探讨艺术节的衡量标准和指标体系，希望通过文献分析和国

* 张敏，复旦大学文艺学博士，上海大学上海电影学院教授/博士生导师，上海会展研究院执行院长，上海会展协会副会长；主要研究方向为会展传播学。戴宇菲，上海大学上海电影学院研究生，上海会展研究院实习研究员，主要研究方向为会展传播学。本文为国家社科基金规划课题“全球化视野下国际会展业发展比较研究”（13BGL086）的阶段性成果。

际比较,总结归纳艺术节的功能与属性,进而综合利用内涵分析、效应分析和相关属性集合等方法,构建由功能标准、内容标准、效果标准和管理标准组成的艺术节评估指标体系,一方面为提高艺术节的社会效益和经济效益提出可操作性建议,一方面推动艺术节评估不断实现科学发展。

关键词　艺术节　评估标准　指标体系　国际比较

## 一、文献综述

国外已有的艺术节研究涉及文化、旅游、经济和城市等多个学科领域。随着国际节庆协会(IFEA)、民间艺术节组织国际委员会(CIOFF)等行业机构的出现,节庆及艺术节研究的深度和广度不断延伸。现有艺术节研究专著数量不多。国外主要是针对某个或某些艺术节的实际情况进行定量研究,从共性和特性上得出研究结论。国内对艺术节的研究自1990年代起活跃至今,然而研究成果尚不丰富。艺术节在我国形成和发展的历史不长,相关研究在学术界属于新兴领域,涉及不同学科。

文献调研和互联网搜索发现,艺术节资料主要以相关新闻和专题报道为主。艺术节研究大多从审美形式、舞台设计、广电传播等角度进行。有研究从传播学角度对南宁国际民歌艺术节与传统歌会进行对比,从传播主体、传播工具、传播内容等方面总结艺术节的传播特征。①但是对"艺术节评估"进行关键词检索获得的相关文献寥寥无几。艺术节评估目前仍然是艺术节研究的一个空白。就学术探讨而言,艺术节评估研究任重而道远。本文试图通过比较研究,对艺术节的评估方法、评估体系、评估标准做出初步探索,抛砖引玉,以期未来。

---

① 张超:《艺术节的品牌沟通》,上海大学硕士论文,2013年。

## 二、 艺术节的内涵与作用

### (一) 艺术节的起源与发展

早期艺术节可以追溯到古希腊城邦时代。公元前六世纪,雅典工商业兴旺发达,对外贸易扩大,农业和手工业生产技术不断进步。那些原本流行于乡村邻里的庆祝丰收、祭祀酒神和农神的节日,包括歌舞和仪式表演,广为流传并被引入城市,逐渐演变为全国性节日,统称"酒神大节"。戏剧节是"酒神大节"最重要的组成部分,以戏剧比赛的形式出现。戏剧节上演的新作通常广受追捧。

世界上最为古老且延续至今的艺术节是创立于1869年的法国奥兰治国际歌剧节。①艺术节的蓬勃发展出现在二战后至1960年代,活动范围由欧洲扩展到世界各地。当时欧洲各国急于抚平二战创伤,普遍渴望和平、注重国际关系、重视国家和城市认同,致使艺术节大量涌现。世界上著名的国际艺术节,大多出现于这一阶段。

**表1 创办于1945年至1969年间的世界著名艺术节**

| 地 区 | 国 家 | 艺 术 节 名 称 | 创办时间 |
|---|---|---|---|
| 欧 洲 | 英 国 | 爱丁堡艺术节 | 1947年 |
| | | 锡德茅斯国际民俗艺术节 | 1955年 |
| | | 哈罗盖特国际艺术节 | 1965年 |
| | 德 国 | 柏林艺术节 | 1951年 |
| | 法 国 | 亚维侬国际艺术节 | 1947年 |
| | | 普罗旺斯国际音乐节 | 1948年 |
| | 荷 兰 | 荷兰艺术节 | 1947年 |
| | | 欧贺瑞夏日艺术节 | 1961年 |
| | 奥地利 | 维也纳艺术节 | 1951年 |
| | | 奥地利夏日音乐节 | 1969年 |
| | 西班牙 | 格拉纳达国际音乐舞蹈艺术节 | 1952年 |
| | 卢森堡 | 欧洲露天剧场艺术节 | 1960年 |

① 中国上海国际艺术节中心:《世界艺术节地图》,上海文艺出版社2005年版。

续表

| 地　区 | 国　家 | 艺 术 节 名 称 | 创办时间 |
| --- | --- | --- | --- |
| 欧　洲 | 捷　克 | 布拉格之春音乐节 | 1946 年 |
| | | 捷克国际音乐节 | 1966 年 |
| | 挪　威 | 卑尔根国际艺术节 | 1951 年 |
| | 芬　兰 | 芬兰国际歌剧节 | 1967 年 |
| 美　洲 | 加拿大 | 斯特拉特福艺术节 | 1952 年 |
| 亚　洲 | 日　本 | 大阪国际艺术节 | 1958 年 |
| 大洋洲 | 澳大利亚 | 珀斯国际艺术节 | 1953 年 |
| | | 阿德莱德艺术节 | 1960 年 |

目前,世界各地的艺术节总数达 1 万多个。在英国,艺术节成为城市文化生活的重要组成部分,每年举办的各种类型的艺术节超过 500 个。美国每年有超过 600 个以上不同表演类型的艺术节。[①]我国目前初具规模的艺术节近 500 个,[②]其中比较著名的包括中国上海国际艺术节、香港艺术节、澳门艺术节、台湾国际艺术节、南宁国际民歌艺术节等。

## (二) 艺术节的内涵

### 1. 艺术节的定义

世界上不同类型、不同规模的艺术节不胜枚举。与之相应,“艺术节”的定义各有侧重。本文着重讨论的是,“在确定的时间内所举办的一个有明确主题并且公开化的文化艺术活动。”[③]此类艺术节发源于古希腊,繁荣于二战后的欧洲。作为本文的研究对象,“国际艺术节”特指由特定城市定期举办的具有国际化视野、跨文化交流与合作模式的艺术类综合性节庆活动,范围包括音乐、舞蹈、戏剧、曲艺、杂技等表演艺术,形式包括开闭幕仪式、展示演出、节目交易、专题论坛等,能够体现一个城市的国际形象、文明程度、跨文化交流能力

① 资料来源:《第十四届中国上海国际艺术节论坛——文化多样性与跨文化合作》论文集,第 303 页。

② 何加正、廖玨、王忠林等:《中国节庆大全》,人民日报出版社 2010 年版,第 1 页。

③ 吴淑玲:《台湾国际艺术节建构之研究》,台湾南华大学美学与艺术管理研究所,2001 年。

与国际合作能力。中国上海国际艺术节、爱丁堡艺术节、亚维侬艺术节等,均属于本文探讨的范围。

2. 艺术节的类型

(1) 综合性艺术节。综合性艺术节是指涉及艺术门类较为庞杂、节事规模较大、举办期较长的文化艺术活动集合体。综合性艺术节以政府主导策划组织为多,但也不乏具有长期民间基础的艺术节事转化而来的综合型艺术节事活动。综合性艺术节具体包括柏林国际艺术节、爱丁堡艺术节、悉尼艺术节、香港国际艺术节、新加坡国际艺术节、墨尔本国际艺术节、中国上海国际艺术节等。

(2) 专题性艺术节。专题性艺术节是指以某一艺术门类作为其主要构成内容的文化艺术活动集合体,例如音乐节、歌剧节、戏剧节等。比较有代表性的有波恩贝多芬音乐节、梅纽因国际音乐节、德雷斯顿当代音乐节、布拉格之春音乐节、维罗纳国际戏剧节、慕尼黑歌剧节等。

(3) 边缘性艺术节。边缘性艺术节以目标受众较窄为特点,一般由其独特的定位而引发特别关注,与主流的艺术节定位有一定距离。例如英国的巴斯边缘艺术节,每届为期 2 周半,以传统艺术和新潮文化的结合为主导倾向,表演内容从流传欧洲大陆达数世纪的街头戏剧、经典的俄罗斯马戏、20 世纪初盛行德国的卡巴莱歌舞表演,到 21 世纪的数码艺术和多媒体、实验戏剧,跨越过去与现在、传统与现代。1981 年首届举办,即获得欧洲年度十佳边缘艺术节称号。又如新加坡实践剧场是以“战争与艺术”为主题的边缘艺术节,通过艺术的形式,深入浅出、潜移默化地使观众了解战争的残酷,体会人性的悲剧。

### (三) 艺术节的作用

1. 艺术节对城市发展的作用

艺术节的兴起和发展有着悠久的城市文化传统。不难发现,大多数艺术节都以举办地城市命名。这是因为“艺术节对提升城市文化品位和城市整体竞争力有着重要作用。它通过感官直接性、艺术审美魅力及所呈现的城市文化,吸引了大量的客流与注意力,具有显著的社会整合意义和文化认同价值”。①

西方艺术节的理论与实践特点之一,是“注重艺术节与城市的互动关联,特别是艺术节对城市形象、城市经济的影响和效应的关联”。②首先,艺术节为当地创造高额产值,“对地区经济产生影响”。③艺术节“在组织、运转过程中必然发生一些经济活动;艺术节必然带来人流,而人流的往来与逗留又必然产生一定的经济效益”,④体现了艺术节的经济价值。艺术节对其他产业的带动效应也会形成高额产值,如旅游业、宾馆业、餐饮业等。“艺术节通过创造艺术需求、加强场馆基础设施、鼓励当地创新以及活跃当地参与的方式发展艺术产业,促进旅游业和城市的可持续发展”。⑤其次,艺术节是提升城市吸引力、塑造城市品牌形象的重要途径。二战后,欧洲通过举办大量的艺术节来增强城市的观光吸引力。

2. 艺术节的文化价值

陈圣来提出艺术节是城市的文化呈现,提升城市人民生活的文化体验与品质,更是泛娱乐化挤压下城市文化的价值取向,能够培育城市的精神内质。⑥沈世伟总结了国际民间艺术节的人文价值在于强调平等、宽容、友爱的精神,文化价值在于提供一个不局限于专业圈子的普罗大众的交流平台。

3. 艺术节的其他作用

对艺术节作用的观点,除了比较集中于促进城市发展和满足人民精神需求之外,还有社会改革和城市动员的作用,比如南非艺术节“促进南非国家从

① 张敏:《艺术节与城市发展》,http://whb.news365.com.cn/jjsh/201209/t20120917_680782.html,2012 年 9 月 17 日[2014-02-15]。

② 周正兵:《艺术节与城市——西方艺术节的理论与实践》,《经济地理》2010 年第 1 期,第 59—64 页。

③ Saayman M, Saayman A., Does the location of arts festivals matter for the economic impact? Papers In Regional Science, 2006, 85(4):pp.569—584.

④ 沈世伟:《法国国际民间艺术节初探》,《浙江工商职业技术学院学报》2005 年第 2 期,第 44—47 页。

⑤ Quinn B., Arts festivals and the city, Urban Studies(Routledge), 2005, 42(5/6):pp.927—943.

⑥ 陈圣来:《品位艺术:一位国际艺术节总裁的思考与体验》,上海三联书店 2009 年版。

种族制度走向民主制度”,①爱丁堡艺术节已经成为城市再定位和凝聚民族自豪感的重要途径,新加坡艺术节通过展示当地人才及其作品、代理新作品,对推荐当地人才进入艺术主流发挥了重要作用。对于某些国家来说,艺术节甚至影响到国家的战略定位。如 Robertson M & Chambers D & Frew E(2007)的研究证实,爱丁堡国际艺术节对爱尔兰国家战略具有重要影响。②

## 三、 艺术节评估标准研究的意义

### (一) 学术价值

在学术层面,节事活动(Festivals)在理论、方法和行为上的复杂性引起越来越多的重视。然而令人遗憾的是,对于艺术节的研究仅限于作为节事活动或其他领域的附属品与参照物,相关机构与专家学者倾向于将之归结为城市事件。国际节庆协会(IFEA)与节事专家 Gets 将艺术节(Arts Festivals)同节日(Festivals)一起归入事件(Events),③Roche 则根据市场和媒体关注两个因素将艺术节归于大型活动(Mega-event)。④因此,作为节事活动的重要分支之一,艺术节在学术上至今还未形成专属的理论体系。本研究对于艺术节研究的学术贡献,在于论证和构建行之有效的艺术节评估方法及标准体系,将艺术节视为特定表演艺术的社会沟通活动;在此基础上,对其沟通效果的评价体系开展建构性探讨。

### (二) 实践价值

对比国内外艺术节的发展现状,可以发现国外艺术节历史悠久,发展成

---

① Snowball J, Webb A., Breaking into the conversation: cultural value and the role of the South African National Arts Festival from apartheid to democracy, International Journal of Cultural Policy, 2008, 14(2):pp.149—164.

② Robertson M, Chambers D, Frew E., Events and festivals: Current trends and issues, Managing Leisure, 2007, 12(2/3):pp.99—101.

③ Gets, D., Festivals, special events and tourism, New York: van Nostrand Reinhold, 1991.

④ Maurie Roche, Mega-events and Modernity: Olympics and Expos in the Growth of Global Culture, London: Routledge, 2000:p.4.

熟,运营水平高,品牌化成熟,生命力经久不衰。如爱丁堡艺术节、亚维侬艺术节,不仅成为全球关注的焦点,而且成为其他艺术节效仿的典范。我国虽有中国上海国际艺术节、南宁民歌艺术节等知名节事活动,但真正能够与国际品牌分庭抗礼的尚属凤毛麟角。多数艺术节存在节目雷同、明星赶场、观众反应冷淡、媒体沟通不畅等问题,原因之一即在于缺乏评估激励,没有制定统一有效的艺术节评估标准,对艺术节的评价指标各执一词。因此,对艺术节进行国际比较研究迫在眉睫。他山之石,可以攻玉。通过比较才便于找出差距,对症下药。

纵览国内外对节事活动的研究成果,发现多数研究集中于大型国际活动,如"奥运会""世博会"。然而对一个城市来说,即使是国家,举办诸如此类的大型国际活动并非想要就要、信手拈来之事。相对而言,举办艺术节更具可操作性,更加贴近市民心灵的文化需求。在特定时空通过特定的主题设置、各式各样风格迥异的艺术表演和展示,艺术节不仅能够满足广大市民对文化消费的需要,而且能够成为强化城市特色、促进城市发展的重要途径。

艺术节作为一场有组织的现场集聚活动,从项目管理层面考虑,对其评估标准的探讨也有重要意义。其一,有利于政府及艺术节组织方制定有效的发展战略,提高经营决策水平,为艺术节的改进与完善提供客观、量化、科学的分析与测评依据;其二,不同城市的艺术节组织者可以通过对照标准体系的构成要素,检验自身运作得失,找到自信,明确差距,增强品牌竞争力;其三,通过设置评估标准,可以为不同城市的艺术节定位提供差异化的选择依据,减少和避免同质化现象的发生。评估标准能够有效地提醒艺术节组织者正视问题,不断反思改进和完善的方向,激发创新、创意和创造性的问题解决方案。

## 四、 构建艺术节评估标准体系

### (一) 评估标准构建依据

#### 1. 艺术节理论依据

1989 年,英国学者 Pam Korza 等人出版的 The Arts Festival Work Kit 一书,

从艺术节的概念、使命入手,探讨了艺术节计划的实施过程、节庆管理和营销等方面的问题,概括了艺术节的九大使命,几乎涵盖了目前公认的艺术节的所有功能,包括:肯定艺术、娱乐、盈利、为艺术家提供工作机会、打造艺术试验基地、发展艺术观众、培育团体自豪感与融入感、传播政治或社会理念、刺激地方经济。①国内学者通过对中国上海国际艺术节的研究提出,“公共文化服务的目的是为公众参与提供对象化活动,不断提高文化艺术服务于公众的广度和深度。公共文化服务的完善程度,是衡量一个国家社会文明进步程度的重要标志之一,也是体现人民群众日常生活幸福指数的重要指标之一。中国上海国际艺术节是国际文化交流的重要载体和平台,13 年来致力于在更大范围内为全社会提供更高质量的公共文化服务。公众参与的程度与范围,由此成为艺术节评价的标准和成败的关键。”②另有学者为包括艺术节在内的艺术产业提出了四条发展要求,“要准确进行市场定位,努力促进国际合作;要服务群众,发展全民艺术;要完善产业政策,不断强化市场运作;要培养新生力量,聚焦创新创意”,③即提出了艺术节的国际化、服务性、经济性、公益性以及创新性等评估标准。

2. 项目管理理论依据

在项目管理知识体系(PMBOK)中,项目被定义为:为创造独特的产品、服务或结果而进行的临时性努力(A project is a temporary endeavor undertaken to create a unique product or service)。④临时性的含义,是指每个项目有确定的开始与结束时间,也就是说,项目是“临时性、多任务的工作,具有明确规定的开始和结束日期、特定的工作范围、预算和要达到的性能水平”。⑤单届艺术节的本质可视为一个项目,其依据在于具有明确的开始和结束日期,工作范围限定

① Pam Korza, Dian Magie, Barbara S. Bacon, The Arts Festival Work Kit, Massachusetts: Arts Extension Service, 1989, p.3.

② 张敏:《当代国际艺术节公共文化服务的现状与需求——基于第 13 届中国上海国际艺术节的案例研究》,《艺术百家》2012 年第 4 期,第 99—106 页。

③ 侯一然:《从上海国际艺术节看我国艺术产业发展策略》,《美与时代》2014 年第 3 期,第 34—36 页。

④ 彭力扬:《Project 2003 项目管理案例分析》,清华大学出版社 2005 年版。

⑤ 王晖:《项目管理理论与方法体系研究》,昆明理工大学硕士论文,2004 年。

于与艺术相关的活动，艺术节的举办一般都具有目的性，因此建立艺术节的评估标准可以借鉴项目管理的方法。

根据美国项目管理协会（PMI）颁布的2000版“项目管理知识体系指南”，项目管理的定义是“为了满足甚至超越项目设计人员对项目的需求和期望而将理论知识、技能、工具和技巧应用到项目活动之中。”一般来说，项目管理包括五个基本过程：项目启动、计划过程、实施过程、控制过程及结束过程。这五个过程之间的关系如图1所示。

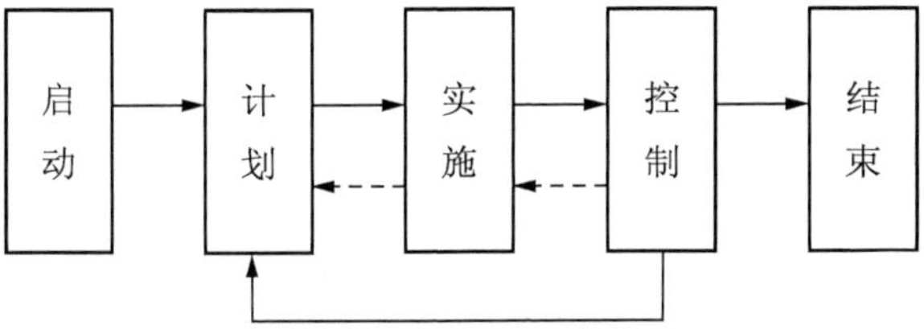


**图1　项目管理五个基本过程的关系**

艺术节的评估在项目管理中属于控制过程，目的在于对项目计划进行反馈改进。项目控制就是定期对项目绩效进行监控，确定其与计划标准之间的偏差。当偏差大到危及项目目标时，就必须对项目计划进行适当的调整。①

## （二）评估标准体系建立方法

1. 内涵分析法

内涵分析法是从内涵分析入手，抓住事物的本质属性，然后把这一属性的现象性外观表现确定为指标。根据上文讨论的艺术节定义可知，其本质属性是一种“文化艺术活动”，其外观表现为“音乐、舞蹈、戏剧、曲艺、杂技等表演艺术形式、开闭幕仪式、节目交易、专题讨论等”艺术节组成内容。

2. 效应分析法

效应分析法指从分析事物间的相互联系开始，抓住事物变化后产生的效应，把事物变化所产生的效应确定为指标。根据前文论述，艺术节的举办具有

① 仲家骅：《项目管理理论方法及应用》，天津大学硕士论文，2006年。

多方面的效应,包括对艺术本身的贡献,对城市发展的作用,对满足精神文化需求的作用等。

3. 相关属性集合法

相关属性集合法指抓住事物的全部属性或相关属性,把因素群作为相关指标。所谓抓因素群,就是把同被评价事物有关的因素确定为指标。除了内容和功能之外,评价艺术节成功与否的相关因素,还有其实现的社会效果以及管理模式。

## (三) 评估标准确定原则

1. 目标一致性原则

标准必须充分地反映目标,与评估目标保持一致。标准体系应是对评价对象的本质特征、结构及其构成要素的客观描述,应当服务于评估活动的目的,针对评估任务的需求。标准体系应当能够支撑更高层次的评估准则,为评估结果的判定提供依据。这一原则是标准体系设计的出发点和根本。衡量标准体系是否合理有效,一个重要指标是看它是否满足了评估目的。

2. 可测度原则

各项标准都应当能够用操作化的语言来界定,要求它所规定的内容可以通过实际观察或直接测量来获得明确结论。

3. 独立性原则

体系内各标准之间要求相互独立。指的是各个标准之间既要协调一致,不相矛盾;又要相互独立,不重叠、不存在互为因果的关系,但是标准之间又应当具有一定的内在逻辑关系。

4. 完备性原则

完备性原则又称"全面性原则",要求体系内的各项标准在相互配合中反映目标的需要。目标存在于标准体系的总和之中。

5. 可比性原则

可比性原则要求评估标准反映被评估对象的共同属性。被评估对象属性的一致性,是各个具体对象使用同一指标体系的前提,也是其可比性的基础。

6. 可接受性原则

可接受性原则又称“可行性原则”。要求标准体系的设计必须从实际出发，考虑现实的可能性，适应评估的方式，评估活动对时间、成本的限制，适应使用者对指标的理解接受程度和判断能力，使评估者能够通过评估标准体系来对被评估对象做出区分和判断，适应信息基础。

7. 导向性原则

评估标准应当有一个正确的导向性，是一种可以实现的期望。同时，使被评估对象和评估者明白努力的方向和达标要求，为此而创新、改进，不断创生新想法，不断做出新贡献。

8. 精炼简明原则

评估标准是对原始信息的提炼与转化，不宜过于繁琐冗杂，以免因陷于过多细节而未能把握评估对象的本质，影响评估的准确性。

### （四）艺术节评估标准体系

在现有艺术节理论和项目管理理论的基础上，笔者将艺术节的使命、公共参与度、国际化、服务性、经济性、公益性及创新性纳入评估体系，综合利用内涵分析法、效应分析法、相关属性集合法，遵照评估标准确定原则，构建包括功能标准、内容标准、效果标准与管理标准四位一体的艺术节评估标准体系，如图 2 所示。笔者将结合实际案例，比较研究中国上海国际艺术节与英国爱丁堡艺术节、法国亚维侬艺术节、香港艺术节、美国樱溪艺术节、美国得梅因艺术节的举办宗旨、内容组成、社会效果与组织管理四方面内容，最终确定评估标准体系的内容。

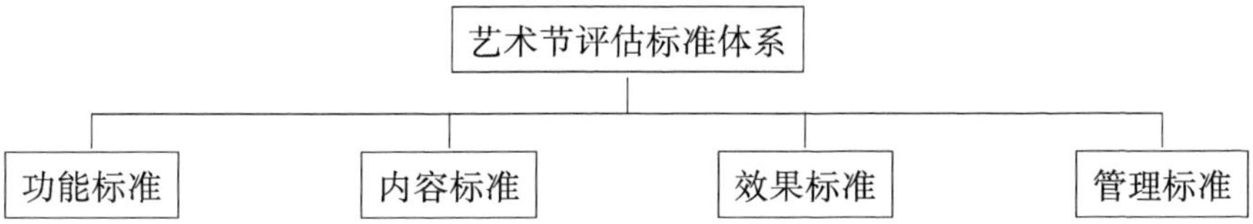


**图 2　艺术节评估标准体系**

## 五、 国际艺术节比较

以中国上海国际艺术节为主要研究对象,以英国爱丁堡艺术节(Edinburgh Arts Festival)、法国亚维侬艺术节(Festival d'Avignon)、中国香港艺术节、美国樱溪艺术节(Cherry Creek Arts Festival)、美国得梅因艺术节(Des Moines Arts Festival)为主要比较对象,其他知名艺术节作为辅助补充。

### (一) 研究对象

1. 中国上海国际艺术节

中国上海国际艺术节是由中华人民共和国文化部主办、上海市人民政府承办的重大国际文化活动,是中国唯一的国家级综合性国际艺术节。自 1999 年至今,中国上海国际艺术节以"创新发展"的理念为引领,坚持走品牌发展之路,已经成长为中国对外文化交流的标志性工程和国际艺坛有影响力的著名艺术节之一,成为世界知名的艺术节品牌。①艺术节每年举办一届,至 2015 年已成功举办 17 届,在海内外文化艺术界和广大人民群众心目中的影响广泛而深远。

2. 英国爱丁堡艺术节(Edinburgh Art Festival)

爱丁堡是苏格兰政治、文化和金融中心,占地 135 平方公里,由新旧两个城区组成。第二次世界大战后,欧洲陷入一片低迷,城市缺乏活力,公民缺乏信心,爱丁堡也未能幸免于难。二战后,为了增进欧洲各国间的文化了解并重新建立合作关系,使欧洲的文化生活更加丰富并恢复朝气,亨利·哈维·伍德希望通过艺术节的力量改变局面,于是在 1947 年创办了爱丁堡国际艺术节,希望借由这一艺术节,为苏格兰人、英格兰人乃至全世界提供一个表演艺术的舞台,赓续欧洲文明的薪火。

经过半个多世纪的努力,最初的爱丁堡国际艺术节已经发展成为一个大

① 资料来源:中国上海国际艺术节官网,http://www.artsbird.com/cn/cnaaf/cnafjj/20120409/578.html#。

型系列化艺术节集合,即爱丁堡艺术节。艺术节每年一届,每年 8 月初至 9 月初举办,其内容包括爱丁堡国际艺术节、爱丁堡边缘艺术节、爱丁堡军乐节、爱丁堡国际图书节、爱丁堡国际电影节、爱丁堡国际爵士与蓝调音乐节、爱丁堡多元文化节、爱丁堡国际科学展和苏格兰国际儿童节在内的九个艺术节,涉及目前世界上几乎所有流行的艺术表演内容与形式。其中,爱丁堡国际艺术节和爱丁堡边缘艺术节规模最大、影响最深。在爱丁堡艺术节半个多世纪的涵养与推动之下,人口仅有 45 万的爱丁堡已经发展成为既具苏格兰风格的历史文化旅游城市,又具国际化特征的欧洲文化之都。

3. 法国亚维侬艺术节(Festival d'Avignon)

法国亚维侬艺术节由 Jean Vilar 于 1947 年创办。首届亚维侬艺术节旨在为不知名的音乐作品与现代剧本提供展示演出的平台。最初,亚维侬艺术节仅有一个人、一个团队、一个表演场地,因此只能提供一场演出。Jean Vilar 的目标是通过露天剧院这种在当时的巴黎并不常见的戏剧表演场地,吸引那些刚入门却又痴迷艺术的年轻观众。很快,亚维侬艺术节在巴黎掀起了戏剧复兴潮流,成为舞台先锋们的聚会场所,是法国夏季最令人期待的文化活动。

亚维侬艺术节发展至今,仍旧保持着其传统——为最领先的艺术作品提供舞台。影响所至,许多艺术家特地为亚维侬艺术节及其观众创造新作,挑战当代审美。正是这种艺术"探险"赋予了亚维侬艺术节独特的魅力。无论是谁,无论来自何地或何种环境与文化的观众,面对这些重新创作的经典或现代文本、最前沿的舞蹈或视觉展示,都能够获得属于自己的激动体验。在为观众提供探索和愉悦的同时,亚维侬艺术节使人反思,将亚维侬小镇变成了思想碰撞的论坛,将剧院变成了艺术家和观众进行对话交流和激情辩论的场所。几十年来,艺术节以推出富于实验性、前瞻性的演出为特色,发掘了许多新作,吸引了众多的观众。

亚维侬艺术节除了为观众提供世界级的演出节目以外,同时也成为世界各主要艺术节节目总监及表演艺术经纪人挑选节目的地方。在亚维侬获得了成功的节目,通常很快就会在隔年转战其他艺术节。亚维侬和世界其他几个重要艺术节的最大不同点在于,它的主要演出场地都是露天剧院。对于表演者来说,如何将现场环境与表演内容与形式熔于一炉,变得非常重要。

4. 中国香港艺术节

中国香港艺术节 1973 年正式揭幕,是国际艺坛的重要文化盛事之一。每年 2 月至 3 月期间,为香港观众及游客呈献众多优秀的本地及国际艺术家的演出,举办多元化的“加料”艺术普及和教育活动,致力于丰富香港的文化生活。香港艺术节与本地演艺人才和新晋艺术家积极合作,过去十年共委约及制作逾 100 套本地全新创作,包括戏剧、室内歌剧、音乐和舞蹈作品,并同步出版新作剧本,不少作品在香港及海外多度重演。香港艺术节大力投资下一代的艺术教育。“青少年之友”成立 24 年来,已经为逾 70 万本地中学生及大专生提供了艺术体验活动。艺术节近年来亦开展了多项针对大、中、小学学生的艺术教育活动,并通过“学生票捐助计划”每年提供约 8 000 张半价学生票。除此之外,香港艺术节每年还会主办一系列深入社区的多元化“加料”节目,例如示范讲座、大师班、工作坊、座谈会、后台参观、展览、艺人谈、导赏团等,鼓励观众与艺术家接触互动。①

5. 美国樱溪艺术节(Cherry Creek Arts Festival)

美国樱溪艺术节是一项为世界级获奖视觉艺术、烹饪艺术和表演艺术而举办的庆祝活动。为期三天的各项节目和活动,吸引了来自世界各地的 35 万名游客。樱溪艺术节是一项全年非盈利性活动,其目标是为了提供艺术体验和支持艺术教育。樱溪艺术节自 1991 年起创办,为观众提供与国际视觉艺术大师见面与交流、品尝美食、欣赏现场音乐表演和艺术巡游活动的机会,还可以与家人一起参与“互动艺术”活动。

6. 美国得梅因艺术节(Des Moines Arts Festival)

参加过得梅因艺术节的人,一定不会讶异这项年度活动已经成为最引人瞩目的国际盛典。自 1958 年在得梅因艺术中心首演成功以来,得梅因艺术节不断成长壮大。2015 年,得梅因艺术节第二次连续获得由国际节庆协会颁发的巅峰金奖(Gold Grand Pinnacle Award)。该奖意味着得梅因艺术节成为“世界上最棒

① 资料来源:香港艺术节官网,https://www.hk.artsfestival.org/tc/。

的节日”,历年来累计已有超过200万国内外观众前来参与得梅因艺术节。

## (二) 举办宗旨

艺术节不只是艺术狂欢节。如果在观察角度上仅仅将艺术节定位于拉动城市经济层面,肯定将低估其影响力和辐射力,还将使关注视角仅仅停留于门票收入、吸引观众到达率等指标层面,忽略了艺术节本身的使命与功能。举办宗旨是艺术节的立身之本。一切源于宗旨而止于宗旨。宗旨指明了艺术节的使命与功能,同时也是形成各个艺术节独特竞争力的关键所在。

**表2 部分艺术节举办宗旨**

| 艺术节名称 | 宗旨 |
|---|---|
| 中国上海国际艺术节 | 坚持“艺术的盛会,人民大众的节日”这一办节宗旨,凸显艺术节的国际性、经典性、艺术性、创新性和观赏性;荟萃一流经典,力推原创新作,传播创意文化;不断加强公共文化服务,不断降低普通百姓参与艺术节的门槛,不断为中外艺术家与普通观众间的交流互动搭建宽阔平台。 |
| 爱丁堡艺术节 | 尽最大可能向最广泛的观众展示来自世界领先艺术家的表演;为来自苏格兰及英国其他地区、全世界的观众提供文化交流机会;提供展示苏格兰丰富文化的窗口;展示创意性表演和节目,提供新的工作机会;积极欢迎并尽最大可能使全苏格兰和更广泛地区的观众参与体验艺术节;鼓励人们全年参与艺术活动。 |
| 亚维侬艺术节 | 以推出富于实验性、前瞻性的演出为特色,发掘诸多新作;除了为观众提供世界级的演出节目以外,同时它也是世界各重要艺术节节目总监及表演艺术经纪人挑选节目的地方。 |
| 香港艺术节 | 呈献众多优秀的本地及国际艺术家的演出,举办多元化“加料”和教育活动,致力于丰富香港的文化生活;积极与本地演艺人才和新晋艺术家合作;大力投资下一代的艺术教育;鼓励观众与艺术家接触互动。 |
| 樱溪艺术节 | 非盈利性活动旨在提供广泛的艺术体验,支持当地艺术教育,每年除艺术节日以外举办的其他活动旨在通过社会参与、创新教育和艺术推广,提高公众的艺术鉴赏力,鼓励科罗拉多州文化生活向更深更广发展。 |
| 得梅因艺术节 | 引导、教育和激励观众提高视觉和其他艺术形式的鉴赏能力,通过为不同年龄、文化和背景的人们提供歌颂艺术的机会,增添爱荷华州中部的活力,增强地区自豪感。 |
| 美国安大略省北部之光节 | 促进社区艺术的发展、群众参与和欣赏。 |
| 美国南卡罗来纳州视觉节 | 支持和传播艺术家的艺术理念;艺术要被展示、被看到和被聆听。 |
| 美国旧金山希腊传统民族舞蹈节 | 在个人、家庭和社区中间,促进、支持和永久保持希腊传统与文化。 |

对比分析以上部分艺术节的举办宗旨,不难发现它们有很多共性特点,例如推广艺术及艺术教育,提高公众鉴赏力等。也有的艺术节标新立异,具有自己独特的使命与功能。根据前文所述 Pam Korza 得到公认的艺术节九大使命,笔者运用表 3 进行比较研究发现,知名国际艺术节的功能可以分为三个层级。首先是几乎所有知名艺术节都具备的基本功能:歌颂艺术、娱乐公众、发展观众、刺激地方经济、盈利;第二层级是不同艺术节所具备的个性功能:提供工作机会、打造艺术试验基地、培育自豪感或融入感;第三层级是仅为少数或个别艺术节具备的延伸功能:传播政治或社会理念,鼓励创新、文化交流和展示,奉献艺术教育,提高公众艺术鉴赏水平。

**表 3　艺术节功能比较**

| 艺术节名称 | Pam Korza 艺术节九大使命 | | | | | | | | | 其　他 |
|---|---|---|---|---|---|---|---|---|---|---|
| | 歌颂艺术 | 娱乐公众 | 盈利 | 提供工作机会 | 打造艺术试验基地 | 发展观众 | 培育自豪感或融入感 | 传播政治或社会理念 | 刺激地方经济 | |
| 中国上海国际艺术节 | ✓ | ✓ | ✓ | ✓ | ✓ | ✓ | × | × | ✓ | 传播创意文化 |
| 爱丁堡艺术节 | ✓ | ✓ | ✓ | ✓ | ✓ | ✓ | ✓ | ✓ | ✓ | 提供展示文化窗口;展示创意性表演和节目 |
| 亚维依艺术节 | ✓ | ✓ | ✓ | ✓ | ✓ | ✓ | × | × | ✓ | |
| 香港艺术节 | ✓ | ✓ | ✓ | ✓ | ✓ | ✓ | ✓ | × | ✓ | 大力投资下一代的艺术教育 |
| 樱溪艺术节 | ✓ | ✓ | × | × | × | ✓ | ✓ | ✓ | ✓ | 持当地艺术教育,提高公众鉴赏能力 |
| 得梅因艺术节 | ✓ | ✓ | ✓ | × | × | ✓ | ✓ | × | ✓ | 提高视觉和其他艺术形式的鉴赏能力 |
| 美国安大略省北部之光节 | ✓ | ✓ | N/A | N/A | N/A | ✓ | N/A | N/A | N/A | 促进群众欣赏 |
| 美国南卡罗来纳州视觉节 | ✓ | ✓ | N/A | N/A | N/A | ✓ | N/A | ✓ | N/A | |
| 美国旧金山希腊传统民族舞蹈节 | N/A | ✓ | N/A | N/A | N/A | N/A | ✓ | ✓ | N/A | |

注:N/A 表示无法获取的数据。

## (三) 内容构成

如果说宗旨是艺术节的灵魂,那么内容就是血肉,是艺术节的外在表现形式。从传播学角度来说,内容是媒介,把艺术家和社会联系起来。艺术节主办者通过内容媒介向观众传递信息,或是艺术知识,或是商业广告,抑或是观点理念。艺术节的内容可以通过举办时长、组成板块和数量反映出来。统计结果如表 4 所示。由于樱溪艺术节以及得梅因艺术节为期仅 3 天,节目构成简单且数量少,暂不纳入统计范围。爱丁堡国际艺术节、香港艺术节、亚维侬艺术节和中国上海国际艺术节的平均举办时长为 27.5 天,内容组成板块可以划分为基本板块、个性板块和其他板块。基本板块以传统艺术表演形式为主要特征,包括音乐会、舞蹈表演、歌剧、戏剧、戏曲;个性板块能够明显体现出不同艺术节的独特性,例如法国亚维侬艺术节作为新艺术形式的"试验田"、艺术家们的辩论场,论坛和培训板块的数量远超其他艺术节;其他板块则能够为艺术节增光添彩,例如爱丁堡国际艺术节用烟花音乐会作为噱头吸引观众,香港艺术节与当地电视台合作推出艺术节电视特别节目以扩大影响范围,中国上海国际艺术节则通过接地气的"艺术天空"板块贴近普通群众,更大范围地普及艺术文化;通过"节中节"板块丰富艺术节内容,深化其内涵。

**表 4　艺术节内容比较**

(仅统计除开闭幕式以外主要艺术相关活动板块,数据以最新一届艺术节为准)

| 艺术节名称 | 举办时长 | 板块组成及数量占比 | | | | | | | | | |
|---|---|---|---|---|---|---|---|---|---|---|---|
| | | 基本板块 | | | | | | 个性板块 | | | 其他板块 |
| | | 音乐 | 占比 | 舞蹈 | 占比 | 歌剧/戏剧 | 占比 | 展览 | 论坛/培训 | 电影 | |
| 爱丁堡国际艺术节 | 25 天 | 61 | 75% | 5 | 6% | 15 | 19% | / | 7 | / | 维珍理财烟花音乐会 |
| 香港艺术节 | 31 天 | 22 | 50% | 6 | 14% | 16 | 36% | 1 | 38 | 7 | 电视特别节目 |
| 亚维侬艺术节 | 22 天 | 14 | 33% | 7 | 16% | 22 | 51% | 5 | 102 | 23 | |
| 中国上海国际艺术节 | 32 天 | 16 | 30% | 17 | 31% | 21 | 39% | 11 | 50+ | / | "艺术天空"系列演出;市民风采展示;艺术教育活动;节中节 |

注:①爱丁堡国际艺术节(Edinburgh International Festival)。②樱溪艺术节及得梅因艺术节为小型短期艺术节,暂不纳入比较范围。

### (四) 社会效果

艺术节成功与否可以从它所取得的社会反响体现出来。这些反响主要包括艺术节的参与度、满意度以及舆论关注。

第17届中国上海国际艺术节共吸引了来自55个国家和国内27个省市自治区及港澳台地区的近5千名艺术工作者集聚申城,各类活动累计参与人次达420多万。本届艺术节创下了46台剧目出票率90%以上,其中21台演出出票率高达100%的票房新纪录。①艺术节期间官网发布各类新闻共计85条,在百度新闻搜索引擎中以"第17届中国上海国际艺术节"为关键词搜索,可获得新闻报道共计1 770篇。中国上海国际艺术节现已成为国际艺坛颇具影响力的著名艺术节之一,我国对外文化交流的标志性工程和国际知名艺术节品牌。

爱丁堡艺术节每届平均有200名艺术家带来150多部表演作品及活动,来自全球约40万观众共享盛事。2012年,边缘艺术节更是吸引了来自47个国家的22 457名艺术家进行了4.2万余场演出活动。如2007年艺术节吸引了1 500名来自国外的表演者,而本地表演者仅为500名,占国外表演者人数的三分之一。2009年,国际表演者的范围进一步扩大,由新加坡、澳大利亚、德国、西班牙、法国、比利时、罗马尼亚、意大利、美国、日本、瑞士、新西兰等各大洲的国家组成,引领了国际文化交往新潮流。调查显示,85%的参与者认为,艺术节提升了苏格兰人的民族自信心。89%的爱丁堡居民为自己的城市能举办这样一个艺术节而感到自豪。2010年度的40万观众中,竟有高达82%的人属于回头客,体现了人们发自内心的眷恋之情。②

每年的亚维侬艺术节参观人次为14万至17万,其中33%的观众来自亚维侬本地,26%的观众来自法兰西岛,27%的观众来自法国其他地区,14%的观众来自世界其他地区。在过去几年中,亚维侬艺术节所有节目的平均上座率达到90%以上。每年都有超过500名来自法国及世界各地的新闻工作者参与

---

① 资料来源:中国上海国际艺术节官网,http://www.artsbird.com/index.html#。

② 资料来源:爱丁堡艺术节官网,http://www.edinburghartfestival.com。

有关亚维依艺术节的报道，相关报道文章超过 2 000 篇。①

第 43 届香港艺术节观众总人次为 11.7 万，所有演出平均入座率为九成半。②香港《星岛日报》评价香港艺术节"为不同口味的艺术爱好者，带来不少多元化的一流演出，丰富了香港人的精神生活和艺术视野"。《人民日报》对香港艺术节的评价是，"这是港人的一场艺术盛宴……也是香江文化生活的重要一环"。《南方都市报》对香港艺术节做如下评价，"以前香港艺术节对于本土原创作品多以委约的方式创作，而现在，从剧本、演员、演出到后期出版，香港艺术节承担起了制作的重任……这种深层次的参与，代表了对发展本地艺术的承担。"

樱溪艺术节曾经在 1998 年、2000 年、2003 年、2005 年和 2013 年五次获得由国际节庆协会（IFEA）颁发的巅峰金奖（Gold Grand Pinnacle Award），在所有参评的节事活动中创下最高纪录。③2015 年度樱溪艺术节获得巅峰银奖（Sliver Grand Pinnacle Award）。所有这些荣誉奠定了樱溪艺术节在节庆产业的领先地位。

得梅因艺术节 2014 年、2015 年连续两次获得由国际节庆协会（IFEA）颁发的巅峰金奖（Gold Grand Pinnacle Award），意味着得梅因艺术节成为"世界上最棒的节日"。历年来已有累计超过 200 万国内外观众前来参与得梅因艺术节。④

### （五）组织管理

世界各地的艺术节管理模式各有特点，这与艺术节的规模、性质、目标等有很大的关系。本研究在此仅列举中国上海国际艺术节与爱丁堡国际艺术节的管理特点作为比较案例，总结得出组织管理的评价标准。

1. 中国上海国际艺术节——管办分离，市场运作

中国上海国际艺术节作为我国唯一的国家级综合性国际艺术节，首届组

① 资料来源：亚维依艺术节官网，http://www.festival-avignon.com。

② 资料来源：香港艺术节官网，https://www.hk.artsfestival.org/tc/。

③ 资料来源：樱溪艺术节官网，http://cherrycreekartsfestival.org/。

④ 资料来源：得梅因艺术节官网，http://desmoinesartsfestival.org/。

委会成员全部由政府官员担任。自第二届开始,专门成立了艺术节中心,成为艺术节由政府管办结合的模式转变为管办分离、以管为主的模式,政府在其中充当组织者和管理者的角色,而不是实际的操作者运营者。组委会工作机构与艺术节中心有机结合,分工合作,“政府主办、社会支持、市场运作”的模式逐步转变成为“政府推动、社会支持、市场运作”的模式,意在赋予艺术节中心更多的办节自主权。上海国际艺术节中心的功能定位是,“成为展示优秀演艺作品、推进文化贸易、促进文化交流、孵化艺术人才、提升民众艺术素养的专业机构。”其办节方针是,“在传承与创新中求发展,在学习与竞争中求提升。”秉持使命与责任,艺术节中心成功地将中国上海国际艺术节办成了中国乃至亚洲最好的艺术节之一。

2. 爱丁堡国际艺术节——垂直结构和水平结构相结合

爱丁堡国际艺术节的组织结构呈现出垂直结构和水平结构相结合的特点,其中以水平结构为主导特征。爱丁堡国际艺术节的组织机构主要分为三个层次:董事会层、执行管理层和辅助执行层。董事会层决定了艺术节事的战略发展方向。例如艺术节委员会成员由公司总裁组成,很大程度上代表了当地利益,其中部分成员由市政府和其他机构提名,部分在艺术节社团成员中选举产生。艺术节社团是一个由赞助者组成的公益组织,登记在册的公益机构,其成员每年上交一定的会费。该机构的总部大楼即艺术节的运营中心,由该社团的商务部门全权所有并开展运作。

执行管理层主要负责爱丁堡国际艺术节的总体策划、执行、管理等工作。管理层设有总部,总部是爱丁堡国际艺术节的核心部门,由爱丁堡节事中心有限公司运营。作为公司,本身也成了大众吸引物,自 1999 年开门运营以来,每年平均接待游客 50 万人。

辅助执行层由一些相关职能部门构成,以保证艺术节的顺利进行,例如银行、金融、法律、审计、公关部门等。

## 六、 国际艺术节评估标准

基于前文所述,笔者对国际艺术节的评估标准体系做出以下建议,其结构如图 3 所示。

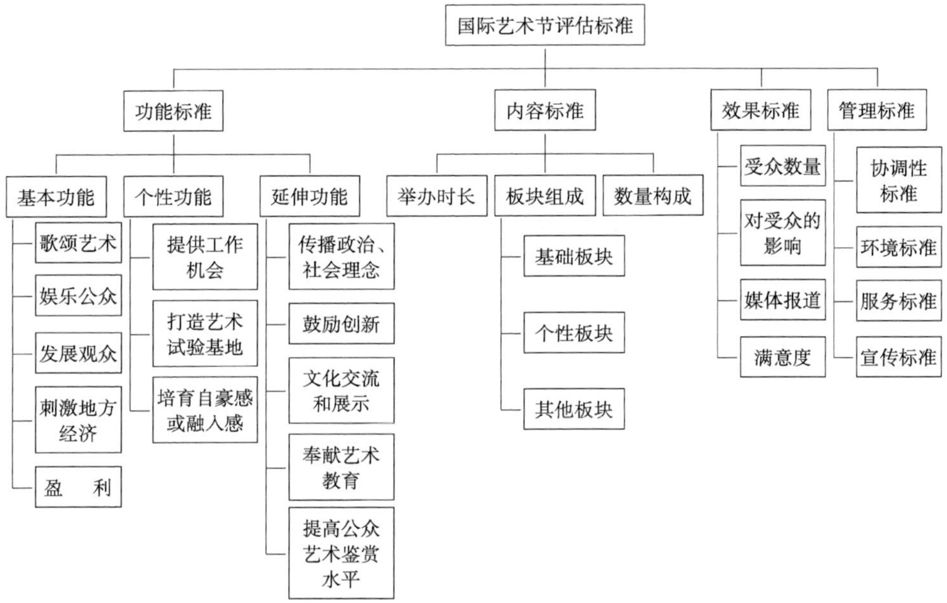


**图 3　国际艺术节评估标准体系**

## (一) 艺术节的功能标准

### 1. 基本功能

歌颂艺术:该标准测量艺术节是否在本质和目的上歌颂或庆祝艺术这种通过技巧、意愿、想象力、经验等综合人为因素的融合与平衡,以创作隐含美学和情感价值的器物、环境、影像、动作或声音的表达模式;

娱乐公众:该标准测量艺术节是否能够为公众提供娱乐活动,丰富市民生活;

发展观众:该标准测量艺术节是否能够吸引、培育进而发展更多艺术观众;

刺激地方经济:该标准测量艺术节是否起到刺激地方经济复苏、起步或快速增长的作用;

盈利:该标准测量艺术节是否能够实现盈利,为拥有者带来利润。

2. 个性功能

提供工作机会:该标准测量艺术节是否能够为艺术家或表演团队提供新的工作机会;

打造艺术试验基地:该标准测量艺术节是否能够成为艺术表演的新种类与形式的“摇篮”或“试验田”;

培育自豪感或融入感:该标准测量艺术节是否能够宣扬和培育地区自豪感或集体荣誉感。

3. 延伸功能

传播政治或社会理念:该标准测量艺术节是否传播了特定政治或者社会理念;

鼓励创新:该标准测量艺术节是否能够成为鼓励艺术创新的典范;

文化交流和展示:该标准测量艺术节是否能够成为各国、各地区、各民族文化交流和展示的平台;

奉献艺术教育:该标准测量艺术节是否能够致力于为艺术教育作出奉献;

提高公众艺术鉴赏水平:该标准测量艺术节是否能够提高公众鉴赏艺术作品的能力和水平。

### (二) 艺术节的内容标准

1. 举办时长

该标准测量艺术节的持续时间。根据上文统计数据,著名大型国际艺术节持续时间为20天以上。

2. 板块组成

该标准测量艺术节的构成板块。根据上文统计及分析,艺术节的板块组成可分为基础板块、个性板块和其他板块。其中,基础板块包括音乐、舞蹈、歌剧、戏剧在内,个性板块可分为展览、论坛、培训、电影等,其他板块往往用于充实和丰富艺术节内容,增强吸引力,或者深化其内涵。

3. 数量构成

该标准测量艺术节各个构成板块的数量及其占比。

### (三) 艺术节的效果标准

1. 受众数量

该标准测量参加艺术节各项活动的总人次,可通过调查统计获得。

2. 对受众的影响

该标准指受众参加艺术节后受特定艺术活动的影响程度,包含认知、情感和意愿三个方面。认知指受众理解艺术活动所传播的理念、认识的程度,可通过调查问卷获得;情感指受众参加艺术活动后,对相关艺术的态度和看法是否改变以及改变的程度,可通过调查问卷获得;意愿指受众再次参与艺术节该项艺术活动的意愿,可通过调查问卷获得。

3. 媒体报道

该标准从媒体角度衡量艺术节产生的影响,可以通过直接报道数量、报道媒体层次及转载量表现出来。

4. 满意度

该标准评价社会对艺术节的总体满意度水平。可包含四个方面:社会媒介的评价、受众满意度评价、专业机构或学者评价以及政府部门评价。

### (四) 艺术节的管理标准

1. 协调性标准

该标准评价承办方的组织管理是否有序,可包括各项活动组织进行的有序程度,以及每一活动现场的协调、有序程度。

2. 环境标准

该标准评价承办方承办艺术节活动的硬件资源方面的条件,可包括舒适度、匹配性和安全性。舒适度是指开展各项活动的环境给观众带来的综合感觉,包括视、听、触、嗅等,可通过调查问卷获得;匹配性是指艺术节各项活动与本届艺术节主题、板块主题的吻合程度,可通过对观众、专家进行访谈获得;安全性是指开展活动场所的安全保障程度,应由专家评价获得。

3. 服务标准

该标准评价艺术节承办方软环境的质量,可包括工作技能、工作效率及服务态度三个方面。

4. 宣传标准

该标准评价承办方在艺术节宣传方面的投入程度,可包括活动前、中、后期的媒体报道数量、种类和层次,目标观众的知晓度,以及活动前后的其他宣传等。

# 14

# 试论上海书展的专业化市场化途径

## ——以国际图书市场的版权竞争为考察视角

李　闺　张　敏　牛盼强*

**摘　要**　作为满足群众公共文化服务消费多样化需求的城市大型书展，是由组展商搭建起来的“双边平台”。书展服务于参展商和读者的沟通活动，有助于优化资源配置、激励创新竞争、交流市场信息和促进供需互动。书展尤其是国家级书展的作用，一方面在于推进版权贸易、参与国际竞争、积累知识产权资源和维护数字主权；另一方面则在于充分借助市场化和产业化的手段，来丰富并满足群众公共文化消费的多样化需求。本文基于平台经济视角，运用文献分析法和比较分析法，讨论上海书展和法兰克福书展的发展路径。研究发现，上海书展是以“图书大卖场、名人大秀场、文化大展场”为特色的图书消费展，体现都市阅读文化的消费主义倾向。作为“贸易盛会”的法兰克福书展则是以版权交易著称的图书专业展，代表着书展未来的发展方向。上海书展倡导全民阅读意义重大，但其任务目标不应止步于同书店拼抢终端消费者，还须放眼在推进出版业发展、参与国际市场版权竞争、更好满足群众公共文化多样化消费、为世界贡献更多优秀的文化公共产品上。为此，上海书展有必要在专业化、国际化、市场化的基础上，着眼版权贸易，聚焦国际竞争，促进资源配置，维护数字主权，为繁荣和发展我国出版产业而调整战略路径，定位专业展、贸

---

* 李闺，上海大学上海电影学院研究生，上海会展研究院实习研究员，主要研究方向为会展传播学。牛盼强，上海大学上海电影学院副教授，上海大学上海会展研究院副研究员/院长助理；主要研究方向为会展传播学。张敏，上海大学上海电影学院教授、博士生导师，上海会展研究院执行院长，上海会展协会副会长；主要研究方向为会展传播学。本文为国家社科基金规划课题“全球化视野下国际会展业发展比较研究”（13BGL086）的阶段性成果。

易展，通过供给侧改革，形成以交叉网络外部性为基础的国际竞争比较优势，做强做大世界一流的品牌书展服务平台。

关键词　上海书展　法兰克福书展　发展战略　平台经济　版权贸易　国际竞争

## 引　言

上海书展2004年由上海市新闻出版局创办，其前身是沪版图书看样订货会和区域性地方书展。2011年，上海书展升级为国家级书展。随后，通过“上海国际童书嘉年华”和“上海国际文学周”，上海书展提出了“国际化”书展的发展目标。举办至今，经过十多年的积累沉淀和品牌塑造，上海书展现已形成政府搭台、社会协力、市场运作的基本模式，以高端论坛、童书嘉年华及其他品牌活动为依托，正在实现由“推广图书”到“推广阅读”的转变。然而，上海书展作为以“图书销售和服务读者”为宗旨的图书消费展，目前存在如下问题：政府部门办展仅偏重于宣传造势、出版商参展过分着眼于当下零售利润、展出书籍多为时尚畅销书、书展现场体验环境不佳等等。这些问题的存在，不利于上海书展“国际化”目标的实现。由此，上海书展的发展战略成为值得研究的问题。

有关上海书展的研究，笔者搜索发现，所涉及内容大部分是报道和评论类文章，多停留在描述和介绍书展上的热闹场面、出场名人、畅销书、讲座签售之类，如“阳光姐姐漫画派”、漫威“超级英雄”和“玛蒂娜”等亮相书展。有关上海书展的学术性论述不多。目前可分为三类：一是分析书展背后的政治和经济因素，如黄静①认为上海书展是权力主导下新兴都市文化空间的具体形态，

① 黄静：《从“书展”到“文化展”——都市公共文化空间建构中的上海书展》，《都市文化研究》2014年第1期，第349—356页。

雷俊①讨论了会展业背后的经济符号——书展场馆地址的选择问题。二是强调上海书展引导大众阅读的功能，如何凯等人②指出上海书展要做正面引领人文价值传播的“风向标”，张宏③认为包括上海书展在内的城市书展能够助燃阅读与城市文化。三是探讨台北、香港、法兰克福书展等对上海书展的经验借鉴作用，如康亢④认为设立专门的书展机构，在市场环境中组织运营当地书展，有效整合相关商业资源，是内地书展业可以尝试的一条发展途径；毛小红⑤认为，悠久的历史和丰富的内涵、国际视野和战略、创新精神和高效专业的运营团队、得天独厚的展览条件是法兰克福书展的成功之道。

硕、博学位论文有符哲琦《消费社会视域下的都市阅读文化研究——以上海书展（2004—2013 年）为中心》和李宜啸《上海书业会展研究——以上海书展为中心》两篇，前者认为消费社会文化背景中的上海书展体现了都市阅读文化由传统走向消费主义的路径，后者通过概述上海书展的发展，并将其与北京国际图书博览会和南国书香节、香港书展和台北书展、法兰克福书展做比较，建议书展的主办单位要从扩大参展商范围和完善官方网站等方面入手，将书展越办越好。目前研究专著仅有 2013 年 6 月上海译文出版社出版的《书的世界与世界的书——世界著名书展：国际对标和中国案例》一书。该书将上海书展与法兰克福书展、伦敦书展、美国书展等具有代表性的国际著名书展放在同一平台观察，不足之处在于多为客观描述，缺乏理论层面的思考和辨析。综上所述，对于上海书展的现有研究初步涉及书展背后的权力因素、书展的文化功能和书展场馆选址等经济因素，应当说主要还是停留于浅表性功能分析，缺少运用理论工具对上海书展的深层次探讨。至于围绕上海书展发展路径做专题研究，更是有待突破。

---

① 雷俊：《上海书展的经济符号》，《浦东开发》2012 年第 9 期，第 62 页。

② 何凯、陈丽琴、高瞻：《书展转型的华丽分割线——2013 年上海书展观察手记》，《出版广角》2013 年第 16 期，第 8—11 页。

③ 张宏：《城市书展：助燃阅读与城市文化——从 2013 年上海书展看城市书展、城市出版阅读及城市读者》，《出版广角》2013 年第 16 期，第 38—40 页。

④ 康亢：《台北、香港书展对内地书展业发展的启发》，《出版广角》2013 年第 16 期，第 47—49 页。

⑤ 毛小红：《浅析法兰克福国际书展的成功之道》，《中国出版》2009 年第 1 期，第 101—105 页。

# 一、会展平台

平台(Platform)是“交易市场”的拟态形式,符号互动的规范场所,既可存在于现实世界,也可存在于网络空间。其现实意义在于实现市场功能。在决定平台效用的过程中,平台上对应的另外一方的规模成为一种质量参数。①比如,平台上卖方越多,对买方的吸引力就越大;同样地,卖方在考虑是否使用这个平台时,平台上买方越多,对卖方的吸引力也越大。现实生活中有许多平台产业的例子,如银行卡、电信业、网站、购物中心、媒体广场等。会展是以现场集聚为特征的一种交往沟通活动。它以主题化时空为核心,以表达展示为手段,以新、特、专、精为看点,以供需互动为目标,其实质在于通过搭建拟态交往平台,实现人际与组织间的符号互动。会展业属于一种平台产业经济类型。作为一种“双边平台”,会展是平台方即组展商用来连接买方和卖方,即观众读者和参展商的一个平台,其作用在于优化资源配置,激活公共文化服务产品的市场流通供应,借此激励创新竞争、扩大品牌营销、增强行业交流、形成利益共同体、促进供需合作。

## (一) 认识平台经济

所谓“平台经济”(Platform economy),指借助于一种交易空间或场所,引导或促成双方或多方客户之间的交易,通过收取恰当费用而获得收益的商业模式。②其最大特征是有效搭建双边或多边平台,通过平台来连接两类或更多类型的客户,让他们开展信息交换或交易活动。人类社会进入21世纪,平台经济理论引起了学界和业界的重视,主要包括两部分内容:双边市场理论和网络外部性理论。阿姆斯特朗(Armstrong)认为,③双边市场是这样一种市场,通过平台交易的双方,其中一方的收益取决于另一方的数量。埃

① 徐晋:《平台产业经典案例与解析》,上海交通大学出版社2012年版。

② 徐晋:《平台经济学——基于平台竞争的理论与实践》,上海交通大学出版社2007年版。

③ Armstrong. M., Competition in Two-Sided Market Mimeo, London: University College, 2004.

文斯(Evans)[①]提出了判断双边市场的三个原则:两组不同类型的用户,两组用户存在外部性联系,用户之间存在一个可以将不同类型用户的外部性内部化的平台企业,以有效地促进双边市场协同。"网络外部性"也被称作需求方规模经济,指的是消费行为之间的相互影响,即某一消费者是否购买或使用这些公共产品和服务,很大程度上取决于其他消费者是否已经购买和使用了这些产品和服务。[②]它包括直接网络外部性和间接网络外部性。网络外部性理论产生于经济学中外部性理论和网络概念的结合。

随着平台经济逐渐步入视野,相关研究开始兴盛起来。笔者检索发现,有关平台经济的研究主要集中在经济学领域,一类是平台经济自身特征的研究,如李允尧等人[③]指出平台经济的载体、突出特征、业务模式与价格结构,以及竞争模型和竞争策略;史健勇[④]提出,平台经济分为以实体商品集散地为主要表现形式的平台经济、以提供服务业实体平台为最新表现形式的平台经济和以提供信息虚拟平台为最新表现形式的平台经济(21 世纪初开始出现)这样三个发展阶段。另一类是借用平台经济去分析一个具体的应用平台,如张启迪[⑤]基于平台经济理论,聚焦电信运营商的集团客户市场,研究运营商企业应用平台的发展策略;张惠[⑥]针对平台金融运作过程中的问题指出,商业银行需要继续深化多元合作,建立网络平台数据库,加强与政府平台、工商平台的合作,同时完善信用指标评价体系,利用金融渠道与互联网推广平台经济理念。

### (二) 会展活动的平台特性

会展业本身的形态特征是有目的的现场集聚,具体体现为供需商家集聚、行业

---

① Evans, D. S., The antitrust economics of multi-sided platform industries, Yale Journal on Regulation, 2003, 20.

② 徐晋:《平台经济学——基于平台竞争的理论与实践》,上海交通大学出版社 2007 年版。

③ 李允尧、刘海运、黄少坚:《平台经济理论研究动态》,《经济学动态》2013 年第 7 期,第 123—129 页。

④ 史健勇:《优化产业结构的新经济形态——平台经济的微观运营机制研究》,《上海经济研究》2013 年第 8 期,第 85—89 页。

⑤ 张启迪:《基于平台经济理论的运营商企业应用平台研究》,北京邮电大学,2012 年。

⑥ 张惠:《中小企业平台金融服务模式研究——基于平台经济理论与发展的应用》,《西部金融》2013 年第 7 期,第 37—42 页。

品牌集聚、市场信息集聚、创新创意集聚、展示表达集聚、高层决策者和专业人才集聚、业内外媒体集聚;其功能特征则是内在经济性和外部公共性的统一,及其系统而广泛的产业关联。[①]与此同时,会展业作为一种平台产业,具有以下特性:

1. 会展平台属于市场制造者

市场制造者使得不同市场方的成员互相交易。参展商和观众同时进入会展平台,在平台上对产品的价格和质量开展协商和洽谈。在这里,会展平台是面向买卖双方的服务性中介机构,其核心任务是满足平台双边用户的需求,提高双方的交易效率,增强公共产品的市场流通性。

2. 交叉网络外部效应

会展平台上的参展商数量越多,知名度越高,越能吸引观众读者的注意力;反过来,观众读者数量越多,产品需求量越大,也会给参展商带来同样的刺激公共产品生产的效果。因此,参展商和观众数量增加、质量提高之后,其交叉网络正外部效应会十分显著。

3. 双边用户非对称价格结构

组展商既可以向参展商收取展位费,也可以向观众读者收取门票费,但是它对参展商和观众的收费采用不同标准,通常会通过补贴一方而相应抬高另一方进入的价格。

虽然大部分学者将会展视作一个平台,然而只有极少数人运用平台经济理论探讨会展,因而相关论文的数量十分有限。梁君[②]以东盟博览会为例,认为会展平台的运营应当运用差别定价体系、形成比较优势、推进国际化发展等策略。肖怀云[③]认为运营农业会展平台需要明确政府在农业会展中的定位,采用差异化定价策略,提供匹配服务,同时构建基于网络的农业会展平台。朱琳[④]则认为,以互联网为最大基础的平台经济造就了会展业的繁荣。会展策

① 张敏:《会展蓝皮书:中国会展业动态评估年度报告》,社会科学文献出版社 2013 年版。

② 梁君:《基于双边市场理论的会展平台运营策略——以东盟博览会为例》,《广西师范大学学报(哲学社会科学版)》2014 年第 1 期,第 44—48 页。

③ 肖怀云:《垄断性农业会展平台的定价方式与运营策略研究》,《农村经济与科技》2014 年第 12 期,第 109—111 页。

④ 朱琳:《平台经济发展条件下,会展设计服务的新趋势研究》,天津美术学院,2013 年。

划服务通过完善会展业发展促进平台经济发展。两相比较,一方主要是探讨会展业的平台特性和运营策略,一方则是在平台经济发展的条件下探讨会展策划服务的新趋势。

截至目前,尚未发现从平台经济视角研究上海书展发展路径的专题研究。本文试图由此切入上海书展,通过比较法兰克福书展作为版权交易平台所体现的引导作用,深入分析上海书展平台作用存在的不足,以期为上海书展的发展路径提供有价值的建议。本文的研究方法主要采用文献分析法和比较分析法,理论工具则借助平台经济理论。

## 二、 上海书展与法兰克福书展比较

纵观国内外书展,有以读者服务为中心的,如上海书展,着眼于图书零售;有以版权贸易为中心的,如法兰克福书展,目前是世界上历史最久、规模最大、声誉最高的书展,着眼于版权交易。相比上海书展十余年的发展历程,法兰克福书展(Frankfurt Book Fair)的历史要久远得多。它于 1949 年由德国书业协会创办,1964 年改由德国书商协会成立的法兰克福图书展览公司负责运营。法兰克福书展每年约有 120 个国家 7 300 余名来自世界各地的出版界人士、1 000 多位作家、1 万多名记者以及 30 万观众参与,是全球最重要的国际图书贸易信息服务平台和国际知识产权交易平台,是全球文化交流活动的风向标,“世界出版人的奥运会”。笔者基于平台经济理论,对上海书展和法兰克福书展的发展特点试做比较分析。

### (一) 公益性与商贸性

上海书展,作为上海满足群众公共文化服务多样化需求的一个市场化手段,其基本定位是打造全民阅读平台。长期以来,书展一直秉承“服务读者”的中心理念,讲求公益性,不遗余力倡导阅读、引领阅读、推动阅读。首先,从第二届即提出并沿用至今的主题“我爱读书,我爱生活”,体现了上海书展的“亲民”路径。其次,书展虽说旨在着力打造全民阅读平台,但媒体的宣传重点主要集中在营造展会的热闹场面、组织名人讲座签售、调动民众的购书热情和力争惊人的零售数字等方面。然而这种造势手法,效果是使读者的注意力转向感官刺激,很难使读者集中于文本想象和独立思考。第三,组办书展的费用来自政府补贴。政府对参展商免费招展,观众参观的门票价格仅为 10 元(夜场 5 元)。平台的主要优点是提供廉价的实体环境或虚拟的贸易环境,从而降低交易成本,主要是市场各方寻找交易伙伴、达成交易的成本。①应当看到,上海书展并没有放弃公共文化产品的公益性基本追求。这样作似乎显得对商业得失的考量不够看重,不太符合平台作为双边市场对一方收取高额费用以补贴另一方的方式来获取利润的特征。其实公益性和市场化并非一定水火不容。以准公益方式倡导全民阅读当然无可厚非,不过为书展长远发展计,还应看重的是民族出版业的未来、版权交易的国际竞争和国家知识产权战略的重任。需要认识到:仅以图书零售和读者服务为中心的定位,因为与分布于城市各处的实体书店形成同质化竞争,势必无法支撑书展的长远发展,还会在一定程度上限制书展品位的提高,影响中国文化“走出去”的战略进程。

相比之下,法兰克福书展的定位是打造版权交易平台。其主要功能在于推进版权贸易。其展览宗旨是允许世界上任何出版公司展出任何图书。书展为世界各地的出版商寻找新的接触机会,能够延续、加强已有客户,还可以寻找新的合作伙伴,开发版权与许可贸易:一面是出版机构的版权负责人前来洽谈、购买国外版权或翻译版权,一面是大批著作权代理人寻找海外出版公司。与之配套的“国际版权经理大会”则负责探讨版权贸易相关问题,解决版权市场贸易合作障碍。书展还为书业相关的行业搭建了学术交流和项目合作的平台。此外,书展每年还会设立一个主宾国,借助书展大舞台展示主宾国的文化形象和文化实力。综上所述,法兰克福书展主打版权贸易功能,其余活动大多辐辏于这一功能。该书展的作法应当给我们以一定的启发。

### (二) 服务大众化与服务差异化

以“图书大卖场、名人大秀场和文化大展场”著称的上海书展,把广大中

① 徐晋:《平台经济学——基于平台竞争的理论与实践》,上海交通大学出版社 2007 年版。

端消费者视为目标人群。书展以图书零售和读者服务为主,服务方式书店化,服务对象大众化,服务策略折扣化,服务质量则有些流于一般化。作为“图书大卖场”,书展现场书山堆积、人海汹涌,随处可见读者购买打折书的盛况。作为“名人大秀场”,书展惯用名人作家、娱乐明星做噱头,以“眼球经济”吸引观众驻足,比如书展上随处可见的作家签售会、名人演讲会,对观众而言可以实现面见名人的愿望,于名人而言可以增加名气和收入,于展商而言可以聚集人气、促进销售。作为“文化大展场”,通过打造“文化高地”“文化产业风向标”等品牌符号宣传造势,将文化产业、文化贸易、文化高地有些流于简单化和低端化操作,而对该平台本应具备的文化资源全球化交流配置功能无法充分发挥出来,也使得以体现创新创意创造为特征的知识产权集聚交易不能充分实现。换句话说,由于书展专业化水平有限,使得策展参展各方,仅仅注重眼前短期零售利益,而无法作到对未来长远版权利益的发掘。

服务差异化是指某一展会区别于其它展会的独特定位。法兰克福书展定位明确,以版权贸易为宗旨,主要功能是推进版权贸易。参加法兰克福书展的全球出版巨头和版权所有者是以版权贸易为主要目的,或买进、或卖出、或两者兼顾。数据显示,在法兰克福书展上达成的版权交易占到世界全年版权交易总量的 75%以上。一方面是出版机构的版权负责人前来洽谈、购买国外版或翻译版版权,一方面是大批著作权代理人寻找海外出版公司。书展的组织者为参展人员提供良好的贸易洽谈环境和周到的展览服务。书展成了全世界知识产权的贸易中心、信息中心、集散中心和组织中心,实现了价值发现、资本积累、创新激励、品牌营销、共同体建构的目标,成为推广国家公共文化产品的知识产权战略工具。展出的图书作为知识产权承载工具,其种类五花八门,涉及人类知识所有领域;其品种丰富多彩,涉及三次产业的非物质资源,进而为版权交易提供了充分的选择余地。细究起来,法兰克福书展中的交易行为,大多是有组织有目的的批量贸易,是版权生产者和版权利用者之间的生产再生产性资源交易,这一点不同于上海书展,后者主要针对个体消费者实施一次性零售。

### (三) 客户一般化与客户专业化

会展平台双边参与者是平台存在的根本。每年一届的上海书展汇集了全国500多家出版社,观众可以是想去参观的任何人。首先,因为有政府补贴,对参展商免费招展,进入门槛低,参展商质量得不到保证。其次,对专业观众和普通观众不加区别,直接导致书展现场秩序混乱、体验不堪。最后,由于门票价格(日场10元,夜场5元)大众化,观众个人素质参差不齐,无法保证专业观众的权利。这样一来,在盲目追求参展商和观众数量的前提下,没有质量保证的参展商和参展观众,带来的直接后果是出版发行单位为促进销售挖空心思吸引观众。"畅销书"和当红网络小说高调入驻展会,便是响应书展大众化要求的必然结果。这样做,虽然可以在一定程度上吸引观众,却会导致展会品位的低俗化。参展商多样化和商品差异化是双边市场竞争优势的必要条件。上海书展不能只是扩大平台两端参与者的数量,而不顾及参展商的种类和展品的差异化程度。

法兰克福书展是德国书业协会举办的国际性图书展览。首先,交易对象是版权及其所代表的知识产权。近年来,随着版权数字化的世界性推广,数字版权成为法兰克福书展的重要内容。参展商主要是各国从事图书出版版权贸易的业务人士和部门经理,除畅通的购买渠道外,参展商的种类和质量得到了很好的保证。其次,展会上的业界人士包括图书批发商、媒体杂志从业者、文稿代理商与文探、作者、图书馆管理者、网络版权所有人和案卷保管人、印刷制造商、大学与研究机构、专业协会等等,他们是真正意义上的专业观众,是知识产权、数字版权的真正生产者和利用者。这样不仅在数量上得到保证,观众的质量也有了保证。最后,法兰克福书展对专业观众和普通观众的参观时间予以区分,大体体现为3∶2的比例,在保证展会现场秩序的同时,考虑到各类观众的不同需求,表现出明确的专业化要求。

### (四) 都市阅读文化的消费主义趋向与世界出版人"奥运会"

传统阅读专注于书籍内容和书与人的互动。上海书展则通过"人性化"

服务制造阅读体验需求、"理想书房"制定阅读体验审美标准以及"书吧"提供阅读体验满足，进而强调阅读主题下的"身体性体验"，刺激读者对"阅读体验"的临场追求。观众往往就是在这种体验满足的引导下，来决定自己图书购买选择。在这里，创新创意沦为商业活动附属的徽章标记品，由此彰显的并非学习型社会，更像是以快餐式浅阅读为表征的都市商业消费。作为一个双边平台，上海书展主要致力于吸引个体观众参观，不具备明显的展会成长性追求。出版商参展和观众浏览很大程度上仅仅取决于往年参与的收益、当前媒体的宣传力度和图书出版市场的盈利情况。

展会成长性指的是会展作为双边市场，能够影响客户对未来交易量和外部性的预期，相信通过这一平台能够达成关于未来价格策略的承诺。法兰克福书展是世界各国出版商开展书籍贸易、版权贸易、合作出版的主要平台。作为"世界出版人的奥运会"，具有强烈的品牌凝聚力和品牌忠诚度，它既延续、加强了已有客户，又寻找、吸引着新的合作伙伴，深入开发版权与许可贸易。出版社、跨国公司通过书展还可以进一步塑造企业形象、介绍和展示产品，获得新的消费者，寻找新的发行渠道，交流与收集版权信息。据此，出版人对参展交易量和外部性效益通常怀抱特定预期，而通过展会达成的所有贸易也都具有法律效力，受到法律的保护。

## 三、 平台视角下上海书展的发展路径

书展是出版活动的一个重要环节。在中国文化"走出去"战略中，书展有其独特的地位与角色内涵。法兰克福书展有世界之最的展览规模、周到细致的展览服务、持续发展的版权贸易、方向明确的战略目标。反观上海书展，从2004年作为地方性展会诞生，到2011年升级为国家级书展，再到提出"国际化"发展目标，这一过程体现着上海书展做出的空前努力和巨大成就，当然要真正成长为"国际性"书展，或许上海书展至少还需要在以下方面做出改善。

### （一）明确战略定位与发展路径

应当看到，城市大型书展在具备一定的公益性和准公益性特征的同时，它

还具备鲜明的贸易性和市场性特征。其文化附加值,比如展示文化成果、倡导阅读风气、促进文化交流等,全都有赖于其市场交易的实现。这也就是说,我们在充分利用并发挥其公共文化产品服务的公益性功能的同时,也不能忽略了对其市场性和贸易性功能的发掘和应用。就上海书展的发展而言,有必要遵循和应用双边市场规律。政府相关部门需要在一定程度上放权放手,由专门的书展机构在市场环境中来组织运营上海书展。其次,要把握版权贸易这个关键环节,开辟专业观众日,期间不组织图书零售活动,同时兼顾版权所有人交流、推广和发布行业最新动向的展示交流。第三,创新管理模式。在保证上海书展具有稳定规模的前提下,注重对会展平台的宏观策划和服务,以便提高会展平台的总体服务能力,为参展商和观众提供一个安全高效的服务环境和交易平台。第四,展会宣传不应只注重宣传造势,而应着眼于宣传书展的核心价值和版权理念。再有,重视专业观众的质量。专业性书展不能把展会的成功完全寄托在参展参观的数量人次,且不应以展会现场图书售卖作为主要目的。通过提升参展商参展标准和观众参观品质,提高现场规范性。最后,针对双边市场不同的交叉网络效应强度、客户数量以及服务成本,实施差异化定价策略。高度重视产品或服务的差异化程度;差异化程度越高,竞争力越强,越能吸引更多的专业观众参观。

### (二) 提高书展的平台服务质量和专业化水平

上海书展要以互联网思维积极推进服务创新,不断提高整体服务质量和专业化水平,在参展商和观众心目中树立起优质服务、专业水准的形象。首先,不断完善现场展厅内各项基础设施,如展台搭建、多媒体设备等。其次,强化网络技术基础设施建设,完善展馆中的网络信号服务,确保展览期间网络信号畅通无阻。再次,充分利用媒体和网络(包括新媒体,如微博、微信、APP等)为书展服务,实时公布展会信息,如参展时间、地点、展商所在位置和周边交通、餐饮及住宿等。最后,书展要重视引进专业管理人才和具有服务精神的志愿者,满足参展商的各类需求。

## （三）多属行为策略：打造书展平台的不可替代性

多属行为指市场一边或两边采用一个以上平台的情况。当加入平台的固定费用很低或为零，多属现象便容易出现。平台影响的扩大是抑制平台上客户多属行为的有效方式。上海书展的参展商和观众存在一定程度的多属行为，他们会在不同的书展参展参观，享受不同平台所提供的服务。参展商多属行为的目的是吸引客户、寻求合伙人、促成贸易和交流行业内的信息；观众多属行为的目的是获取更多、更全的商品信息。为了抑制参展商和观众的这种多属行为，上海书展必须努力扩大自己的影响力，使自己成为国内，甚至国际独一无二的书展，进而打造出平台的不可替代性，形成对出版人的绝对吸引力。

## （四）交叉网络外部性策略：国际化发展

平台吸引的供应商或消费者越多，相应地也会吸引更多的消费者或供应商进入该平台。因为该平台能够提供更多的交易机会。①平台影响力扩大之后，网络外部性会随之变得明显。对于上海书展来说，随着参展商和观众数量与质量的提高，新的参展商和观众在进入之后所获得的交易匹配机会也将变得越来越多。这在参展商和观众之间会形成一种叠加效应。因此上海书展不能局限于上海及其周边或者全国的观众和参展商，还应着眼于全球潜在的参与者，在不断提高自身专业性的同时，向国际化水平发展，集聚雄厚的资金、技术和人力的支持，通过商贸交流、宣传推广等方式引进其他国家的参展商参展，进一步扩大展会参与者的数量和规模。

## （五）加强虚拟化平台服务

上海书展在利用实物展会交流的同时，还应注重虚拟平台的建设。虚拟平台比实体展会持续得时间更长，信息流通更有效精准。相对于法兰克福书

---

① 徐晋：《平台产业经典案例与解析》，上海交通大学出版社 2012 年版。

展醒目的官方网站,上海书展仅在东方网上开设了书展直播间专栏。这一做法距离国际化要求是远远不够的。为此,上海书展需要加强官方网站建设,同时利用微信公众号和官方微博宣传推广,通过网站提供的文档与图片资料、数字化处理等各种技术,提高展会组织效率;利用采集技术搜集展商、专业观众和各相关机构的信息,整理展会的意见反馈,通过信息化手段及时加以比对分析并做出科学评估;同时运用 APP、微信公众号和官方微博等社会化媒体进行常规化报道,打破"有展会才有新闻"的模式,长时期、不间断地对上海书展进行推广,努力提高书展的信息化、网络化服务水平,扩大上海书展的影响力和知名度。

## 结　语

在中国图书"走出去"和中国文化"走出去"的战略背景下,上海书展虽然提出了"国际化"发展目标,但在实际操作上还有些仅仅局限于服务本土受众,在一定程度上停留在"图书大卖场、名人大秀场、文化大展场"的书展发展初级阶段。这样一种发展状态,是难以满足中国文化"走出去"的需要的。

首先,具有公共文化服务特征的上海书展,其国际化发展的路径在于要同时对接市场化。如所周知,平台通常是通过对一方收取高额费用补贴另一方的方式来获取利润,具有强大的市场活力。上海书展作为一个公共平台,对市场双边客户均予以公共补贴,这在一定程度上既增强了财政负担,又使得书展的市场化潜力无法得到释放。换句话说,仅仅体现出公益性,而忽略了专业性和市场性,则很难让上海书展走出国门、走向世界,更不用说担当起出版业未来发展的战略重任。

其次,出版业的未来在于版权贸易。事关创新创意资源的"数字主权",事关企业参与市场竞争的能力和国家的核心竞争力,上海书展必须担当版权贸易重任。面对后工业时代的全球化语境,上海书展理应更加看重版权交易,聚焦以版权交易为核心的功能定位,而不是止步于前现代启蒙,满足与自己的书店开展零售竞争,或者自足与倡导全民阅读社会风气。目前已举办 12 届的上海书展,亟须摆脱图书大卖场形象,不再斤斤计较于本土得失,力争走专业化国际化的版权贸易之路。

为了实现专业化和国际化目标,基于平台经济视角,本文提出上海书展的发展需要明确战略定位和发展路径,提高书展平台的服务质量和专业化水平,打造书展平台的不可替代性,加强以网络外部性为基础的国际化发展态势,为民族出版业版权贸易的未来创造一片不一样的天空。

# 15

# 共建共享基层文化繁荣

## ——上海市民文化节公众参与初探

靳佳佳　张　敏*

**摘　要**　上海近年来创办的市民文化节，作为沟通载体和交往平台，开始为上海市民提供更加丰富多彩的文化活动，一定程度上体现了公共文化建设的方向。本文以上海市民文化节的公众参与为切入点，辅以问卷调查，剖析目前公众参与模式的不足，提出公众参与度有待提高的问题。同时对比国内外相关案例，尝试探索公众偏好的形成路径。

**关键词**　上海市民文化节　基层文化　社区文化　公众偏好

## 引　　言

随着富裕时代的来临和城市生活的进步，文化需求作为公民的基本权益已成为社会共识。2006 年《国家"十一五"时期文化发展规划纲要》明确提出"公共文化服务"理念。此后，公共文化服务体系逐渐成为文化建设的中心工作。2011 年《中共中央关于深化文化体制改革，推动社会主义文化大发展大繁荣若干重大问题的决定》指出，"满足人民基本文化需求是社会主义文化建设的基本任务。必须坚持政府主导，按照公益性、基本性、均等性、便利性的要

---

* 张敏，上海大学上海电影学院教授、博士生导师，上海会展研究院执行院长，上海会展协会副会长；主要研究方向为会展传播学。靳佳佳，上海大学上海电影学院研究生，上海会展研究院实习研究员，主要研究方向为会展传播学。本文为国家社科基金规划课题"全球化视野下国际会展业发展比较研究"（13BGL086）的阶段性成果。

求,加强文化基础设施建设,完善公共文化服务网络,让群众广泛享有免费或优惠的基本公共文化服务”。2015 年底《中共中央关于制定国民经济和社会发展第十三个五年规划的建议》再次强调,文化建设是“五位一体”建设中的关键一环,事关十三五期间经济社会发展的中心任务。

为了推动上海节庆产业的发展,提升上海公共文化服务能力,上海市有关部门开发了丰富多彩的文化活动。经过十多年的培育,已经形成十多个知名节庆品牌,其中上海旅游节、上海国际电影节、上海国际艺术节,是最具影响力、级别最高的三个大型文化节庆活动,这些节庆活动创办之初,便定位于提供高雅文化艺术服务。上海市民文化节不同于这三大节庆品牌,它是一个服务于市民基本公共文化需求的基层平台,从 2013 年创办至今,已经走过了三个年头。举办之初,上海文化主管部门就学习借鉴世博会经验,不是把市民文化节定位于一个实体节庆,而是通过多方资源整合,多措并举,为广大市民搭建起一个更具城市包容力、亲和力的公共文化服务平台。

三年来,市民文化节这一公共文化服务平台已经吸引了越来越多的市民加入。老百姓的欢迎和参与是对上海市民文化节最有力的肯定。本文在梳理市民文化节参与模式的基础上,尝试对其市民参与做深入探索。

## 一、文献综述

### (一) 社区文化研究

国外基层文化研究主要集中于社区这一焦点。因其历史较长,研究相应也更为深入全面、更加系统化。研究主要聚焦于社区个案,或者聚焦于社区文化、公共文化与新媒体等实用性功能等。如詹姆斯·海尔布伦针对美国政府如何在社区中扮演角色,提出社区组织在美国的公共文化服务体系中发挥着非常重要的作用,尤其是社区艺术代办处,承担着为艺术发现创造机会的主要任务。社区艺术代办处的活动,主要通过组织和发起节日活动,提供活动的公共空间以及艺术作品的生产和销售渠道,确保特定社区的多种文化活动都有机会为居民接受。[①]他认为,社区是基层文化服务的重要平台。

## (二) 节庆活动研究

近年来国内开始关注文化类节庆活动,对文化节庆参与度的研究数量也与日俱增。纵观国内相关研究成果,主要表现出两个特点。一是集中关注具体案例,采用问卷调查形式开展定量研究;二是集中关注经济效益,忽视至少是轻视其文化意义研究。

## (三) 上海市民文化节研究

上海市民文化节作为一个新兴的基层文化服务平台,学界目前对其研究不足。现有评论大多集中于《中国文化报》《文汇报》《解放日报》上的相关演出、赛事活动的报道层面。《上海艺术家》杂志对其有过比较深入的总结性研究。但就整体而言,对上海市民文化节的参与研究尚属空白。

上海市民文化节是全面展示近年来上海群众文化建设的丰硕成果和市民文化风采的崭新平台,活动贯穿全年,覆盖全市,积极倡导“爱国、敬业、诚信、友善”的社会主义核心价值观。市民文化节以近年来全市建成的 203 个社区文化活动中心为主要活动场地,策划开展了丰富多彩的文化活动,方便市民就近参与,更好地享受公共文化服务。同时,在本市重点文化广场、公共绿地和部分商业中心设立了 70 个左右室外活动场地,形成了双休日和节假日的规模效应;在社区、校区、厂区、园区、营区和机关、楼宇七类区域实施广泛动员,吸引全市各社区、各行业、各高校等不同年龄、不同国籍、不同职业的广大市民参与。[②]基于以上情况,本文尝试在现有资料基础上,通过梳理三年来市民文化节的参与机制,结合问卷调查,探索进一步扩大市民文化节参与度的可行路径。

---

① (美)詹姆斯·海尔布伦、查尔斯·M.格雷:《艺术文化经济学》,詹正茂译,中国人民大学出版社 2007 年版,第 301 页。

② 市民文化节官网,http://enjoy.eastday.com/smwhj/xwdt/u1a7310156.html。

## 二、 上海市民文化节的市民参与实践

### (一) 共建参与主体：集众人之智，尽众人之力

1. 广发英雄帖——举手机制催生多元主体

市民文化节不同于以往的文化节庆活动，既打破了政府主导格局，又不单纯是市场化运作机制，而是以节庆为平台，积极发掘、培育和鼓励多元社会主体的参与，开辟了活动项目社会化、专业化运作的崭新模式。首届市民文化节举办前，文化节组织者便向各大媒体广发"英雄帖"，倡导社会力量举手举办文化活动，得到各界积极响应，形成了持续显现的催生效应。除第一批吸纳 70 余家企业、社会机构、民间组织策划并开展了百余项市民文化活动外，不断有新的机构纷纷来电咨询、踊跃举手，希望承办活动或将其活动纳入市民文化节。

通过集聚社会主体，市民文化节大大丰富了活动内容。一系列展现上海城市文化特色、形式丰富多彩的活动，营造起全民共享的浓郁氛围。从"虹桥·艺术集市"到"城市景观音乐会"，从"文化进地铁"到"文化进大居工地"，从"社区日"到"企业文化日"，从"博物馆之夜"到"儿童服务日"，社会主体的多元化使公共文化活动的样式不断创新，活动的外延与品质不断扩展升级，关注人群和参与群体形成了广覆盖态势，社会主体的参与积极性得到有效激发。①

2. 社会资源协调——构建公共文化服务三级配送体系

市民文化节举办第一年，为充分调动社会资源，满足群众需求，首先形成了由"百姓点单、供需对接、社会参与"的市、区县、街镇三级网络联动配送体系，制作统一的公共文化服务配送"菜单"，由老百姓按照自己的需要"点单"，让文化服务"合乎胃口"。2014 年，在上年服务配送的基础上，打造了配送服务升级版。首先，针对配送主体不多样、配送产品不丰富等社区反映比较集中的问题，建立需求对接、市区联动、举手申报、点单采购、绩效评估五大机制，着力提升公共文化配送服务效益。目前，市、区县、街镇三级配送体系已基本建

① 皇甫文：《搭建市民文化共享平台》，《中国文化报》2013 年 7 月 14 日第 6 版。

成。2014 年市区两级配送演出资源增加了 102%,配送讲座资源增加了 86%,社区文化指导员配送增加了 30%,产品供应主体增加了 200%。与此同时,为了提升公共文化服务配送的均衡化水平,解决远郊地区资源缺乏的问题,建立了以区域人口为基础,重点向远郊和人口集聚区倾斜的新的资源额度分配机制。2014 年崇明、金山、奉贤三个远郊区县人均公共文化配送资源享受额度比中心城区高 35%。2015 年,在原来基础上人均额度继续增加 28%。①

**表 1 上海市公共文化资源对接情况②**

| 资料来源 | 东方系列配送机构 | 公共文化机构(市群艺馆、市艺术馆等) | 社会文化机构(专业院团、协会等) | 区县公共文化机构(区文化馆、区图书馆等) | 区县社会文化机构 | 其他(独立配送组织) |
|---|---|---|---|---|---|---|
| 对接方式 | 协调配送 | 协调配送 | 政府招标、直接购买 | 协调配送 | 政府招标、直接购买 | 政府招标、直接购买 |

3. 降低准入门槛——市民“参与”常态化

在市民眼中,上海市民文化节区别于中国上海国际艺术节的最显著特点,就是艺术演出的票价低廉,在很大程度上降低了市民参与和享受文化活动的门槛。而社区举办的绝大多数活动,都是免费参与。因此,只要市民有需求有时间,享受社区文化教育或艺术享受服务都是零门槛。

4. 天天演、周周有、人人参与模式

对上海市民文化节,有这样一个幽默的解释:一年办一次,一次办一年。的确,上海市民文化节作为历时最长、影响最广泛的平民文化盛宴,已经不再是一场或几场文化活动的汇聚,而是已经升华为一个常设性的万众参与的文化平台。

数据显示,仅春季活动就有 6 000 余个项目全面铺开,逾万场活动吸引了超过 800 万人次参与,逾百家中央、上海、区县媒体报道超过 6 000 篇次,90 余万人次访问了活动官网。首届市民文化节“举手”参与的社会主体为 500 多家,市民受益人次达 2 900 万;到 2014 年,参与主体同比增加了 30%,市民受益

① 胡兆燕、徐俊:《上海:公共文化服务让百姓“点单”》,《中国财经报》2015 年 12 月 26 日第 11 版。

② 资料来自上海市群众艺术馆 2013 年调研统计表。

人次更突破了 3 100 万。

正是这样广泛的覆盖面,使得上海市民文化节这张网能够深入全市 203 家社区文化活动中心,70 余个重点广场、绿地、商圈。

### (二) 共建文化设施——作为参与中介的公共文化设施的有效利用

“十二五”以来,全市公共文化服务设施面积超过 300 万平方米,拥有 115 家博物馆(纪念馆、陈列馆)、237 个公共图书馆、27 个文化馆、203 家社区文化活动中心、300 家东方社区信息苑、1 771 个农村数字电影放映点、1 514 个农家书屋;基本形成了覆盖城乡的基层公共文化设施网络,实现了步行 15 分钟就能获得公共文化服务的目标。[①]在市民文化节运作中,公共文化设施扮演着重要的角色。从社区文化活动中心的定址,到各大图书馆博物馆的利用,充分体现着公共文化服务资源的合理调配和良性运作。

尽管公共文化服务的基础设施不断增加,但是不容忽视的是:一方面,目前上海与纽约、伦敦等国际化大都市相比,公共博物馆、图书馆、美术馆以及画廊等公共文化设施的数量仍然偏少,层次偏低,集聚能力与规模不足。另一方面,公共文化服务的供给内容与公众需求脱节的现象仍然存在,尤其表现为数量有余,趣味性不足。

### (三) 共享文化服务——“文化云”传播平台服务

针对散落于各基层社区单位的文化服务信息无法及时通知到公众,公共文化设施无法让青年人群走进来参与,以及文化活动信息不对称,公共文化设施利用率不高等问题,嘉定区率先转战新媒体平台,主攻数字化平台,让市民可以在手机上了解最近的活动信息,不仅能够一目了然,而且可以预约报名。

“文化嘉定云”在深耕新媒体,打造“文化云”的过程中,一方面通过网站、APP、微信、微博,同步发布活动预告、展示场馆展品、回顾精品活动、推广数字

---

① 李显波等:《“十三五”时期上海文化发展思路研究》,《科学发展》2015 年第 6 期,第 79 页。

阅读;一方面克服自身远离市中心的地理位置限制,着力打造了包括在线图书馆、在线美术馆等网上项目,保障了市民在线阅览、在线看展畅通无阻。通过线下参与、线上讨论,打通了跨资源参与和互动。

截至2014年12月底,文化云服务访问量已经达到600多万人次。到2015年底,全市10个区县将建成本区县文化云子平台,2016年底实现17个区县全覆盖。①市民文化节这种在线“文化云”服务,很大程度上体现了文化基层组织对新的文化服务模式的新探索,打破了单一维度的文化生态环境,营造了主动参与、沟通有效、响应及时的文化生态环境,并以此助推上海城市品质发展,探索和实践现代公共文化服务体系建设的新思路、新模式,充分体现了“以民为本”的文化服务理念。

## 三、研究方法与基本调查数据

上海市民文化节的活动主阵地是社区文化活动中心。2013年文化节80%的活动在全市203个社区文化活动中心展开。为了解市民文化节公众参与情况,本文特地设计了进一步研究的问卷调查,目的是在调查数据基础上做实证研究。本次问卷调查采取随机抽样方式,针对上海常住人口参与社区文化活动的情况展开。调查主要集中在亲友、网站及微信聊天工具中进行,共有135位上海市民参与。尽管抽样调查样本量相对偏少,但本文仍尝试作些初步的研究分析。

### (一)基本数据描述性统计分析

在接受问卷调查的对象人群中,男性受访者53人,占比39.26%;女性受访者82人,占比60.74%;两者相差21.48%。被调查者的年龄层次在10—75岁之间。其中,23—30岁年龄段的人数最多,占比60.74%;其次为31—55岁,占比25.93%;再次为16—22岁,占比8.15%;又次为55周岁以上,占比3.7%;

① 洪伟、魏国歌:《上海市首个公共文化服务云平台“文化嘉定云”上线运行》,《中国文化报》2014年12月23日第2版。

15 岁以下占比最少,仅 6.2%。

调查对象的学历分布,研究生及以上人群最多,占到 42.96%;其次是本科学历,占到 36.3%;以上两大受访人群占比均在 30%—40% 之间,合计占比 79.26%。第三是高中及以下学历人士,占到 11.85%;参与最少的是专科人群,占比 8.89%。

在职业分布上,就业人群为 75 人,占比 55.56%,数量最多;其次为学生群体,占比 33.33%;无业人士与退休人士占比较少,分别为 6.67%、4.44%。

户籍地分布,调查中拥有上海户籍的市民 65 人,占比 48.15%;非上海户籍的常住市民 70 人,占比高达 51.85%。其中,来自闸北区、闵行区与徐汇区的人数最多,分别为 21 人、15 人、15 人,占到 15.56%、11.11%、11.11%;其次是浦东新区、宝山区与黄浦区,均为 13 人,占比 9.63%;虹口区 7 人,松江区、杨浦区、长宁区、静安区均为 6 人;崇明县、奉贤区、青浦区以及普陀区参与者较少,分别为 3、2、2、2 人;金山区没有参与者。

**表 2　上海市民参与社区文化活动问卷调查**

| 项目编号 | 问卷对应题号 | 问　卷　问　题 |
|---|---|---|
| 1 | 7 | 您所居住的社区有社区文化活动中心吗? |
| 2 | 8 | 您去过该社区文化活动中心吗? |
| 3 | 9 | 您参加过社区文化活动中心组织的活动吗?(第 8 题选择 B 者无需回答) |
| 4 | 10 | 近一年内,您参加社区文化活动中心活动的次数有(第 9 题的选 B 者无需回答) |
| 5 | 11 | 您参加过的社区文化活动类别是(第 9 题的选 B 者无需回答)［多选题］ |
| 6 | 12 | 您没有参加社区文化活动的原因是(第 9 题的选 A 者无需回答) |
| 7 | 13 | 您的家人或朋友去过社区文化活动中心吗? |
| 8 | 14 | 您家人或朋友参加过社区文化活动中心组织的活动吗?(第 13 题选 B 者无需回答) |
| 9 | 15 | 近一年内,您家人或朋友参加社区文化活动中心活动的次数有(第 14 题选择 B 者无需回答) |
| 10 | 16 | 您家人或朋友参加过的社区文化活动类别是(第 14 题选 B 者无需回答) |
| 11 | 17 | 您听说过上海市民文化节吗? |
| 12 | 18 | 您平日参加文化活动的主要路径是［多选题］ |
| 13 | 19 | 请您对社区文化活动中心提出宝贵的意见 |

## (二) 调查问卷数据分析

### 1. 社区了解情况

**表 3　是否了解社区文化活动中心**

| 选　　项 | 小　计 | 比　　例 |
|---|---|---|
| A 有 | 104 | 77.04% |
| B 没有 | 31 | 22.96% |
| 本题有效填写人次 | 135 | |

**表 4　是否进入过社区文化活动中心**

| 选　　项 | 小　计 | 比　　例 |
|---|---|---|
| A 去过 | 47 | 34.81% |
| B 没去过 | 88 | 65.19% |
| 本题有效填写人次 | 135 | |

这两题主要是了解居民对上海社区文化活动中心的了解情况,调查结果见表 3、表 4。调查发现,77.3%的被调查者对所居住小区的社区文化活动中心有所了解,22.96%的被调查者表示不了解所居住区域的社区文化中心;34.81%进入过社区活动中心,65.19%表示从没有进入过。

### 2. 社区参与情况

**表 5　是否参加过社区文化活动(第 8 题选择 B 者无需回答)**

| 选　　项 | 小　计 | 比　　例 |
|---|---|---|
| A 参加过 | 30 | 63.83% |
| B 没参加过 | 17 | 36.17% |
| 本题有效填写人次 | 47 | |

**表 6　参与活动频率(第 9 题的选 B 者无需回答)**

| 选　　项 | 小　计 | 比　　例 |
|---|---|---|
| A 只去 1 次 | 8 | 26.67% |
| B 2—5 次 | 16 | 53.33% |
| C 6—10 次 | 5 | 16.67% |
| D 11 次及以上 | 1 | 3.33% |
| 本题有效填写人次 | 30 | |

**表 7　参与活动类型(第 9 题的选 B 者无需回答)**

| 选　　项 | 小　计 | 比　　例 |
|---|---|---|
| A 看演出、表演等 | 19 | 63.33% |
| B 读书阅报 | 14 | 46.67% |
| C 参加比赛活动 | 9 | 30% |
| D 亲子教育、讲座 | 5 | 16.67% |
| E 群众自组织的各类活动 | 5 | 16.67% |
| 本题有效填写人次 | 30 | |

由表 5、表 6、表 7 可知,在去过社区文化中心的 47 人中,参加过社区文化活动的人数为 30 人,占 63.83%。在这 30 人之中,大多数人(53.33%)在一年内去过 2—5 次,一年内去过 6 次以上的人数仅为 6 人,占比 20%。此外,63.33%的人去社区文化活动中心的目的是为了观看文艺表演;读书阅报的比例为 14%,参加比赛活动、亲子教育以及其他活动的比例分别为 9%、5%、5%。仅就这一组数据来看,被抽样调查的人群对社区文化活动中心的利用率并不高。至于活动中心更客观的利用率到底如何?则需要通过更大规模的样本调研来作出判断。

3. 身边人参与情况

**表 8　身边人是否进过社区文化中心**

| 选　　项 | 小　计 | 比　　例 |
|---|---|---|
| A 去过 | 42 | 31. 11% |
| B 没去过 | 93 | 68.89% |
| 本题有效填写人次 | 135 | |

**表 9　身边人是否参与社区活动(第 13 题选 B 者无需回答)**

| 选　　项 | 小　计 | 比　　例 |
|---|---|---|
| A 参加过 | 27 | 64.29% |
| B 没参加过 | 15 | 35.71% |
| 本题有效填写人次 | 42 | |

**表 10　身边人参与社区活动频数(第 14 题选择 B 者无需回答)**

| 选　　项 | 小　计 | 比　　例 |
| --- | --- | --- |
| A 只去 1 次 | 5 | 18.52% |
| B 2—5 次 | 17 | 62.96% |
| C 6—10 次 | 4 | 14.81% |
| D 11 次及以上 | 1 | 3.7% |
| 本题有效填写人次 | 27 | |

**表 11　身边人参与活动类别是________(第 14 题选 B 者无需回答)**

| 选　　项 | 小　计 | 比　　例 |
| --- | --- | --- |
| A 演出表演等 | 11 | 40.74% |
| B 读书阅报 | 10 | 37.04% |
| C 文艺比赛类活动 | 15 | 55.56% |
| D 亲子教育、讲座等 | 9 | 33.33% |
| E 群众自组织的各类活动 | 7 | 25.93% |
| 本题有效填写人次 | 27 | |

这组题目旨在考察对象身边人对于市民文化节的知晓度以及参与度。从表 8、表 9、表 10、表 11 这组数据可以看出,大多数人认为自己身边人也没有去过社区文化活动中心,仅有 42%的人认为自己朋友去过社区文化活动中心,并且在这 42 人当中,参加过社区文化活动的人数为 27 人,占 64.29%。在参加过活动的 27 个人当中,活动参与频数与上题保持一致,但是,参与活动的类型比重则主要由“看演出看表演”等向“参加比赛活动”方面倾斜。

4. 市民文化节知晓度

**表 12　您听说过上海市民文化节吗?**

| 选　　项 | 小　计 | 比　　例 |
| --- | --- | --- |
| A 听过 | 65 | 48.15% |
| B 没有 | 70 | 51. 85% |
| 本题有效填写人次 | 135 | |

如表 12 所示,在调查的 135 人当中,48.15%的人听过市民文化节的品牌,51.85%的人则表示自己没有听过市民文化节。这个比例反差表现出,市民文

化节品牌在受调人群中的知名度相对较低。

5. 公众文化需求的满足方式

**表 13　您平日参加文化活动的主要路径是**

| 选　　项 | 小　计 | 比　　例 |
|---|---|---|
| A 看电影、看演出、看展览 | 116 | 85.93% |
| B 参加社区的文化活动 | 26 | 19.26% |
| C 参加商圈的一些文化活动 | 31 | 22.96% |
| D 其他 | 10 | 7.41% |
| 本题有效填写人次 | 135 | |

从表 13 中可以看出，绝大部分受调市民通过看电影、看展览、演出等方式满足自己的文化需求；42.22%的人会通过参加社区以及附近商圈的文化活动来得以满足。

### (三) 调查结果分析

社区文化活动中心作为上海市民文化节的基层公共文化服务组织，在供应市民新鲜文化营养上发挥着重要作用。数据显示，作为市民文化节的重要平台，受调市民人群对社区文化活动并未表现出强烈的参与愿望。仅有65.19%的人进入过社区文化活动中心，这表明受调市民对市民文化节的品牌了解度不足；他们对市民文化节的主要平台——社区活动的整体参与率较低；这部分社区居民的自发参与程度相对较低。

## 四、 市民文化节的公众参与问题

上海市民文化节创办尽管只有短短三年时间，但已经成功建立了自上而下、自下而上的多方参与机制。这样一个由社会力量巧妙编织的公共文化服务网络，缘何不能吸引更多市民的自发参与呢？基于现有调查数据和文献资料，笔者试做探讨。

## (一) 认知不足导致参与度低下

文化是不同国家的人民相互认识、理解和信任的最佳媒介。一个根植城市文化的市民文化节一旦拥有了知名度、美誉度,不仅可以为城市发展增加资源,带来软实力影响力,而且可以为城市赋予灵魂和魅力。通过举办文化节,许多城市的世界知名度提高,例如巴西里约热内卢狂欢节、西班牙潘普洛纳奔牛节、德国慕尼黑啤酒节等。

经过十多年的发展,上海已形成十多个国际知名节庆品牌,其中上海艺术节、上海电影节、上海旅游节是三个具有世界影响力的大型节庆活动。当然与世界顶级文化节相比,尤其是其成熟程度,仍然存在差距。特别是上海国际艺术节,与上海市民文化节虽定位不同,然而存在同声相应、亲族互补关系,体现出鲜明的艺术亲民风格。如 2014 年上海国际艺术节秉承"艺术的盛会、人民大众的节日"理念,牵手上海市民文化节,在国内外两个市场占据了重要地位。

数据显示,市民文化节的公众知晓度依然有待作进一步的增强,受调者中超过半数(51.85%)的人竟然没有听说过这一节庆活动,如表 12 所示。这在一定程度上反映出市民文化节品牌的知名度尚有较大的提升空间。

## (二) 被动式、注入式项目安排缺乏交互参与

表 14 为 2015 年虹口区冬季活动汇总。

**表 14　市民文化节虹口区冬季活动汇总①**

| 活　动　中　心 | 时间安排 | 活　动　类　别 | 项目数 |
|---|---|---|---|
| 虹口区曲阳社区文化活动中心 | 12 月—1 月 | 演出、展览、观影 | 12 |
| 虹口区提篮桥社区文化活动中心 | 12 月—1 月底 | 演出、展览、讲座、培训、放映 | 26 |
| 虹口区江湾镇社区文化活动中心 | 12 月—1 月底 | 演出、展览、讲座、元旦活动 | 27 |
| 虹口区欧阳社区文化活动中心 | 12 月—1 月底 | 演出、展览、讲座、培训、益智活动 | 25 |
| 虹口区四川北路社区文化活动中心 | 12 月—1 月底 | 比赛、表演、展览、讲座、培训、其他活动 | 25 |
| 虹口区凉城街道社区文化活动中心 | 12 月—1 月底 | 表演、展览、培训、其他活动 | 20 |
| 虹口区嘉兴社区文化活动中心 | 12 月—1 月底 | 表演、展览、讲座、培训、其他活动 | 22 |

① 数据以及资料来自市民文化节官网,http://smwhj.wgj.sh.gov.cn/eastday/enjoy1/smwhj/n967872/index.html。

根据虹口区冬季市民文化活动考察不难发现,市民文化节的社区公共文化服务主要围绕展演、比赛、培训(讲座)和其他文化活动构成。这与表 13 的情况,即 85.93%的人表示自己的文化需求主要是通过看展览、看电影、看演出等方式获得满足出现了一致关系。

深入对比虹口区每一文化活动中心,发现随着市民文化节举办次数增多,活动形式有所改变,相继增加了各类艺术展、艺术技能培训、艺术能力竞赛等内容。然而市民参与仍有局限。一方面,每一文化中心的活动设置不分伯仲,有同质化倾向;一方面,重复性活动无法实现差异化布局。在某种意义上,社区活动雷同且固定不变,容易造成相互交流的隔膜与障碍,形成单子式社区孤立。

纵观三届市民文化节的活动设置,多数活动还主要是以歌唱、演讲、讲座、表演、展览、主题活动等作为固定套路,形式花样及受众可选范围相对单一,而且听讲座、看演出、参观展览等项目属被动参与,缺乏互动体验,市民参与热情不高在所难免。整体而言,活动内容相对单调,缺少更多符合大众口味的亮点,仅就接受抽样调研的人群来看,参与程度相对还不够高。

### (三) 参与形式化明显,参与层次低

虽然每年的市民文化节并不是上海最抢眼的节庆活动,但其文化服务日却实现了规模化运作和普遍动员。全市各类公共文化设施免费开放,200 多家社区文化活动中心延长服务时间,全市 70 余个重点广场、绿地、商圈各自开展丰富多彩的文化活动。上海市文联、市教委和市级专业院团、民营院团等纷纷深入社区,组织艺术展览、文艺演出、艺术讲座,提供节目配送,全市活动逾千场。①问题是政府好心办好事,却由于缺乏沟通魅力流于形式,未能激起市民广泛参与的积极性和热情。②

结合表 7、表 11 对社区文化活动参与类别的调查结果可知,受调社区居

---

① 洪伟成、黄思宇:《"文化服务日"开启 2015 年上海市民文化节》,《中国文化报》2015 年 3 月 31 日第 1 版。

② 俞娜:《旅游节事活动的社区参与研究》,海南大学,2014 年,第 24—25 页。

民直接参与的活动包括表演演出、读书阅报、文艺比赛类活动,以及亲子教育、讲座等,大多数情况下是源于自身利益诱惑的形式化参与,而真正在文化节中领略人生境界、提高文化层次的并不多。从参与效果考察,社区参与的目的不仅要关注政绩考核层面,还要关注文化活动带来的社会效益和文化效应。

### (四) 文化氛围不足,市民参与热情不高

"如果没有当地市民如痴如狂的参与和投入,也不可能像巨大磁石一样吸引各方游客来参加这个节日"。①正如西班牙潘普洛那市长所述,"节庆的魅力不在于政府为奔牛节所安排的156项活动,而在于亲临其境感受满街的人文气氛,在于参与众多的能够与陶醉于节庆的人群融为一体的机会之中"。②

上海市民文化节既以"市民文化"为旨趣,就应当把市民的参与度当作考量评估的出发点和归宿,把能否更多地吸引市民参与作为衡量活动乃至整个节庆品牌影响力的关键因素。市民的参与热情最容易被压制,导致他们对活动推广往往采取"对抗式符码"。即使参与,明显的"官方色彩"也会使他们感到自己只不过是"与君同乐"的陪衬人。③因此,为什么人的问题,至今仍然是值得基层文化组织考虑的首要问题。

## 五、 市民参与改进探索

不论政府主导还是市场主导,大凡成功的节庆活动,都离不开市民大范围的参与和支持。市民是节庆活动须臾不可缺少的重要组成。市民文化节必须以"文化"立足于"市民"之中。本文基于市民参与的问题讨论和机制分析,提出对策思路:通过构建有利于市民参与的相关机制,提供有效途径,培养参与偏好,激发全面参与的积极性主动性。

---

① 安德鲁·布利比:《对节日进行面向二十一世纪的重新改造》。
② 约兰达·芭塞娜·安格鲁:《西班牙潘普罗那奔牛节》。
③ 吴必虎在"首届中国节庆活动国际论坛"上的发言,2005年1月15日。

### (一) 丰富活动旨趣，培育体验性参与项目

节庆活动的“根”是百姓,“魂”是情感。上海市民文化节的文化项目多以被动式、注入式为特征,由于缺乏互动体验,得不到情感认同而遭遇被忽略的命运。为此,必须丰富活动旨趣,培育体验性参与项目。这里试以“家”文化为例,对比上海市民文化节与泰国“为父骑行”日,期待有所发现。

1. 上海市民文化节,“家”文化活动多样

这是今年上海市民文化节的特点,即以“家・文化与生活的美妙互动”为主线,开展写家史、续家谱、议家训、树家教、传家风、说家事、赛家宴、秀家宝等活动。

2. 泰国“为父骑行”日,“家”文化深入民心

2015 年 12 月 5 日是泰国国王普密蓬 88 岁寿辰,也是泰国的国庆日和父亲节。在哇集拉隆功王储倡议下,泰国 12 月 11 日在曼谷等地举行“为父骑行”庆祝活动,60 多万人报名。活动举行时王储出席并领骑,曼谷 9 万多民众骑车参与,场面壮观。到 14 日活动结束,全国参与者超过 90 万人,影响深远。①

同样传播“家”文化主题,同样由政府组织、社会赞助,“为父骑行”的成功诀窍就在于,活动主题具体,全民可参与,表达真切动人,体验直观丰富。正在全民倾情参与中,一场骑行活动实现了从仪式行为到人生意义的升华。

### (二) 民间创意创新，激发参与热情

节庆作为集体文化记忆的载体,其内涵是否真切丰富,决定了这一节庆能否吸引广泛参与,进而长期延续和发展。②比如西班牙奔牛节、巴西狂欢节、慕尼黑啤酒节,无不具有鲜明的特色和浓郁的地方文化色彩。上海市民文化节似可深入挖掘海派文化特色,通过市民服务重新开发文化资源。

---

① 数据资料来源:人民网,http://world.people.com.cn/n1/2015/1212/c1002-27918544.html;中新网,http://www.chinanews.com/gj/2015/12-14/7670458.shtml。

② 中国文化报,文化传播网,http://www.ccdy.cn。

1. 上海国际艺术节“扶青计划”,激励新人新作

上海国际艺术节作为“蓄水池”,其成功经验对市民文化节有着重要的参考价值。2012年上海国际艺术节大胆增设“扶持青年艺术家”项目,不但发挥了激励新人新作的功能,而且形成了广泛参与的效果。①项目如今已成为上海国际艺术节的常设板块,2015年安排了14部委约作品、100多场邀约演出,50多场大师讲座等文化活动,吸引了近10万人次年轻观众参加。②

2. 人民公园市井创想:从“相亲角”到“相亲会”

在活动设置优化升级的基础上,还可以用旧瓶装新酒的方式,大胆引进特色基因,活跃城市文化,为上海市民文化节注入新鲜血液。③比如将人民公园的市井“相亲角”开发为市民文化节的关爱“相亲会”。把极具特色的自发活动,比如父母替儿女“撑伞求偶”,“守候打探”,经过引导、规范,设计为精品项目,让文化节开辟一方真正属于市民的相亲文化。

### (三) 开发新媒体,推动社交化参与

市民文化节要调动参与热情,提高参与度,还须借助新媒体力量,通过互动效应提高知名度。比如,做强做大“文化云”服务,推进共有共享,保证市民积极参与线上互动。再如,不断寻求自媒体资源,积极开展合作,通过资源互换等方式扩大活动推广,减少信息不对称,保证市民参与的知情权。又如,拓宽媒体合作渠道,尤其是传统媒体之外的新媒体平台二度开发。

## 结　语

限于条件,本研究仍存在诸多不足之处有待改善。一是样本数量和抽样标准均有待完善。二是由网上调查转向实地调查,提高可信度,并在条件允许的情况下,针对主办方开展必要而简短的访谈。三是满意度调查还不深入,在

① 毛时安:《接地气,让人民与艺术共同歌唱》,《文汇报》2015年11月17日第5版。

② 数据来自上海国际艺术节官网,http://www.artsbird.com/cn/cn_17/cnfqjh_17/#。

③ 王娟:《上海节庆活动认知度研究》,华东师范大学硕士论文,2008年。

完善问卷内容、利用 SPSS 系统深度分析等方面仍有努力空间。

上海市民文化节是新生事物，不仅有助于推进上海公共文化服务均等化，而且有助于形成易操作可复制的试点经验，为我国提高公共文化服务水平提供借鉴。为此，有必要坚持和深化市民参与研究，将事实表述和现象阐释提高到规律化层次，助力五位一体发展和提升市民幸福感。

## 附录：

### 上海市民参与社区文化活动情况调查表

尊敬的女士/先生：

您好！

现在我们正在做一个关于上海市民文化节之公众参与社区文化活动情况的调查研究，感谢您在百忙之中填写问卷，请您根据自己的实际感受和看法如实填写。

本问卷采用匿名形式，所有数据仅供学术研究分析使用。

敬祝身体健康，万事胜意！

1. 您的性别是________：[单选题] [必答题]

○ A 男　　○ B 女

2. 您的年龄是________：[单选题] [必答题]

○ A 15 周岁及以下　　○ B 16—22 周岁

○ C 23—30 周岁　　○ D 31—55 周岁

○ E 55 周岁以上

3. 您的学历是________：[单选题] [必答题]

○ A 高中及以下　　○ B 专科

○ C 本科　　○ D 研究生及以上

4. 您的户籍是________：[单选题] [必答题]

○ A 沪籍　　○ B 非沪籍

5. 您的职业情况是________:[单选题][必答题]

○ A 无业　○ B 就业　○ C 退休　○ D 学生

6. 您居住的社区在________:[单选题][必答题]

○ A 黄浦区　○ B 静安区　○ C 徐汇区　○ D 长宁区

○ E 普陀区　○ F 闸北区　○ G 虹口区　○ H 杨浦区

○ I 浦东新区　○ J 宝山区　○ K 闵行区　○ L 嘉定区

○ M 金山区　○ N 松江区　○ O 青浦区　○ P 奉贤区

○ Q 崇明县

7. 您所居住的社区有社区文化活动中心吗?[单选题][必答题]

○ A 有　○ B 没有

8. 您去过该社区文化活动中心吗?[单选题][必答题]

○ A 去过　○ B 没去过

9. 您参加过社区文化活动中心组织的活动吗?(第8题选择B者无需回答)[单选题][必答题]

○ A 参加过　○ B 没参加过

10. 近一年内,您参加社区文化活动中心活动的次数有(第9题的选B者无需回答)[单选题][必答题]

○ A 只去1次　○ B 2—5次　○ C 6—10次　○ D 11次及以上

11. 您参加过的社区文化活动类别是(第9题的选B者无需回答)[单选题][必答题]

○ A 看演出、表演等　○ B 读书阅报

○ C 参加比赛活动　○ D 亲子教育、讲座

○ E 其他________

12. 您没有参加社区文化活动的原因是(第9题的选A者无需回答)[单选题][必答题]

○ A 没时间　○ B 不知道有活动

○ C 不清楚活动内容　○ D 没有小伙伴一起参加

○ E 其他________

13. 您的家人或朋友去过社区文化活动中心吗?[单选题][必答题]

○ A 去过　　○ B 没去过

14. 您家人或朋友参加过社区文化活动中心组织的活动吗?(第 13 题选 B 者无需回答)[单选题][必答题]

○ A 参加过　　○ B 没参加过

15. 近一年内,您家人或朋友参加社区文化活动中心活动的次数有(第 14 题选择 B 者无需回答)[单选题][必答题]

○ A 只去 1 次　　○ B 2—5 次

○ C 6—10 次　　○ D 11 次及以上

16. 您家人或朋友参加过的社区文化活动类别是(第 14 题选 B 者无需回答)[单选题][必答题]

○ A 亲子教育　　○ B 读书阅报

○ C 电脑上网　　○ D 讲座

○ E 群众自组织的各类活动

17. 您听说过上海市民文化节吗?[单选题][必答题]

○ A 听过　　○ B 没有

18. 您平日参加文化活动的主要路径是[多选题][必答题]

□ A 看电影、看演出、看展览

□ B 参加社区的文化活动

□ C 参加商圈的一些文化活动

□ D 其他 ________

19. 请您对社区文化活动中心提出宝贵的意见[填空题]

________________________________________

# 16

# 上海大型民俗节庆活动试析

毕旭玲*

摘　要　岁时节庆活动、信仰节庆活动、西式民俗节庆活动和新兴地方民俗节庆活动是上海大型民俗节庆活动中的主要类型。无论哪种类型,上海大型民俗节庆活动都共同具有集聚性高和节律性强的特征,对保持城市文化生态平衡和建设和谐社会具有重要的意义。当代上海大型民俗节庆活动中存在统筹规划不足、市场化程度低以及民俗管理缺位等问题,民俗管理缺位是其中最严重的问题。

关键词　民俗节庆　集聚性　民俗管理

## 一、当代上海大型民俗节庆活动的类型

节庆是“节日庆典”的简称,指在特定时间里的庆典活动。民俗节庆是与民俗文化相关的节庆活动。从内容上看,节庆包括庆贺节庆、纪念节庆、宗教祭祀节庆和社交游乐节庆等。大型民俗节庆活动是指约定俗成的,具有固定时间,以群体性和模式化为主要特征的民俗文化活动。

上海大型民俗节庆活动起源很早。自三国陆逊受封华亭侯开始,陆氏后人在上海松江地区定居,发展庄园经济,上海地区早期与农业生产习俗相关的节庆活动就开始了。到了唐宋时期,上海地区经济文化有了较大的发展,与农业生产习俗、信仰民俗等民俗文化相关的大型民俗节庆也逐渐形成。元明清

* 毕旭玲,上海社会科学院文学研究所副研究员,主要研究方向为民俗文化。

时期，上海地区的纺织业、渔盐业、农业和商业都得到了较快的发展，涌现出一批著名市镇，逐渐形成了具有上海地方特色民俗文化，与之相关的大型民俗节庆活动的发展也进入高潮。上海开埠以后，随着西方文化的传入，一批西式风俗融入上海民众的生产生活中，并因此产生了圣诞节等西方民俗节庆活动。新中国建立后，尤其是 1979 年以后，随着城市文化的建设和发展，新型民俗节庆活动不断涌现。

当代上海大型民俗节庆活动主要包括传统岁时节庆活动、传统信仰节庆活动、西式民俗节庆活动和新兴地方民俗节庆活动四种。

### （一）岁时节庆活动

岁时节庆活动和信仰节庆活动一般都历经数百年甚至数千年的发展，有着悠久的历史文化内涵和浓厚的民俗氛围。岁时节庆活动是在岁时节日的基础上形成的。享誉全国的上海三大新年灯会——豫园元宵灯会、古猗园元宵灯会与松江方塔园元宵灯会，都是典型的岁时节庆活动。以豫园灯会为例。豫园灯会是新春期间上海知名度最高的一项民俗活动。豫园元宵灯会在明清时期已经相当成熟，每逢上元夜，城隍庙、各业公所、商铺及周围住户都张灯结彩庆元宵，吸引了大量民众前来赏灯。明弘治《上海志》曾记录说："上元夕鳌山灯影，睇者达曙。"传统豫园灯会以正月十三日为上灯日，正月十八日为落灯日。主要仪式包括"出灯""聚灯""行街""迎灯""赛灯""谢灯"等仪式。灯会期间，民众在傍晚出游赏灯。经过几百年的发展，豫园元宵灯会逐渐发展为上海城区最富特色的民俗盛会。建国以后豫园灯会逐渐衰落，文革中彻底消失。1979 年，豫园重新举办元宵灯会，但并非每年都有。到 1995 年，由豫园商城股份有限公司接手组织了元宵灯会，此后的豫园元宵灯会开始了每年一次的举办历程。1990 年代的豫园灯会在传统灯展的基础上融合了现代科技，利用九曲桥的九曲长龙形状，在其中的水面上创作了许多形象生动，以传统文化为题材的大型主题灯展。游客在观灯期间还可以参与很多具有浓郁民族特色的文化活动，受到市内外群众的热烈欢迎。21 世纪初，豫园灯会作为展示、传承优秀民俗文化的盛会，被列入国家级非物质文化遗产名录。

## (二) 信仰节庆活动

信仰节庆活动具有浓厚的信仰基础,是在神佛寿诞庆祝活动等信仰活动的基础上形成的。龙华庙会、城隍庙会、浦东三林庙会、浦东圣堂庙会等都是典型的信仰节庆活动。以龙华庙会为例。龙华庙会是华东地区历史悠久并沿袭至今的传统庙会之一。龙华庙会以龙华寺的弥勒佛信仰为信仰基础,逐渐从信仰集会发展为集商品集市、民间信仰和民间娱乐三者相结合的综合性庙会。龙华庙会在赵宋时期便具雏形,在明代逐步繁盛,到清代进入全盛期。1937 年“八一三”事变后,上海沦陷,龙华庙会一度被日军取缔。1941 年,中断三年的庙会经伪政府批准重新开放。新中国成立以后,龙华庙会日趋兴旺。1953 年,上海市政府首次参与组织龙华庙会,并将其易名作“龙华物资交流会”,着重发展其贸易方面的功能。自此,龙华庙会基本上结束了传统庙会的自发性质,成为在政府领导下的有组织有秩序的文化经济活动。至此,龙华庙会还只是传统农业庙会。物资交流的主要内容是农业生产器具和农业生产资料。龙华物资交流会在文革期间中断,1980 年文革结束以后才得到了恢复发展。1980 年代,随着上海城市的发展,龙华寺周边环境发生了巨大变化,城市风貌代替了原本的乡村风貌。1985 年,以农业物资交流为主要内容的龙华物资交流会复名为龙华庙会,并首次由徐汇区政府举办。随着龙华庙会影响的不断扩大,龙华庙会于 1987 年升格为市级庙会,称为“上海市龙华庙会”,并逐渐恢复传统龙华庙会的民俗活动。从 1990 年代开始,龙华庙会进入新的兴盛时期,人流量和商品交易额都达到了新高。

## (三) 西式民俗节庆活动

西式民俗节庆活动产生自上海开埠以后。1843 年上海开埠以后,大量西方民俗涌入上海,并在上海滩流行开来。圣诞节就是在那时随着西方的商人、传教士等人进入上海的。在平安夜,西方人士会聚集在酒吧、舞厅里共同庆祝这个节日。在西方人的影响下,不少上海人也开始与西方人一起庆祝这个节日,甚至学西方人赠送礼物,举办宴会,圣诞老人风行一时。即使是那种在西方人开办的工厂里做工的底层民众也喜欢这个节日，因为在圣诞节是照例放假休息，而且工资照给。[①]1980年代以后，又一批西方民俗活动得到了上海民众的喜爱，比如情人节。当代上海，在平安夜、情人节夜晚，在不少地方都举办较为大型的文化活动，比如新天地平安夜派对就已经连续举办多年，在海内外拥有一定知名度。跨年倒计时也是重要的西式民俗节庆活动。新年倒计时最初是一项西方习俗，纽约时报广场于1904年12月第一次举办了新年狂欢活动。每至辞旧迎新之时，有逾数百万来自全美乃至世界各地的人汇集于此，以倒计时的方式送走过去的一年。纽约时报广场新年倒计时暨水晶球降落庆典已经举办了一百多届。在中国，央视新年晚会最早采用了倒计时形式，使倒计时在中国成为风尚。上海的跨年倒计时活动在外滩、东方明珠、新天地、金桥、静安寺、龙华寺等知名景点都有举办。其中尤以外滩跨年灯光秀迎新倒计时活动最受年轻人欢迎。

### （四）新兴民俗节庆活动

新兴民俗节庆活动是指在当代产生的，以地方风物和地方文化为基础，具有浓厚时代特色的民俗活动。相对于岁时节庆活动和信仰节庆活动而言，新兴民俗节庆活动的历史虽然较为短暂，但因为具有鲜明的时代特色与地方特色而广受欢迎，有些活动的影响甚至超越了传统的岁时节庆活动和信仰节庆活动。一部分新兴民俗节庆活动是在旧有的民俗基础上加以改进完成，而另一些新创造的节庆活动也吸收了传统民俗的良好习惯和民间行为方式。南汇桃花节、嘉定竹文化节、徐汇桂花节、奉贤风筝节、奉贤油菜花节、闸北茶文化节、新浜荷花节等都是典型的新兴民俗节庆活动。以南汇桃花节为例。南汇桃花节始于1991年。每年阳春三月，南汇境内桃花盛开，再加上新生的柳叶和同样绽放的菜花，景色十分秀丽。而南汇地处上海郊区，民风淳厚古朴，保留了很多较为传统的生产生活习俗，因此吸引众多中外游人踏青赏花，形成了南汇桃花节。南汇桃花节内容丰富，“古钟园灯展”“桃园仙境”“城北民俗风

---

① 汤伟康、杜黎：《租界100年——上海建成700》，上海画报出版社1991年版，第168页。

情展”等景点的设置将踏青赏花与各种民俗活动结合起来,如品尝农家小吃,参与踏水车、赶牛耕田等农事活动,让游客在领略大自然的美景与田园风光的同时,领略上海郊县的历史民俗风情。南汇桃花节已经成为上海国际艺术节系列活动之一。

## 二、 当代上海大型民俗节庆活动的特征与意义

### (一) 当代上海大型民俗节庆活动的特征

当代上海大型民俗节庆活动数量众多,内容丰富,形式多样,但它们共同具有如下两个重要特征:

第一,集聚性高。集聚性高一方面是指人群,另一方面也指活动的内容。上海是中国经济文化最发达的大城市之一,具有文化资源丰富、信息渠道畅通、文化包容能力强等多种优势。这些优势使上海大型民俗节庆文化活动往往能吸引大量的民众参与,具有超强的人群集聚性。另一方面,这些优势也为民俗节庆活动中各种文化活动的融会创造了十分有利的条件。上海大型民俗节庆往往融合了各类民间文化活动,如民间曲艺、民间舞蹈、民间歌谣、民间礼仪、民间传说、民间工艺、民间信仰等。这些文化活动丰富了大型民俗节庆活动,为其进一步的拓展和繁荣创造了坚实的基础。龙华庙会是上海传统的大型信仰节庆活动,其娱乐内容包含了舞龙、舞狮、荡湖船、杂技、棕编、剪纸、民间雕塑、民间绘画、民间音乐、灯彩、楹联、碑刻等多种民间文化形式,日均吸引游客在 5 万人次左右①。作为上海春节期间最重要的灯会之一,豫园灯会除了赏灯猜谜外,还有“文灯”和“武灯”的行街表演。“文灯”表演队伍以江南丝竹为前导,主角则是跟随其后的各色彩灯。“武灯”表演队伍以锣鼓为前导,后面跟着舞龙灯、耍狮子灯等快节奏的热烈表演队伍。每年豫园灯会都会吸引大量市民与游客,据统计,2013 年豫园灯会在春节长假 7 天和元宵前后 3 天的赏灯客流分别突破 300 万人次和 150 万人次,一度成为华东地区新春佳节

---

① 《上海龙华庙会明日开幕　瞬时超 2 800 人将限流》,新民网,http://shanghai.xinmin.cn/msrx/2015/04/23/27464172.html, 2015 年 4 月 23 日[2016-2-1]。

人流量最大的地方。①

第二，节律性强。传统民俗活动天生就具有一定的节律性。古代民众主要根据气候季节特点与农业生产规律来规划生产生活行为，因此有了元宵闹花灯、立春鞭春牛、清明踏青扫墓、端午食粽、中秋祭月、重阳登高、冬至祭祖、除夕守岁……上海大型民俗节庆活动，无论是传统民俗节庆活动，还是新兴民俗节庆活动，在一定程度上仍然遵循着这种固有的节律，比如元宵的豫园灯会、孟春的南汇桃花节、仲春的龙华庙会、端午的罗店龙舟节、盛夏的新浜荷花节、金秋的上海桂花节、12 月 31 日的新春龙华撞钟等。节律性强的特点的形成，除了沿袭传统民俗节庆的特点外，还与当代上海市民工作与生活的时间安排相应。为了争取更多民众的参与，当代上海大型民俗节庆活动的举办时间往往与市民休闲时间一致，常常安排在劳动节、国庆节等节假日举行。

### （二）当代上海大型民俗节庆活动的意义

上海大型民俗节庆活动至少具有以下两方面的重要意义：

第一，上海大型民俗节庆活动保持了地方传统文化特色，有利于国际大都市的城市文化生态平衡。上海已经是世界知名的国际大都市，各种域外文化、地方文化在这里交流碰撞，并且越来越深入市民生活，其影响在某些领域和某些人群中已经超越了上海本土文化活动。上海传统民俗文化作为上海历史文化中一个相当重要的组成部分，记录了上海人发展的历史和上海地域形成的历史，是宝贵的历史文化遗产。在上海文化日益多元化的今天，传统民俗文化虽然已经不能成为主流，但它具有鲜明的本土性与民族性特点，别具一格，不可或缺。大型民俗节庆活动在继承和弘扬本土民俗文化方面具有重要作用。作为现代性国际大都市，上海城市文化平衡的表现在一方面向多元化发展，另一方面也必须拥有源远流长的民俗文化，只有同时拥有不同类型的文化，上海城市的文化发展才能平衡发展。因此，发展大型民俗节庆活动，对于平衡上海

① 《上海因安全因素停办三大新年民俗灯会　市民惋惜》，中国新闻网，http://www.chinanews.com/gn/2015/01-10/6956056.shtml，2015 年 1 月 10 日［2016-2-1］。

城市文化生态具有重要作用。

第二,上海大型民俗节庆活动是重要的传统文化传承方式,具有满足市民求财求吉等民俗心理的功能,在建设和谐社会中具有重要作用。在中国人的文化心理中,民俗心理是心理结构中最深层、最隐藏,也是最稳固的部分,占据着重要的位置。上海所在的江南地区商贸发达,民众大都具有求财求吉的民俗心理,这种民俗心理一旦形成就很难改变,并且必须在生产生活习俗中得到满足。得不到满足的民俗心理一旦积累到一定程度,就会爆发各种社会矛盾。而大型民俗节庆活动往往是经过积淀和选择的,呈现出丰富多彩的内容和形式,在满足民众的民俗心理方面比普通的民俗行为和活动具有更高的效率。因此,大型民俗节庆活动的开展有利于和谐社会的构建。此外,大型民俗节庆活动对于调整、缓解都市人长期较为压抑的心态也有着十分重要的作用。都市紧张的工作节奏与激烈的社会竞争,往往容易产生压抑、紧张的心态。而那些产生于农业时代的传统民俗文化,以其缓慢舒徐的节奏、热烈喧闹的氛围和诙谐有趣的场景,弥补了都市人快节奏和缺乏归属感的不足,也有利于建设和谐的社会氛围。

## 三、 当代上海大型民俗节庆活动的问题分析及其对策

### (一) 当代上海大型民俗节庆活动的问题

上海大型民俗节庆活动自 1980 年代以来进入快速发展时期,各类型的民俗节庆活动的数量及规模都有了较大的增长。但其中也存在一些问题,简述如下:

第一,统筹规划不足。从各区上海大型民俗节庆活动呈逐年增加趋势,但无论是从市级还是各区县级的层面上看,大型民俗节庆活动从策划到实施都缺乏统筹规划,往往一哄而上,主次不分。以上海市郊的民俗节庆活动为例,南汇桃花节、奉贤油菜花节、宝山国际艺术节等都属于市郊的文化品牌,除此之外,市郊各街道镇还建设了“一镇一品”的文化节庆,如古镇朱家角的水乡音乐会、南翔的小笼包文化节、崇明的柑橘节、庄行的伏羊节、浦江镇的端阳赛

龙舟等。这些项目在丰富社区民众生活方面起到了一定的作用,但其建设的初衷却不仅仅在于吸引社区民众,往往有更高远的目标,其计划都是建成有影响力的大型民俗节庆项目。但一方面,这类民俗节庆活动过于繁多而分散了民众的注意力,削弱了活动的影响力;另一方面,从财力、物力和人力的分配上来看,过多的民俗节庆活动也不利于集中精力打造精品。所以尽管有很多民俗节庆项目,但最终能真正成为有影响的文化品牌的则寥寥无几,其原因在于项目规划初期不能在区域内统筹安排,导致后期无序发展。

第二,市场化程度低。大型民俗节庆活动的市场化指的是政府在大型民俗节庆管理中主要发挥监督、引导的作用,节庆活动的组织工作可交由专业的节庆公司负责。但目前上海许多民俗节庆活动依然是政府投入的"官办"模式,政府出面、政府要求、政府举办、政府促销,区旅游局或旅游发展工作委员会把工作任务分解到各个相关部门和乡镇负责人,企业参与民俗节庆活动策划和管理的积极性不高,企业参与办活动的体制也不完善。许多地方行政管理部门尤其是郊县的地方行政管理部门举办大型民俗节庆活动的能力有限,加上行政体制的限制,不少民俗节庆活动中都出现过在路标指示、停车场地、公共厕所、旅游信息、交通管制等方面的纰漏。而且,因为是政府主办,所以不少民俗节庆活动的主题、地位、内容,甚至是举办场地都时有变更,民俗节庆活动无法形成持续性,不利于民俗节庆活动的良性发展。

第三,民俗管理缺位。在当代上海大型民俗节庆活动所存在的问题中最严重的可能是民俗管理的缺位。民俗节庆活动的民俗管理指的是用民俗的思维去管理民俗节庆活动,尊重民俗活动的特点和规律。当代上海大型民俗节庆活动中民俗管理的缺位主要表现在民俗活动现场管理的缺失和民俗节庆活动管理法规的缺失。下面,本文将以西式民俗节庆活动——外滩灯光秀迎新年倒计时活动为例对上海大型民俗节庆活动中民俗管理缺位问题进行具体分析。

中国传统新年是春节,但元旦作为新年在民众生活中已经具有了越来越重要的意义。元旦一词最早出现在《晋书》中,"颛帝以孟春正月为元,其时正朔元旦之春"。古代元旦有时指的是农历的正月初一,而非西历的 1 月 1 日。

元旦一词在古代的使用频率并不高。中华民国建立,孙中山为了“行夏正,所以顺农时;从西历,所以便统计”,因此将西历的 1 月 1 日定为新年。到中华人民共和国成立前夕,中国人民政治协商会议第一届全体会议决议“中华人民共和国纪年采用公元纪年法”,也就是我们所说的阳历,为了区别农历和阳历两个新年,把农历正月初一改称为“春节”,阳历一月一日定为“元旦”,至此,元旦才成为全国人民的欢乐节日。从 1912 年到 2016 年,经过一百多年的发展,西化的 1 月 1 日元旦已然成为中国节日民俗的一个重要组成部分。

跨年倒计时作为元旦重要的庆祝仪式,始于西方。1904 年,纽约时报广场举行了水晶球倒计时庆典活动,一直延续至今。每至辞旧迎新之时,就有逾数百万来自全美乃至世界各地的人汇集于此,以倒计时的方式送走过去的一年。倒计时活动传入中国后,经过央视春晚的宣扬,已经为大多数民众所接受。在上海,早在迎千禧年的活动中,淮海路上就曾搭建了一座法式风格的计时彩灯,举行了较早的倒计时活动。2011 年 12 月 31 日,外滩举办了富有震撼力的 3D 灯光秀迎新年倒计时活动,并连续进行了三届。在相关部门的积极组织下,在各种媒体,尤其是新媒体的热烈宣传下,外滩灯光秀倒计时活动很快就成为全国知名,乃至在全世界都有影响的跨年倒计时活动,其吸引民众的数量之多,甚至已经超过了传统的春节。参加过灯光秀的民众在各种视频网站上传的视频调动了更多民众的好奇心,越来越多的人,尤其是年轻人,相约参加外滩灯光秀倒计时活动。但 2015 年外滩灯光秀迎新年倒计时活动被取消。而这一消息直到 2014 年 12 月 30 日才在黄浦区旅游局网站上发出告示。所以民众其实并不知道这一活动已经停办,依然有大量人群涌向外滩。与此同时,外滩源举行了收门票的灯光秀活动。大多数民众无法区分商业活动和公共文化活动,以及外滩和外滩源。因此在人群的犹豫、猜测和无序的对向移动中发生了踩踏惨剧。

外滩踩踏事件不是一般意义上的公共安全事件,它是大型民俗节庆安全事件。前文已述及,集聚性强是大型民俗节庆活动的重要特征,而集聚性强的特征往往容易导致安全事件的发生,比如 2001 年在陕西就发生过华山庙会踩踏事件。不仅是国内,国外大型民俗节庆活动中发生安全事件的也比比皆是。

2010 年以后，比较重大的事件如：2010 年 3 月 4 日在印度北部北方邦的一座寺庙的信仰活动中发生了导致 60 多人死亡、上百人受伤的踩踏事件；2010 年 7 月 24 日，德国西部鲁尔区杜伊斯堡市举行电子音乐狂欢节时发生踩踏事件，18 人死亡，80 多人受伤；2010 年 11 月 22 日，柬埔寨送水节期间发生严重踩踏事件，353 人死亡、393 人受伤；2012 年 12 月 31 日晚，科特迪瓦经济首都阿比让新年夜的烟花庆祝活动中发生了严重踩踏事件，61 人死亡……外滩踩踏事件发生以后，包括豫园灯会、松江方塔园灯会、嘉定古猗园灯会在内的上海三大新年民俗灯会很快宣布停办。因此，2015 年羊年年初的上海，比往年寂寥许多。

外滩踩踏事件显示了民俗管理的缺位。首先是民俗节庆活动现场管理缺失。民俗节庆活动现场管理指的是在尊重民俗活动的惯性规律下，基于对民俗节庆活动现场规模的预判，为民俗节庆活动的现场制定比较详细的通道管理规则，人流走向管理等规则。对于明显已经形成规模和规律的外滩灯光秀迎新年倒计时活动，有关部门没有能引起足够注意，没有通道管理与人流走向管理，直接导致出现对向人流拥挤引发的踩踏事件。2016 年春节期间，豫园灯会和古猗园灯会都恢复重办。为了保证安全，2016 豫园灯会采取了不少措施，比如调集武警战士负责维持秩序，并首次开通网上实时客流查询，在民俗节庆活动现场管理方面有明显进步。但存在的问题也是明显的：1. 虽然采取了单向人流走向的方式，但指引标识很不明显，流动方向基本靠猜测；2. 虽然采取了武警战士筑成人墙的通道管理方式，但缺乏明确的现场导引标识，不容易理解。这些措施都是临时的，没有形成共识，没有进行广泛而明晰的宣传，民俗节庆安全事件也有可能发生。

其次是民俗节庆活动管理法规的缺失。外滩踩踏事件发生以后，对于如何处理相关责任人并没有适合情况的法律法规。目前，我国在处理民俗节庆活动安全事件中比较依赖的是 2007 年 10 月 1 日起实施的《大型群众性活动安全管理条例》。但民俗节庆活动与一般的群众性活动不一样。民俗节庆活动有自发性的一面，而且具有很强的惯性，不会因为行政命令而立刻停止，还会存续较长的一段时间，所以需要制定专门性的法律法规。

## (二)当代上海大型民俗节庆活动中存在问题的对策

如何解决当代上海大型民俗节庆活动中存在的问题呢,本文认为可以从以下三方面着手:

第一,加强民俗节庆活动的科学规划与统筹。在筹备民俗节庆活动之前,要经过科学合理的调研、构思、计划、协调、评估五个主要环节。既要考虑举办活动的原因、活动的利益相关者、举办时间、举办地点和举办形式,还要在活动结束后对整个活动进行评估。活动评估中最常见的方法是活动结束后的书面调查,也有活动前与活动后相结合的调查方法。通过活动评估所获得的结果为民俗节庆活动进行合理定位:哪些是有较大影响,可以追加投入深入发展的;哪些是可以保留现有规模,不进行追加投入的;哪些是对消费者没有吸引力,可以取消的。在活动评估的基础上,可以对区域内的民俗节庆活动统筹规划,合理利用有限的人力物力和财力资源,支持民俗节庆活动的品牌发展。

第二,完善民俗节庆活动的市场运作机制。成功的大型民俗节庆活动会产生不菲的经济收益,其中既包括通过举办民俗节庆活动本身所获得的经济收益,也包括民俗节庆活动带动其他产业所产生的经济收益。在国外,成功的大型民俗节庆活动往往能吸引来大量的游客和赞助商,不仅获得巨大的经济收益,而且还会惠及到节庆活动相关的各方。这些成功的民俗节庆活动都具有一个共同点,那就是高度的市场化,政府只负责政策的支持和安全措施的保障。但上海的不少民俗节庆活动市场化运作不足,基本采用行政方式运作,导致大多数民俗节庆活动在行政权力的庇护下旱涝保收,市场化程度很少,使民俗节庆活动无法产生其应有的经济效益。因此,必须进一步完善大型民俗节庆活动的市场运作机制。完善民俗节庆活动的市场运作机制的关键在于政府放开活动的主办权,调动企业和民间团体的积极性,充分发挥市场的作用。

第三,发展民俗管理教育。大型民俗节庆活动从根本上来说还是民俗活动,必须尊重民俗活动本身的规律和特征,行政命令干涉民俗活动往往起不到预期效果。这里有一个广为人知的例子:国民党政权曾于 20 世纪二三十年代规定全国使用公历,同时废除旧历(农历),并禁止过旧年(春节)。当时国民党政府不仅颁布禁令,规定政府各机关禁止在春节期间放假,禁止商店关门,而且严厉制裁那些依然过旧年的人,比如关张回家过年的商人。民众自发的庆贺集会活动被政府派警察武力驱散,各家挂起来的彩灯也被没收。当时的上海政府曾在元旦组织了大型庆祝活动,但在旧历新年,各家仍然偷偷过年。据说除夕当天鞋帽店拥挤不堪直至半夜,因为按照吴地风俗,新年要穿新鞋戴新帽。不过三五年,禁止过旧历新年的命令已经无人提及,民间庆贺春节活动又恢复了。

行政命令干涉民俗活动行为的出现,其根本原因是民俗管理教育的缺失。民俗管理是属于"为政之要"的学问。早在先秦时期,周天子就通过民歌采风体察各地风俗,并对各地进行相应的管理,"采诗"制度就是民俗管理的基础,汉代还因此设立了专门的采诗机构——"乐府"。但在当代中国大学教育中,却没有相应的课程,那些后来成为公务员的人,在学生时代并没有接收过民俗管理的教育,他们走上工作岗位以后也无法从民俗管理的角度清醒认识大型民俗节庆活动管理的特别之处。可以说,民俗教育是民俗节庆活动安全的根本保障,更是社会和谐发展的重要保障。

# V 比较与借鉴

## 17
## 全国部分基层综合文化服务中心调研报告

巫志南*

**摘　要**　基层综合文化服务中心是保障人民群众基本文化权益、满足人民群众基本文化需求的重要载体。本文对云南、广西、四川、安徽、山东、浙江、江苏等地基层综合文化服务中心建设的基础条件、现实情况、创新实践、发展思路、推进举措等问题进行了调研，一定程度上把握了我国当前基层综合性文化服务中心的建设情况。在此基础上，深度剖析具体案例，提炼不同地域的相关经验，为下一步在全国推进基层综合文化服务中心建设工作提供了初步的研究支撑。

**关键词**　基层文化服务　基层综合文化服务中心

* 巫志南，上海社会科学院文学研究所研究员，国家公共文化文化服务体系建设专家委员会委员。

“基层文化服务”是公共文化服务的末端，是整个公共文化服务体系建设运行的重心，也是各级党委、政府当前和今后一段时期加快构建现代公共文化服务体系的工作重点。党的十八大报告指出，要“完善公共文化服务体系，提高服务效能”①。党的十八届三中全会作出明确决策，要求“整合基层宣传文化、党员教育、科学普及、体育健身等设施，建设综合性文化服务中心”②。中办、国办《关于加快构建现代公共文化服务体系的意见》(中办发[2015]2号)提出更为具体的部署和工作要求，“结合基层公共服务设施建设，制定村(社区)综合公共文化服务中心建设标准，充分利用现有城乡公共设施，统筹建设集宣传文化、党员教育、科技普及、普法教育、体育健身等多功能于一体的基层公共文化服务中心，配套建设群众文体活动场地”③，“建立统一的基层公共文化服务平台，加强各类重大文化项目的统筹实施，探索整合基层公共文化服务资源的方式和途径，实现共建共享，提升综合效益”④。习近平总书记就加强基层公共文化服务，培育、践行和弘扬社会主义核心价值观多次作出十分明确的指示，“要大力繁荣发展文化事业，以基层特别是农村为重点，深入实施重点文化惠民工程，进一步提高公共文化服务能力，促进基本公共文化服务标准化、均等化”⑤。

为认真贯彻执行党的十八大、十八届三中、四中全会和习近平总书记系列重要讲话精神，按照中央关于加快构建现代公共文化服务体系的总体部署，以国家基本公共文化服务指导标准为依据，扎实推进基层综合文化服务中心建设，更好地保障人民群众基本文化权益、满足人民群众基本文化需求，文化部公共文化司会同有关省(自治区、直辖市)文化厅(局)、国家公共文化服务体系建设专家委员会部分专家，分赴云南、广西、四川、安徽、山东、浙江、江苏等

---

① 胡锦涛:《坚定不移沿着中国特色社会主义道路前进 为全面建成小康社会而奋斗——在中国共产党第十八次全国代表大会上的报告》，新华社，2012年11月19日。

② 中共中央十八届三中全会《关于全面深化改革若干重大问题的决定》，新华网，2013年11月15日。

③④ 中办、国办印发《关于加快构建现代公共文化服务体系的意见》，中央政府门户网站，www.gov.cn，2015年1月14日。

⑤ 《习近平总书记系列重要讲话读本——关于建设社会主义文化强国》，《人民日报》2014年7月9日第15版。

地,就全国“基层综合文化服务中心”建设的基础条件、现实情况、创新实践、发展思路、推进举措等问题进行了调研,力求摸清情况、剖析案例、提炼经验、理清思路,为下一步在全国推进基层综合文化服务中心建设工作提供研究支撑。现将调研情况报告如下:

## 一、 基层公共文化服务的基本情况和突出问题

### (一) 基层公共文化服务的基本概念

党的十七届六中全会指出:“加强公共文化服务是实现人民基本文化权益的主要途径。要以公共财政为支撑,以公益性文化单位为骨干,以全体人民为服务对象,以保障人民群众看电视、听广播、读书看报、进行公共文化鉴赏、参与公共文化活动等基本文化权益为主要内容,完善覆盖城乡、结构合理、功能健全、实用高效的公共文化服务体系。”①这里对公共文化的本质特征、运行方式、服务对象、保障内容、建设目标等作出了准确概括和精炼表述,作为完整的体系,公共文化服务由多种要素构成,政策、资源、资金、平台、队伍等缺一不可,但实践中整个体系建设运行的重心总在基层,这主要是因为人民群众基本文化权益的表达总是具体的、基本文化需求的实现总是在基层,公共文化服务是否实际有效总是应由基层群众说了算。因而,立足基层、贴近群众、聚焦需求、精准服务,是公共文化服务的基本要求。

所谓基层,一般指我国行政区划体系中的乡镇(街道)和村(社区)层级,该层级是城乡广大人民群众的学习、工作、生产和居住的所在地,也是政府向人民群众提供各类公共服务的重点层级。所谓基层公共文化服务,主要是指各级政府为保障人民群众基本文化权益,满足人民群众基本文化需求,在乡镇(街道)和村(社区)提供的公共文化产品和服务。基层公共文化服务除了具有公共文化服务公益性、基本性、均等性、便利性等基本特点之外,还突出体现出综合性和特色性特点。基层公共文化服务的综合性,表现为乡镇(街道)和

① 中共中央《关于深化文化体制改革推动社会主义文化大发展大繁荣若干重大问题的决定》,人民网,2011 年 10 月 26 日。

村(社区)文化服务总是多种服务方式和内容同时并存,党员学习、农技推广、科学普及、普法教育、全民阅读、文艺培训、体育健身等往往兼而有之、同台提供。基层公共文化服务的特色性,表现为乡镇(街道)和村(社区)文化服务总是与当地自然环境、人文积淀、传统习俗、乡规民约、群众喜好等密切相关,文化服务能够长效运行的生命力,也总是来自深深扎根于当地群众之中的鲜明文化特色。

进入新世纪以来,党和国家高度重视基层文化建设。2003 年 6 月,国务院《公共文化体育设施管理条例》规定,“国家有计划地建设公共文化体育设施。对少数民族地区、边远贫困地区和农村地区的公共文化体育设施的建设予以扶持”,“县级以上地方人民政府应当将本行政区域内的公共文化体育设施的建设纳入当地国民经济和社会发展计划”。2006 年 5 月,国务院《关于加强和改进社区服务工作的意见》要求,“发展面向基层的公益性文化事业,逐步建设方便社区居民读书、阅报、健身、开展文艺活动的场所,加强对社区休闲广场、演艺厅、棋苑、网吧等文化场所的监督管理,促进社会主义精神文明建设”。2007 年 10 月,《中华人民共和国城乡规划法》,把“文化站”和“历史文化遗产保护”列为“镇”的建设和发展的优先安排事项。2011 年 3 月,文化部《关于加强村级文化建设的指导意见》指出,“村级文化建设是农村文化建设的基础,是公共文化服务体系建设的终端和重要环节,是保障农民群众基本文化权益、促进公共文化服务均等化的着力点。加强村级文化建设,对于落实公共文化服务‘重心下移、资源下移、服务下移’的要求,满足广大农民群众多样化、多层次、多方面的精神文化生活需求,提高农民文明素质,增强农村社会凝聚力,形成农村社会生活共同体,提高党的执政能力和巩固党的执政基础,维护社会和谐稳定,促进农村经济发展和社会进步具有不可替代的作用”,并且强调“村文化活动室可以‘一室多用’,依托村文化活动室,整合各部门面向农村实施的各项重大工程,统筹村文化、教育、体育、基层党建场所的规划建设和综合利用,努力做到共建共享,形成集文化、教育、体育、基层党建等于一体的综合性服务平台。”2013 年 11 月,党的十八届三中全会明确要求,“整合基层宣传文化、党员教育、科学普及、体育健身等设施,建设综合性文化服务中心”。

## (二)基层公共文化服务的基本情况

近年来,由于中央高度重视,各级政府大力推动,我国公共文化服务体系建设稳步、快速推进,基层公共文化服务的状况也得到了明显改善。具体表现在以下方面:

1. 覆盖城乡基层的公共文化服务设施网络基本建立

据统计,截至2013年年底,全国共有文化馆(站)44 206个,从业人员164 355人,提供文化服务次数129.32亿次,惠及人次4.42亿。其中:县级以上文化馆3 315个(省级31个、地市级354个、县市级2 930个(县级文化馆1 671个);文化站40 945个(乡镇文化站34 343个),从业人员8.79万)。全国乡镇(街道)综合文化站和社区文化活动室的设置率接近100%,农村行政村建有文化活动室的比例接近65%。

2. 基层文化设施免费开放所需经费得到基本保障

2011年1月,文化部、财政部《关于推进美术馆、公共图书馆、文化馆(站)免费开放的意见》《关于进一步加强农民工文化工作的意见》等一系列与文化馆有关的政策文件,为基层文化建设发展提供了有力的政策支持。与此同时,各级财政不断加大文化馆的经费投入。中央财政2009、2010年,投入58 222万元,对全国面积不达标的447个公共图书馆、1 147个文化馆进行修缮。2011年起至2016年,中央财政每年安排18亿元用于补助和奖励文化馆、图书馆、美术馆免费开放。各级财政资金的注入,为基层公共文化服务设施建设运行提供了基本保障。

3. 一系列重大文化惠民工程丰富了基层文化供给

自“十一五”以来,国家连续多年实施“广播电视村村通、户户通”“文化信息资源共享”“农家书屋”“公共电子阅览室”“数字图书馆”等文化惠民工程,推动各类优质文化资源向基层延伸、产品和服务向基层提供,有效丰富和扩大了基层公共文化服务供给总量,提升了基层文化服务机构设施的服务能力,在改善和提升基层群众精神文化生活方面发挥了重要作用。

4. 乡镇(街道)和村(社区)文化服务状态有所改善

基层文化站、室服务能力、水平和工作积极性、主动性明显提升,文化站积极组织当地群众开展文化活动,一镇一品、一村一特群众文化活动品牌不断涌现。文学、戏曲、音乐、舞蹈、摄影、书法、绘画、曲艺、非遗传承、民间工艺等体验、学习,在乡间村俚普遍开展,群众从事阅读、文艺活动和文艺创作的参与度不断提高,地方特色文化呈现繁荣景象。近年"群星奖"获奖作品中,来自基层群众自编自演的文艺精品比重有所增长。

5. 基层文化工作队伍素质有了较大提高

在各级政府编办、人事等部门大力支持下,基层文化站、室实行公开招聘业务人员,大批年轻有专业特长的人员进入基层文化服务队伍,这几年基层文化队伍的人员结构有了显著改善。同时,各级文化部门逐步建立起招聘、培训、考核、录用制度,全面开展基层文化队伍岗位业务培训,有效提高了基层人员综合素质和业务水平。

### (三) 基层公共文化服务面临的突出矛盾和问题

从中办、国办《关于加快构建现代公共文化服务体系的意见》的高度来衡量,全国基本公共文化服务还存在诸多迫切需要解决的矛盾和问题。主要表现在以下方面:

1. 区域、城乡发展不均衡

东部经济社会发展水平较高地区的基层公共文化服务设施、资源、队伍建设水准总体上远高于中西部地区。2013 年,东部地区平均每万人群众文化设施建筑面积为 343.29 平方米,分别是中部地区和西部地区的 2.01 倍和 1.44 倍。尤其是老少边穷地区基层公共文化服务仍然欠账太多,设施"空壳"、队伍"空巢"、投入"空放"现象较为普遍,形成长期难以打通的基层公共文化服务"最后一公里",导致数以亿计的基层群众难以获得基本公共文化服务。

2. 多头分散、各自为政、重复建设

由于以往事权职责划分不清,导致各部门多渠道下基层。各部门分头立项目、要资金,在基层拉条线、占资源、挂牌子。组织部门的党员学习、宣传部门的社区教育、广电部门的农家书屋、科技部门的科学普及、农业部门的农技推广、工信部门的农村信息化、司法部门的普法教育、计生部门的计生指导、教育部门的校外学习、总工会的职工书屋、妇联的妇女儿童权益保护等,与文化部门的基层公共文化服务一起多头并行提供,一定程度上造成基层文化服务各自为政、重复建设、分散运行、多头管理的混乱局面。基层村镇管理人员疲于应付,基层文化服务人员无所适从。“最后一公里”因为“路歧多亡羊”而显得更加艰难,部分地区群众反映:不知道政府究竟为我们提供哪些服务。

3. 体系不健全,“孤岛化”运行

多年来,受到现行“分灶吃饭”财政体制的影响,县与基层镇、村之间的行政、财政效力有所减低,也直接影响到公共文化领域各级文化设施机构之间的联系。在以往较长时期内,县级、镇级、村级文化设施机构之间缺乏比较紧密的规划指导、专业辅导、业务管理、考核评估关系,各自处于“孤岛化”运行状态,整体的“体系化”建设运行水平较低。区域性公共文化服务“主干道”与百姓身边的“最后一公里”处于脱节状态,必然导致基础较差、资源较缺、能力较低的部分镇级、村级基层公共文化服务难以正常开展和规范提供,也就连带基层群众难以享受到基本均等的文化服务。

4. 人员队伍参差不齐,差距过大

基层公共文化服务关键在人,在基层有能力、有热情、有奉献精神的服务人员,往往或多或少能弥补设施设备、经费资源的欠缺。相反,如果基层公共文化服务“用不得其人”,则会大大增加了打通“最后一公里”的难度。由于以往未能准确理解和厘清政府向基层群众提供公共文化服务与村(社区)自治组织可以自主安排村民服务事项之间的关系,导致村(社区)级文化服务用人过多受制于村主要负责人的认识水平、管理能力和用人偏好。乡镇(街道)虽属基层政府或政府的派出机构,但不少乡镇存在随意配置、随意支配使用文化服务人员的不正常状况,文化站有编有人却不在岗,镇、村文化站(室)人员不专业、不专心、不专职现象比较普遍。

当前,全国各级正在按照中央的决策部署,加快构建现代公共文化服务体系,基层公共文化服务迫切需要跟上时代步伐,深化改革、探索创新,突破发展瓶颈,加快实现从“传统文化事业”到“现代公共文化服务”的转型,实质性地打通“最后一公里”。

## 二、 基层综合文化服务中心建设运行实践探索

近年来,各地围绕改进和提升基层公共文化服务进行了不少探索,积累了丰富经验,为现代公共文化服务体系中的基层公共文化服务改革发展,提供了实践支撑。具有代表性的部分改革案例如下:

### (一) 安徽“农民文化乐园”

自 2013 年 7 月开始,安徽省结合“美好乡村”建设,以基层群众需求为导向,以标准化建设为抓手,结合“美好乡村”建设部署,按照“一场”(综合文体广场)“两堂”(讲堂、礼堂)“三室”(文化活动室、图书阅览室、文化信息资源共享工程室)“四墙”(村史村情、乡风民俗、崇德尚贤、美好家园)的标准化建设要求,在全省试点推进标准化村级综合文化活动中心——“农民文化乐园”建设,力求架设通达顺畅的现代公共文化服务体系“最后一公里”。

2014 年 9 月,安徽省被文化部确定为国家基层综合性文化服务中心试点省,省委、省政府高度重视,文化部门积极推动,各相关部门密切配合,各试点市、县党委政府精心组织落实。截至目前,已建成两批省级“农民文化乐园”100 个,实现全省 16 市试点全覆盖。各市、县结合实际,自行安排了 257 个试点,全省上下呈现出你追我赶、竞相发展的良好局面。

安徽省委宣传部、省文化厅等 6 部门,在积极探索实践的基础上,制定和发布了《关于村级基本公共文化服务标准化建设的指导意见》(皖宣字〔2014〕13 号),组织编写了《村级基本公共文化服务标准化建设操作手册》(试行),对村级文化设施建设、展陈设置、活动开展、每月工作建议等提出明确标准和具体的指导性要求。安徽省在村级公共文化服务标准化建设上显示出 5 个特点:

1. 功能定位标准化

围绕乡亲学教礼仪、文体活动、乡风展示、议事聚会等多种功能,打造集

“一场两堂三室四墙”为一体的标准化村级综合文化活动中心。

2. 建设形式标准化

利用原先分散的场地、项目和资金,以改扩建为主、新建为辅,重点对中心村已建、在建、新建的文化设施进行整合提升,不搞大拆大建。

3. 服务内容标准化

以群众实际需求为导向,明确服务内容的数量和质量,采取政府购买服务的形式予以保障。每年每村一场群众喜爱的文艺演出;每月每村放映一场电影;6 个县试点建设公共图书馆总分馆服务体系,并将农家书屋作为流动服务点纳入总分馆服务体系。

4. 运行管理标准化

明确统一了设施建设、展陈设置、活动开展、每月工作要求等标准,规范了文化礼仪活动的流程;公开征集“安徽省农民文化乐园”形象标识;加强队伍建设,确保村两委 1 人分管,每个农民文化乐园至少配备 1 名管理人员,同时积极发挥文化志愿者、文化骨干和大学生村官、“五老”人员作用。

5. 资金投入标准化

建立政府主导、社会参与投入机制。用活用好每个行政村每年 1.2 万元农村文化专项补助资金。广泛吸纳社会资本参与,多渠道解决建设和运转经费。

### (二) 广西来宾市“村级公共服务中心”

早在 2008 年下半年,广西来宾市就在全市各行政村开展求乐、求知、求技(简称“三求”)文化惠农工程,即在每个行政村建设一栋文化服务中心综合楼、一个文艺舞台、一个灯光篮球场,组建一支农民文艺队、一支农民篮球队(简称“五个一”)。到 2010 年底,来宾市全市 724 个行政村已全部高标准完成“五个一”建设任务,此举在基层率先推进文体集成服务,取得良好社会效益,为进一步推进“基层综合文化服务中心建设”打下坚实基础。

2014 年 9 月,来宾市被文化部列入国家基层综合性文化服务中心建设试点。随后,试点工作写进了党代会及政府工作报告,作为 2015 年市常委会工作要点、政府工作主要目标任务加以推进。2015 年 1 月，市委书记李志刚同志亲自组织专题调研，要求进一步加强对试点工作的组织、监督、检查和指导。

来宾市试点思路和举措是：结合 2015 年广西自治区下达的村级公共服务中心建设任务，在充分整合全市原有 857 个村级公共服务中心及 2014 年新建的 67 个村级公共服务中心基础上，统一规划，统一布置，以村级服务中心为主体，或依托各行政村闲置设施等，扩展服务功能，提升服务效能。以专项规划和建设标准为依据，发挥财政资金的引导作用，改进公共文化服务投入方式，实行基层综合性文化服务中心建设以奖代补。统筹各有关部门资源，按照基本公共文化服务标准化建设要求，加强基层综合性文化服务中心的设备配备，将文化服务功能与基层宣传教育、党员教育、科学普及、体育活动等公共服务职能结合起来，建成一批布局合理、功能完备的基层综合公共服务平台。

### （三）浙江“农村文化礼堂”

2013 年以来，浙江省委、省政府在全省基层村（社区）全面推进“农村文化礼堂”建设，“农村文化礼堂”定位于“文化地标、精神家园”。截至 2014 年年底，全省 31 321 个行政村（社区），建有村（社区）文化活动室（中心）31 929 个，覆盖率 101.94%，平均面积 332 平方米。其中，以农村文化礼堂（截至 2014 年年底，已建成农村文化礼堂 1 742 家①）为代表，集思想道德、文体娱乐、知识普及于一体的基层综合性文化服务中心 3 447 家，②在丰富农民群众的精神文化生活、推进农村基本公共文化服务体系标准化、均等化，巩固社会主义核心价值观基层阵地等方面日益显现出突出作用。

2013 年 5 月，省委办公厅、省政府办公厅联合下发《关于推进农村文化礼堂建设的意见》（浙委办发〔2013〕37 号），对全省“农村文化礼堂”建设的工作目标、基本原则、主要任务等作出了具体规定。省政府连续 3 年将“农村文化礼堂”建设作为十方面民生实事之一，写入政府工作报告。

“农村文化礼堂”的建设思路是：坚持资源整合，注重统筹规划、综合利

---

① 浙江文明网，2015 年 4 月 9 日。

② 数据采自浙江省基层综合文化服务中心建设试点汇报材料。

用,按照为民、便民、利民的要求,执行“五有三型”(有场所、有展示、有活动、有队伍、有机制,学教型、礼仪型、娱乐型)的建设标准,选择群众便于聚集、环境相对优美的村居主要区块进行规划建设,对原有的文化室、农家书屋、农村电影放映室、会堂、宗祠,以及未成年人“春泥计划”等设施、项目和资源进行整合提升。统筹各部门资源,加强综合文化服务中心的设备配备,将文化服务功能与党员教育、农技推广、科学普及、民政服务、体育活动等公共服务职能结合起来。采取新建、改建、扩建等多种形式推进,最大限度地提高各类设施场所的综合利用率。实现从资源分割分散向资源统筹整合利用转变,实现从重设施建设向建管用一体化转变。同时,在执行全省统一的建设标准基础上,鼓励各地充分考虑当地的文化特点、老百姓的需求,充分利用农村自然资源禀赋,注重传统民俗文化与现代文明的融合创新,使农村文化礼堂真正成为当地的文化地标。

调研组在浙江省海盐县澉浦镇看到,为保护古镇风貌,澉浦镇在古镇旁集中新建了较大规模的居民住宅区,配套建设的综合文化服务中心已涵括文化站、广电站、计生卫生站、农信行、电信营业厅、澉浦中学、澉浦小学、商场超市,文化站中兼有图书分馆、文艺辅导、党员学习和科普普法讲堂(兼影厅)、舞蹈排练厅、综合健身房、艺术展厅等,当地居民和青少年已能就近就便获得县、镇两级政府提供的各种综合文化服务。

概括起来,浙江“农村文化礼堂”建设运行的主要特点是:

1. 推进标准化建设

省委宣传部、省文化厅组织编写了《文化礼堂操作手册》,对农村文化礼堂设施建设、展陈设置等方面明确了具体的标准和要求,为各地及时提供业务指导。

2. 整个公共文化服务体系给予有力支撑

为提高“农村文化礼堂”后续运行能力,省委宣传部、省文化厅先后印发《关于以农村文化礼堂建设为重点做好 2014 年全省“文化走亲”和文化馆干部“六个一”活动的通知》《关于成立浙江省农村文化礼堂建设工作专家指导团的通知》和《关于加强农村文化礼堂工作指导员管理员志愿者队伍建设的通知》,明确要求各级文化馆干部研究一个课题、联系一个村(社区)、引领一个团队、创作一个精品、举办一个讲座(培训)、策划一个活动,切实加强对农村文化礼堂的业务工作指导。全省文化馆部署实施了联动开展农村文化礼堂业务建设“春耕、夏种、秋收、暖冬”四季行动。

3. 注重专兼职队伍建设和素质提升

各级政府实施购买公益岗位,为“农村文化礼堂”配好配强一名以上懂文化、会管理、热心文化事业的专(兼)职管理人员,并鼓励在校大、中学生利用寒暑假和双休日到农村文化礼堂开展志愿服务活动。各级文化部门切实加强对管理员的指导培训,提升其素质,提高他们工作的积极性和创造力,动员和鼓励乡土文化能人、文化活动积极分子,特别是有一定文艺专长的人员投身农村文化礼堂建设。为提升“农村文化礼堂”人才队伍素质,2014 年,浙江省文化厅共举办农村文化礼堂建设管理员,美术、书法、摄影、舞蹈、宣传讲解员,业务建设等 8 期培训班,共有 800 余人参与培训,有效提升农村文化礼堂相关人员的业务水平。各市、县文化部门培训基层文化骨干达 209 219 人次。同时,加强文化志愿者队伍建设,全省注册文化志愿者 1.5 万余人,通过专项技能辅导、岗位培训、设置奖励机制等举措,引导文化志愿者到“农村文化礼堂”服务。

4. 实施文化产品和服务“菜单式”精准供给

省文化厅一方面整合省级文化系统资源,一方面协调各级文化部门,针对基层群众实际文化需求,推出农村文化礼堂服务供给“菜单”共 1 708 项。供给单位涵盖了文艺院团、艺术职业学院、公共图书馆、文化馆、业余文艺团队等,供给内容包括演出、展览、辅导、诵读、讲座、艺术鉴赏、文献读物提供、数字资源服务等类别,受到全省“农村文化礼堂”的欢迎。各级文化部门还组织开展非遗基地、非遗传承人、非遗演出、非遗展览、非遗馆、经典祖训、人生礼俗、非遗信息化进礼堂等“八进”活动,切实让优秀传统文化和地方特色文化在“农村文化礼堂”“活起来”。

### (四) 山东“农村文化大院”

多年来,山东省高度重视对全省贫困村文化建设的补助。2012 年,利用省彩票公益金投入 1 800 万元对全省村(社区)文化活动室设备购置给予补助,省财政厅同期下达各市县农村文化大院建设奖励资金 1 000 万元。2013 年,山东省利用中央和省农村文化建设专项资金投入 2 875 万元对 575 个省直"第一书记"帮包村文化大院建设给予每个村 5 万元补助,利用省彩票公益金投入 2 500 万元对全省城乡文化中心(文化活动室)设备购置给予补助。2014 年,山东省利用省彩票公益金投入 3 000 万元对全省村(社区)文化活动室设备购置给予补助。另外,有关市县也积极采取措施,加大投入力度,济南市采取"以奖代补"政策,投入财政资金 5 600 万元,对通过验收的社区综合性文化服务中心、农村文化大院分别以奖代补 5 万元和 2 万元;日照市统一采购 310 余万元的文化设备器材,优先配送到 15 个综合性文化服务中心试点社区,并为每个试点社区落实 5 000 元的试点扶持资金;乳山市为全市已建成社区的 178 个文化中心和 414 个农村文化大院各配备了 1 名享受财政补贴的专职工作人员,初步解决了基层村级文化设施人员配备问题。

山东省开展基层综合文化服务中心试点工作的特点主要是:

1. 立足实际、因地制宜

山东省文化厅出台了《山东省村级文化大院建设与服务标准》,要求各市立足实际,因地制宜,建成一批高标准的综合性文化服务中心。潍坊市乡镇(街道)综合性文化服务中心设施面积均在 500 平方米以上,每个中心均建有面积 800 平方米以上的文化活动小广场,配有体育健身、广场音响等文体活动器材,并在全省率先在镇级综合文化服务中心建设了数字影院,潍坊市所有行政村(社区)均建有设施面积 200 平方米以上的综合性文化中心和 500 平方米以上的乡村文化小广场。日照市研究制定了综合性文化服务中心试点标准,内容包括"一厅"(综合服务厅)"一场"(室外群众文体活动场所,面积不低于 800 平方米)"两栏"(公开栏、宣传栏)"十室"(党员活动室、村民议事室、社区卫生室、警务室、人口计生服务室、图书阅览室、文化娱乐健身室、老年活动室、志愿者服务室、残疾人康复训练室)"六支队伍"(管理服务队伍、广场舞队伍、戏曲爱好者队伍、书法美术爱好者队伍、读书爱好者队伍、志愿服务队伍)。

2. 向贫困地区倾斜

山东省农村社区综合文化服务中心建设，重点对“十二五”期间确定的3 035个贫困村文化活动室（文化大院）建设进行扶持，并将其纳入省政府与各市签订的《目标责任书》，纳入对各市科学发展综合考核和县域科学发展考核，列入山东省2014年“文化惠民、服务群众”16件实事。2014年共投入资金5 600万元，新建、改建文化活动室（文化大院）14.36万平方米，3 035个省级贫困村基本建成文化活动室。

3. 发挥考核的“指挥棒”作用

把基层综合性文化服务中心建设纳入对各地党政领导的考核。2014年，山东省将17市乡镇（街道）综合文化站建成基层综合性文化服务中心的比例作为一项考核指标纳入省委组织部《2014年度17市科学发展综合考核工作实施细则》（鲁组发[2014]15号）。2015年，山东省将继续把村（社区）综合性文化服务中心达标率纳入省委组织部《2015年度17市科学发展综合考核工作实施细则》。在全省社会文化先进县、省级公共文化服务示范区评选中，均将基层综合性文化服务中心建设，作为重要参考内容，全面推进基层综合性文化服务中心建设。

### （五）四川成都市“5+4+N+1”标准体系

成都市推进基层综合文化服务中心试点工作以来，已形成一整套卓有成效的工作机制和建设标准体系。主要做法是：

1. 成为党委政府一项中心工作

成都市委、市政府高度重视试点工作，提出具体工作要求，并在资金保障等方面予以强力支持。2015年1月市《政府工作报告》中，将“获批公共文化服务标准化建设、基层综合性文化服务中心建设国家级试点”列入全市2015年为民办实事目标工程之一。

2. 落实一笔专项工作经费

在成都市主要领导支持下，成都市、县两级将试点工作经费列入2015年度财政预算。

3. 开展一次示范点评选

成都市委宣传部出台《关于村级公共文化服务体系标准化建设的意见》(成宣发〔2014〕10 号),明确提出“在全市行政村、社区开展村级公共文化服务体系标准化建设,建设集基层宣传教育、文体娱乐、科技普及、卫生预防、心理关怀、应急预警等功能于一体的‘幸福美丽新村’综合性文化服务平台”。成都市文广局联合市委宣传部下发《关于开展村级公共文化服务体系标准化建设示范点评选工作的通知》(成宣〔2014〕14 号),最终评选确定锦江区莲新社区、金牛区金沙公园东社区、温江区正宗社区、新都区瑞云社区、都江堰市五里社区、邛崃市郭坝社区等 6 个示范点位。

4. 制定一套建设服务标准

在深入调研的基础上,成都市创造性地提出了“5+4+N+1”的标准体系。“5”,即 5 项核心服务,包括:每个中心提供多功能室内文化服务、电子阅览室(文化信息资源共享工程基层服务点)数字服务、图书室(农家书屋)阅读服务、广播室(应急广播)播放服务、户外广场开展室外文化活动服务;“4”,即 4 项必备功能,包括:每个中心应具备文化宣传(宣传栏或阅报栏)、党员教育、体育健身、便民服务功能;“N”,即各地结合实际自行选择开展的其他可纳入中心的特色服务项目,包括:电影放映、文艺舞台、民俗展示、民政服务、科学普及、技能培训、农技推广、卫生计生、养老助残、社区救助、心理咨询等;“1”,打造一支特色文化服务队伍(或开展一项特色文化活动)。

5. 召开一次现场工作会议

2015 年 3 月,成都市在示范点之一的邛崃市夹关镇郭坝社区综合文化服务中心,召开全市基层综合性文化服务中心建设试点现场工作会议暨动员大会,结合部署今年全市公共文化建设工作,重点对试点工作进行安排、动员,并实地参观示范点建设。

### (六) 云南具有综合性文化服务功能的“民族文化广场”和“农文网培学校”

云南省将保山市隆阳区芒宽乡文化站和楚雄州禄丰县广通镇作为基层综

合性文化服务中心建设试点。两地结合本地实际，形成不同的建设路径。

1. 保山市隆阳区芒宽乡"民族文化广场"

保山市芒宽乡党委、政府按照把文化站建成精神文明建设的"窗口工程"、集镇建设的"亮点工程"、满足当地人民群众日益增长的文化生活需求的"民心工程"、文化经济一起抓的"示范工程"的"四大工程"思路，大手笔、多方位规划建设芒宽乡民族文化广场。主要设施包括文化站综合楼、民族团结大道、傈僳族基督教堂、傣族奘房、文化产品展销中心、灯光篮球场、傣族泼水广场、全民健身广场、农耕文化主题园等，集体育运动、文艺表演、科技博览、民俗风情、休闲娱乐为一体，成为具有综合性文化服务功能的民族文化广场。其中，2011 年竣工的综合大楼，增设了农文网培学校培训室、图书室、阅览室、档案室、电子阅览室、乡情展室和民族民俗文化展室。在这里，人们可以去傣族奘房祈福、去乡情展室看图片、去跳广场舞、去玩健身器材、去学刺绣、去电子阅览室"上网"、去图书室看书，充分体现了综合性和多功能性。

2. 楚雄州禄丰县广通镇"农文网培学校"

楚雄州广通镇以"农文网培学校"建设作为抓手，以"文化育民、文化乐民、文化富民"为宗旨，以提高农民科学文化素质为目的，以文化教育资源整合为手段，依托文化信息资源共享工程的先进网络技术和设备，利用镇文化站、村级文化室等活动场地作为课堂，聘请专兼职辅导员，采取网络教学、多媒体教学、文化科技讲座与现场教学、流动培训等多种教学方式相结合的形式，根据农民群众不同的科学文化要求，提供所需的各类知识信息，帮助农民群众提高思想道德和科学文化素质，保障农民群众掌握科技信息进而脱贫致富，最终实现社会资源和文化成果充分共享、惠及百姓的目标。"农文网培学校"全面整合镇、村、组各类农村文化资源，拓展农村文化服务功能，有效增强了农村基层公共文化服务的活力和能力。

为了进一步发挥农文网培学校的重要作用，镇"农文网培学校"由党委书记、镇长任名誉校长，分管文化的副镇长任校长，文化站站长任常务副校长，负责学校管理工作。村级"农文网培分校"以村文化活动室为阵地，由村支部书记或村主任担任分校校长，由大学生村官兼任文化辅导员，负责日常管理工作。在此基础上,结合实际确立了“五化、五一、五有”的标准。“五化”即:机制建设长效化、制度设计规范化、培训形式多元化、培训内容丰富化、绩效考核常态化;“五一”即:建有一个图书报刊阅览室、一个电子阅览室、一个培训教室、一个文化陈列室、一个活动场所;“五有”即:有醒目标识牌、有组织机构、有培训计划、有经费保障、有管理制度。镇“农文网培学校”设有专职教员5名,还外聘请辅导员20余名,由镇技术人员、农村致富能手、非物质文化传承人等担任。教材内容充分结合当地农民生产生活需要,编制新型农民职业技术培训、农业科普信息、农产品供求信息等材料,还编撰了《村级发展纪实》和《乡风文明》两本书,制作了《广通美》音乐MTV,编印了《路赕清风》廉政内刊(季刊)和《广通党建》内刊(双月刊)。“农文网培学校”业已成为当地培育有文化、懂技术、会经营新型农民的主渠道。

## 三、 关于基层综合文化服务中心试点情况研判

2014年10月,文化部在前期宣传发动的基础上,公开征集全国各地参与基层公共文化服务中心建设试点申报,经专家评审,最终确定了一批试点单位。就目前情况看,大多数试点地区党委、政府高度重视,试点工作进展顺利,已取得较为丰富的试点成果。现依据对试点地区的实地调研以及对试点单位提交的材料进行分析,作出如下研判:

### (一) 有必要加强基层综合文化服务中心建设标准的顶层设计

各地目前对基层综合文化服务中心建设重要性和必要性认识、“综合”范围和建设要求的理解程度不一,不少试点单位仍然局限于原有“文化”领域进行“综合”。为此,有必要加强基层综合文化服务中心建设的顶层设计,形成比较具体的建设方案,最终以国务院“指导意见”形式发布,便于各地把握和遵循。

### (二) 有必要加快推进各地建立“协调机制”

一些试点地区尚未建立行之有效的“协调机制”,试点工作没有得到党

委、政府主要领导的支持,没有得到相关部门的赞同、支持和参与,整合各路资源缺乏权威驱动力和工作抓手,试点工作仍然局限于文化部门,可能导致基层综合文化服务中心建设流于形式。为此,有必要强化各级地方政府责任,提高统筹意识和能力,加快推进省、市、县参照"国家公共文化服务体系建设协调机制"架构,结合实际情况,建立相应的"协调机制"。

### (三)有必要运用好中央和地方资金杠杆推进改革

俗话说"无利不起早",没有一定的增量资金引导和撬动,会增加试点以及日后基层综合文化服务中心建设全面推开的工作难度。因而,既要立足于盘活存量、整合和利用好现有资源,也要适度增加投入,发挥增加资金"四两拨千斤"的杠杆作用。为此,建议中央财政紧密结合本项改革工作的推进,适度增加转移支付力度。

### (四)有必要在"标准化"建设的同时为基层留有余地

各地结合自身实际开展试点的情况表明,基层综合文化服务中心建设需要以"国家公共文化服务指导标准"为依据,制定可供各地参考的"基层综合文化服务中心建设运行指导标准",否则难以顺利达成保障基层群众基本文化权益的目的。但是,由于各地面临的具体情况差异较大,国家的指导标准不宜过细,应仅限于各级政府面向基层群众提供的基本文化服务范畴,特别是应留足各地根据各自需求特点、资源特点进行安排的空间。建议采用"1+X"的形式,"1"为"规定动作"(基层群众所应享有的基本文化服务项目),"X"则为"自选动作"(各地可以结合实际自主确定的服务项目)。

### (五)有必要着力破解试点工作中暴露出的一些共性问题

各地试点工作中,已经暴露出一些共性问题,迫切需要拿出对策予以破解。一是整合问题,有关部门配合不力,解决这一问题除了地方加快建立多部门"协调机制"外,还需要中央有关部门从条线角度进行明确部署和支持。二是资金问题,中西部试点地区普遍感到经费不足,需要中央财政适度加大支持力度。三是人事问题,基层综合文化服务中心建设,需要根据管理和服务的实际情况作出人事安排,建议中央允许各地开展有关基层综合文化服务中心人事安排政策的改革试点。四是归口问题,由于整合、归并了多部门职能和资源,新建基层综合文化服务中心归口哪个部门管理会产生新的争议。基层综合文化服务中心实质上是政府基层公共服务中心的一部分,是政府在基层的服务终端,根据“一项事权原则上由一个部门负责,确需多个部门共同履行的事权,要明确牵头部门,分清主次责任,建立健全部门间的协调配合机制,形成工作合力,提高行政效率”的原则,建议进一步明确政府文化部门作为“牵头部门”,承担主要责任。

## 四、 基层综合文化服务中心建设运行顶层设计

根据实地调研所掌握的情况,结合各地试点成果,现就全国基层综合文化服务中心建设运行作出如下“顶层设计”:

### (一) 进一步厘清“基层综合文化服务中心”内涵、外延和特点

1. “基层综合文化服务中心”建设内涵

是指在城市街道、社区和农村乡镇、行政村设置的,以整合利用现有各类公用设施和服务资源为基础,以统筹建设、盘活存量、综合利用、提升效能为目标,建成集多种便民服务于一体的综合性公共文化服务场所。

2. “基层综合文化服务中心”建设外延

应当涵盖面向基层群众的党员学习、社区教育、科学普及、全民阅读、艺术普及、体育健身、卫生计生、普法教育、农技推广等服务项目。

3. “基层综合文化服务中心”建设特点

一是基层综合文化服务属于政府公共文化服务的重要内容;二是基层综合文化服务中心是政府在基层履行公共文化服务职能的重要载体;三是政府文化部门应作为基层综合文化服务中心建设的“牵头部门”承担主要责任;四是以政府为主导,建立健全相关部门协调配合机制,形成推进基层综合文化服务中心建设工作的合力。

## （二）需要提高各级党委政府对重要性和紧迫性的认识

1. 是破解基层公共文化服务诸多瓶颈问题的必然选择

由于受传统文化事业体制惯性影响，基层公共文化服务长期缺乏有效的统筹协调，党员学习、社区教育、科学普及、全民阅读、艺术普及、体育健身、卫生计生、普法教育、农技推广等公共文化服务所涉及的众多领域，呈现为条线分割、各自为政、资源分散、多头管理、重复建设、低效运行状态。建设基层综合文化服务中心，推进基层公共文化设施集中建设，相关公共文化产品和服务集成提供，对于从根本上破解基层公共文化服务发展瓶颈意义重大。

2. 是提高各级公共财政资金使用效率、提高服务效能的现实举措

自上而下多线条、多渠道供给公共文化产品，曾在一个时期发挥了积极作用，但在现代数字网络技术条件下，多线条多渠道日益显示出“多损耗”的特点，小而全、多而窄的渠道本身及其自身维护，会消耗本已十分有限的资金和资源。渠道整合、同类归并、集成提供、集约管理，必会减少渠道消耗、降低部门利益、增加基层供给，从而大大提高各级财政资金对基层公共文化服务投入的效率。同时，由于渠道统一建设、资源相互开放、设施互联互通、平台服务共享，就更加能够将主干的“营养”顺畅送达体系末端，从而大幅度提高基层的服务效能。

3. 是弘扬社会主义核心价值观、巩固基层文化阵地的迫切要求

在开放的环境中，各种思想意识形态在基层交流、交融、交锋日益频繁，各种势力利用服务手段争夺基层群众的竞争日益激烈。基层文化服务说到底是培育和弘扬社会主义核心价值观的基层阵地，是提高基层群众文化认同、从而提高政治认同、国家认同、民族认同的基本方面。俗话说，“根基不劳，地动山摇”，加快建设基层综合文化服务中心，加强党和政府基层文化阵地建设，是强基固本、利国利民大事，也是新形势下做好基层思想文化工作的紧迫任务。

## （三）需要进一步明确基层综合文化服务中心建设的指导思想

1. 与中央精神保持高度一致

基层综合文化服务中心建设应认真贯彻落实习近平总书记系列重要讲话

精神和党的十八大、十八届三中四中五中全会精神,按照“四个全面”战略布局和“创新、协调、绿色、开放、共享”新的发展理念,贯彻落实中央关于加快构建现代公共文化服务体系的决策部署,以“国家基本公共文化服务指导标准”为依据。

2. 体现政府集中提供公共服务的特点

突出各级政府职责,建立“协调机制”,适度归并职能、归口管理,加强部门协同,消除部门利益。

3. 重在盘活存量,整合资源

结合实际、对接需求,改革创新、力求实效,在盘活存量、整合资源的基础上,统筹推进乡镇(街道)和村(社区)综合公共文化设施建设,加快建立标准引领、集中建设、综合配套、规范管理、“一站式”服务的基层公共服务平台。

4. 强化公共文化服务的末端

切实推进公共文化服务重心下移,提升公共文化体系末端的服务效能,采用多种有效措施打通“最后一公里”,就近就便为基层群众提供高品质的公共文化及相关服务,更好地保障基层人民群众的基本文化权益,满足基层群众基本文化需求。

### (四) 需要确立推进基层综合文化服务中心建设的基本原则

1. 政府主导,社会参与

从基本国情出发,发挥各级政府在基层综合公共文化服务中心建设运行全过程中的主导作用,加强方向引导、规划指导、政策指引、运行监管、绩效评估,确保社会主义核心价值观基层文化阵地的性质和作用。同时,引入市场机制,鼓励和支持各种社会力量参与建设运行,加快完善相关支持政策,鼓励各地积极探索社会化运营管理的新模式。

2. 统筹建设,集成利用

坚持科学合理布局,明确各级政府文化部门在基层综合公共文化服务中心建设中的统筹职责,以集中盘活利用好现有基层公共文化设施为基础,结合实际适当地改扩建和新建，配齐面向城乡基层群众集成提供综合文化服务的设施设备、资金资源、基本项目、人员队伍，实现人财物优化配置和基本服务项目集中提供，提高综合服务效益。

3. 因地制宜，分类推进

坚持实事求是，一切从实际出发，不搞“一刀切”，根据不同地区的经济状况、人口分布、地形地貌、文化特点、风俗习惯等，在健全基本服务项目的同时，着力突出地方特色，着力解决基层群众有迫切需求的问题入手，着力提升老少边穷地区基层文化服务能力和水平，在建设运行实践中不断改进工作、提升本领、提高效能。

4. 创新引领，讲求实效

解放思想、大胆探索，鼓励各地创新基层综合文化服务中心建设的新思路、新路径，以理念创新、方式创新、渠道创新、手段创新、载体创新提高基层公共文化服务效能。一切从基层群众的实际需求出发，从实际效果出发，从提高基层群众满意度和幸福指数出发，充分调动和发挥城乡基层群众、基层文化组织的积极性和创造性，及时总结、提炼和推广被实践证明是行之有效的好办法好经验。

### （五）需要确立基层综合文化服务中心近、中、长期建设目标

1. 近期（2016—2017）

作为硬性要求，率先在 93 个国家公共文化服务体系建设示范区和部分示范项目所在地（约占全国总数的 1/3 强）全面推开。同时，在 839 个国家级贫困县中选择 1/10 先行试点。

2. 中期（2018—2020）

在全国范围内全面推开，全面建成覆盖全国城乡基层的布局科学合理、设施设备齐全、基本功能完备、群众较为满意的基层综合文化服务中心。配套建立完善的符合实际、设置科学、运行良好、管理规范的制度标准，建立一支扎根基层、一专多能、综合素质较高的基层文化队伍，形成资源聚集、服务优质、人员充足、保障有力、运行高效、使用充分的基层公共文化服务发展

格局。

3. 长期(2020—2030)

基层综合文化服务中心成为党和国家培育、践行、弘扬社会主义核心价值观和提高全民文化认同的主阵地,成为提升全体国民精神文化素养的大课堂,成为广大基层人民群众学习知识、增长才干、提升能力、愉悦交往,以及自主培养艺术兴趣爱好的多功能精神家园。

### (六) 需要确定近中期基层综合文化服务中心建设的主要任务

1. 全面调查摸底

按照中央构建现代公共文化服务体系的总体部署,结合新型城镇化和社会主义新农村建设实际,对乡镇(街道)和村(社区)基层公共文化及相关设施建设发展情况进行全面调查。重点对老少边穷地区、特别是连片贫困地区设施状况、布局情况、建设标准、功能设置、资源供给、活动开展、制度建设、资金来源、人员配备等进行分项统计。建立基层综合文化服务中心建设基础数据库。

2. 统筹规划指导

各级地方政府、特别是县级地方政府,把基层综合文化服务中心建设运行纳入国民经济和社会发展总体规划,国家基层综合公共服务平台建设规划应与省、市、县规划有机衔接、无缝对接。重点做好国家公共文化服务示范区各市县、国家级贫困县基层综合公共文化服务中心建设规划。统筹实施各类面向基层的国家重大文化惠民工程,统筹推进美丽乡村建设、精神文明创建、扶贫开发等工作,使之与各地基层综合文化服务中心建设运行相衔接。

3. 明确主导责任

明确各级政府在推进当地基层综合文化服务中心建设中的主要责任,建立相关各部门参与的"协调机制",落实各级政府文化部门作为"牵头单位"。各级政府在摸清底数的基础上,统筹制定规划,协调整合各级各类面向基层的公共资源,明确建设任务、运行办法、发展目标,落实责任主体。各相关部门、行业专项规划延伸到基层的，要明确以基层综合文化服务中心为载体，主动对接、完善功能、配置资源和落实工作条件。

4. 合理空间布局

按照统筹城乡发展、依托行政架构、兼顾人口分布和服务半径的要求，以县为基本单位，统筹安排辖区内的公共文化服务资源，合理布局乡镇（街道）文化站和村（社区）综合文化服务中心。原则上超过10万人规模的乡镇，可按建设标准建第2座文化站。结合移民搬迁和撤村并镇，重点解决集中居住的村（社区）基层综合文化服务中心建设布局。地广人稀服务半径较大的镇、村，可灵活采取流动文化服务、数字文化服务方式实现基本服务项目的有效覆盖。

5. 完善设施建设

国家层面宜依据《国家基本公共文化服务指导标准》制定基层综合文化服务中心设施建设的指导标准，为各地提供建设依据。但应明确各地不搞“大拆大建”，主要采取盘活存量、调整置换、集中利用的方式，用好现有乡镇（街道）和村（社区）的公共文化设施，凡现有设施能够满足基层综合文化服务要求的，一律不应再进行改扩建或新建。确需改扩建或新建的，需经县级人民政府组织相关部门进行充分的调查论证并按程序报批后，再行组织实施。乡镇（街道）综合文化站建设，按国家《乡镇综合文化站建设标准》进行规划建设，乡镇（街道）综合文化站所在村（社区）不应另行建设文化设施，避免重复建设。村（社区）综合文化服务中心建设内容，一般包括室内综合文化服务设施（含多功能教室、文艺活动室等）、室外文体活动场地（有条件的可配置简易戏台和健身广场）、其他部门服务设施可合并设置，条件允许也可在内部设立独立设置的可以搭建简易戏台或健身广场。同时，根据设施功能设置，配备必要的器材设备。

6. 整合存量资源

各地基层综合公共文化服务中心建设，应充分整合利用现有的党员远程教育教室、综合文化活动室、农家书屋、农民体育健身工程、闲置中小学校、农村幸福院等公共服务设施设备，调查摸底面积规模、产权归属和使用情况，在保证服务接续性的基础上,进行归并重组,加强统筹利用。鼓励通过整合、置换或转变用途等方式,将闲置、分散的基层公共设施改造用于基层综合文化服务中心建设。

7. 健全基本功能

根据中央《关于加快构建现代公共文化服务体系的意见》和《国家基本公共文化服务指导标准》,基层综合文化服务中心应有以下功能:党员学习、图书和报刊借阅、时政法制科普教育、文艺演出活动、数字文化信息服务、公共文化资源配送和流动服务、体育健身和青少年校外活动、优秀传统文化和地方特色文化传承传播等。

8. 提供基本服务

紧密结合当地群众生产生活实际需求,举办各类展览、讲座,普及科学文化知识,传递经济信息;组织开展丰富多彩的、群众喜闻乐见的文体活动和电影放映活动;指导居民自办文化组织建设,辅导和培训群众文艺骨干;协助上级文化单位配送公共文化资源,开展流动文化服务,保证公共文化资源进村入户;为当地群众提供图书报刊借阅服务;利用全国文化信息资源共享工程基层服务点,开展数字文化信息服务;搜集、整理非物质文化遗产,开展非物质文化遗产的普查、展示、宣传活动;协助开展文物的宣传保护工作;协助做好农村文化市场管理及监督工作。

9. 综合其他项目

基层综合文化服务中心是以文化为主、集合多种基层公共服务功能于一体的综合性公共服务平台。在提供基本公共文化服务的同时,应妥善协同纳入相关部门的服务项目、标准、规范和有关要求,同步履行好党员教育、科技普及、体育健身、就业社保、养老助残、人口管理、便民服务、综治维稳等不同领域的公共服务职责,为群众就近就便提供公共服务。

10. 承接惠民工程

基层综合文化服务中心应继续做好免费开放、送地方戏、广播电视村村通、农村电影放映工程、“三下乡”“四进社区”、送欢乐下基层等重点文化惠民工程的承接落实工作。尤其是改变原有单向承接方式,主动调查征询当地人民群众意愿，及时反馈群众诉求，提高各项惠民工程实施效能。

11. 发展当地特色

在利用好各级各类资源和力量的同时，基层综合文化服务中心应以民间文化艺术之乡和基层特色文化品牌建设为抓手，收集、整理、传播当地文化特色，组织开展富有当地特色的节庆礼仪、乡风文明、敬老爱幼、文明家庭、道德讲堂等文化活动，打造基层群众文化品牌，增强当地群众的文化自豪感，着力形成“一乡（街道）一韵”“一村（社区）一品”的生动局面。

12. 运用现代科技

推广以县为基本单位的公共图书馆、文化馆总分馆服务体系建设，形成以县级为总馆、乡镇（街道）为分馆、村（社区）为服务点的现代公共文化服务组织结构，促进县域公共文化资源统筹利用和重心下移。运用现代科技手段，加快推进基层文化设施提档升级，加强全国文化信息资源共享工程基层服务点、数字广播电视、数字农家书屋等建设，加快数字文化资源和先进文化服务装备、系统在智能社区、智能镇村中的应用，有效整合文化与其他公共服务领域信息服务资源，推进公共信息服务向基层延伸。以县为单位建立县域基层综合文化服务中心管理信息系统，变传统的人工管理评估为数字化网络化管理评估，实施客观管理、实时管理、自觉管理，缩小人为的“自由裁量权”，降低管理成本，提高管理和服务效能。

13. 加强队伍建设

推广浙江省海盐县“两员”制度，实行人员的“下派上挂”。所谓“下派”，是指县级文化部门、公共文化机构为乡镇（街道）文化站培训一名工作人员并委派至乡镇（街道）文化站担任站长助理，乡镇（街道）文化站为村（社区）基层文化服务中心培训一名工作人员担任村（社区）文化管理员。所谓“上挂”，是指乡镇（街道）文化站可委派一名工作人员至县级文化部门、公共文化机构挂职，村（社区）基层文化服务中心可委派一名工作人员至乡镇（街道）文化站挂职。这样形成机构之间的“人”脉关系，资源、服务、能力、规范会沿着这一脉络延伸至基层。

## 五、基层综合文化中心建设需处理好几对关系

### (一)各级政府与基层自治组织的关系

基层综合文化服务中心主要建在村(社区),按照《中华人民共和国村民委员会组织法》①第二条规定,“村民委员会是村民自我管理、自我教育、自我服务的基层群众性自治组织”,“村民委员会办理本村的公共事务和公益事业”,因而,必须妥善处理好“政府主导”与“村民自治”的关系。

应当看到,在中国特色社会主义体制下,“政府主导”与“村民自治”并非对立关系,尤其是在保障基层村(社区)群众基本文化权益、满足人民群众切身文化需求的公共文化服务方面,二者存在根本利益的一致性。一方面,村民有权自主选择和决定文化服务的方式和内容,另一方面,政府需要履行基本公共文化服务职能,最理想的结果是政府提供的基本公共文化服务恰恰是村民最想选择和获得的文化服务。

为此,在操作层面,政府及公共文化机构首先有必要在充分征询基层村民意愿的基础上,因地制宜地确定群众最迫切需要的基本服务项目。其次,政府及公共文化机构应采取“菜单式”“订单式”方式供给文化产品和服务,以利基层群众自主选择。第三,政府及公共文化机构应尊重群众的积极性和创造性,为基层群众“自我发展”留足余地,以资源提供、培训辅导、资金扶持、平台展示等要素支持方式,提升基层群众参与文化活动、发展当地特色文化的积极性和能力,使之逐步成为文化发展的主体。

### (二)“规定动作”与“自选动作”的关系

政府为基层提供基本公共文化服务是职责所在,也是基层综合文化服务中心所应做好的“规定动作”。但在实践中发现,“规定动作”过多过滥会产生“大水漫灌”的负面效果,既会造成政府财政资金使用效率低下的结果,又会

---

① 中央政府门户网站,www.gov.cn,2010年10月28日。

因为对当地原生态文化的“挤出效应”而导致“大树底下不长草”。长期如此，基层群众养成“看客”习惯，对培养群众自身发展兴趣和能力极为不利。

为此，政府面向基层的基本文化服务项目应严格限定在一定范围，要大力鼓励基层群众自创自办、自编自演、自娱自乐，逐步提高基层群众“自选动作”在文化服务中的比例或权重。政府及公共文化机构可跟踪调查研究基层群众文化能力的成长状况，并且伴随群众文化知识技能的增长，适度增加对基层群众自身发展的“要素”支持，如资金、设备、器材、辅导等。

### （三）全面部署与重点推进的关系

基层综合文化服务中心建设，时间紧、任务重、要求高，为积极、有序、高效地推进这项工作，需要处理好全面部署与重点推进的关系。既要在全国范围内大力宣传、全面发动，明确各级党委、政府的主导责任，落实时间表、路线图、任务书和责任状，将各项推进工作落到实处；同时，也必须紧密围绕党和国家改革发展大局，着力破解当前和今后一段时期全面建设小康社会在公共文化服务领域面临的突出矛盾和问题，重点把握好老少边穷地区、特别是贫困地区基层公共文化服务跨越式提升的问题。应抓紧时间部署贫困地区基层综合文化服务中心建设试点，“解剖麻雀”、取得经验、探索路径，加快贫困地区现代公共文化服务体系建设进程。

### （四）政府主导与社会参与的关系

基层综合公共文化服务中心建设应坚持政府主导的原则，必须牢固确立起社会主义核心价值观基层阵地建设的观点和立场。但是，“政府主导”不是政府包办，应当广泛引入社会力量参与建设和运行。社会力量参与有助于运用市场竞争机制、拓宽公共文化产品和服务的来源，壮大公共文化资源提供的队伍和力量，从而有效提高基层公共文化服务效能。然而也应当看到，“开放”与“管控”是一个问题的两个方面，“管控”越有力，“开放”越到位。社会力量鱼龙混杂、良莠不齐，政府需要抓紧建立健全必要的遴选、监管、评估机制和制度，综合运用公共采购、日常监管、绩效评估、群众满意度测评等手段，在扩大开放尺度的同时，同步提高管控能力。

# 18

# 公共文化服务社会力量参与的多元化研究

## ——以北京市东城区公共文化服务社会化发展实践为例

关思思*

**摘　要**　随着公共文化服务体系建设全面推进，全国各地都加大了购买公共文化服务的力度与范围，促进公共文化服务社会力量的多元化参与。2013年创建国家公共文化服务体系示范区以来，北京市东城区重视激发社会力量参与公共文化服务的活力，积极探索公共文化服务社会化发展的实践路径，社会化多元化发展态势逐渐呈现，为其他地区提供了很好的启示和借鉴作用。

**关键词**　公共文化服务　社会力量　参与方式　东城区

2015年1月，中共中央办公厅、国务院办公厅印发的《关于加快构建现代公共文化服务体系的意见》中提到："鼓励和引导社会力量参与。进一步简政放权，减少行政审批项目，吸引社会资本投入公共文化领域。建立健全政府向社会力量购买公共文化服务机制。"同年5月，国务院办公厅转发文化部、财政部、新闻出版广电总局、体育总局《关于做好政府向社会力量购买公共文化服务工作的意见》，重点部署了建立健全政府向社会力量购买公共文化服务机制，完善公共文化服务供给体系，提高公共文化服务效能等方面的内容。近些年来，公共文化服务体系建设正在全面推进，全国各地都加大了购买公共文化服务的力度与范围，政府、企业、社会组织等都正在广泛地参与公共文化服务的方方面

* 关思思，天津外国语大学图书馆研究人员。

面中来。面对社会力量参与公共文化服务这一主题,不同地区的政府思路、做法也不尽相同,公共文化服务社会化发展存在诸多的困难、问题。尽管如此,却阻挡不了社会力量参与的步伐,并呈现出百家争鸣、百花齐放的态势。

## 一、 促进公共文化服务社会力量的多元化参与

### (一) 原因

文化需求是多样性的。公众对公共文化服务的需求,既有文化素养提升的需求,也有追求更为丰富多彩文化享受的需求,这就要求公共文化服务的提供,实现基本公共文化服务与优质化、多样化服务共同发展,文化服务的标准化与个性化也要达到有机统一。

在我国公共文化服务体系的建设中,政府、市场、社会三者缺一不可。政府的作用是保证基本服务,促进公平服务,市场可以为老百姓提供多样化的产品和服务,社会能激发各类社会主体参与公共文化服务的积极性,创造良好的社会环境。

公共文化服务社会力量的多元化参与,可以使公共文化服务体系建设尽可能地满足并激发公众需求,适应市场经济要求,促进政府职能的转变,激发社会的积极性,是公共文化服务的发展动力。①

### (二) 意义

#### 1. 促进市场化配置的公共文化资源格局形成

市场机制和市场手段能够使公共文化服务在资源配置、服务提供上形成主体多元竞争的局面,能为政府职能的转变、公益性文化事业单位内部机制改革、提高服务能力和服务质量提供强大的内在动力。

#### 2. 促进公共文化产品需求导向供给格局形成

政府向公众提供公共或准公共文化产品,因此在使用公共财政资金的时

---

① 李国新:《社会化发展:增强动力　激发活力　提升能力》,《中国文化报》2015 年 1 月 28 日。

候,需要将资金的使用效率做到最大化,将购买公共文化产品的选择权、决定权最大限度地交给基层群众,最大限度地满足公众需求。①

3. 培育和规范文化类社会组织

促进政府购买公共文化服务持续健康发展需要也能够培育一批形态多样、结构合理、能力专业、治理规范的承接主体,在资源动员、服务提供、活动实施、运营管理等方面发挥其专业化的能力和独特的作用。

4. 培育和促进文化消费

文化消费是一种选择性消费。公共文化服务基本性与个性化、优质化,免费性与优惠性并举的多样化发展,能够促进公共文化服务创新产品和服务内容,研发文化创意产品,促进文化事业和产业相结合,促进提供主体和提供方式的多元化,增强公共文化服务的发展活力。②

## 二、 东城区公共文化服务社会化多元化发展实践

文化是东城区的标志性符号,北京市东城区将"文化强区"战略作为建设首都功能核心区的重要战略。2013 年创建国家公共文化服务体系示范区以来,东城区重视提高公共文化服务标准化、均等化水平。2015 年在贯彻落实中办、国办《关于加快构建现代公共文化服务体系的意见》和四部委《关于做好政府向社会力量购买公共文化服务工作的意见》以来,东城区除了着力推动政府从"办文化"向"管文化"转变、创新基层公共文化治理体系、提升服务效能外,也重视激发社会力量参与公共文化服务的活力,挖掘首都功能核心区的文化特色,积极探索公共文化服务社会化发展的实践路径,社会化多元化发展态势逐渐呈现。③

① 巫志南:《政府购买公共文化服务新政将实现四大突破》,中国经济网, http://www.ce.cn/culture/gd/201505/13/t20150513_5353597.shtml, 2016 年 1 月 25 日。

② 李国新:《文化类社会组织是政府购买公共文化服务的主要力量》,《中国社会组织》2015 年第 11 期。

③ 王学思、刘璇:《北京市东城区公共文化建设八大亮点》,《中国文化报》2016 年 1 月 20 日。

## （一）政府购买戏剧等文艺演出

“戏剧东城”是东城区在文化领域的重要品牌，东城区通过政府购买的方式低价或免费地将戏剧演出呈现给广大群众。2008 年东城区委、区政府出台《东城区文化强区战略纲要》和《东城区关于促进文化创意产业发展的试行办法》，奠定了东城区戏剧文化名片的基础。2009 年出台的《东城区关于推进首都戏剧文化城建设的若干意见》，其中专门设立了“东城区戏剧发展公益补贴资金”。2015 年东城区出台《2015 年北京市东城区戏剧发展资金使用暂行办法》。东城区出台这些政策，分别从财政政策、投融资体制、购租房补贴等方面，加大了对戏剧文化的扶持力度。①

东城区购买戏剧主要有三种方式，一是运用财政补贴使戏剧演出保持低票价，二是购买演出团体或场所演出，带其“走进基层”，三是购买演出票通过公共文化服务导航网“电脑自动选号赠票系统”面向社会公众免费发放。

自 2010 年起，东城区每年投入 1 000 万元戏剧产业发展引导资金和 300 万元戏剧发展公益补贴资金，每年由政府出资，邀请几十个专业团体进行包括舞蹈、戏曲、杂技、综艺等多种形式的每周一场的公益演出。②2013 年开展“百场戏剧进基层”活动，为基层社区、军营、学校、工地送去优质的戏剧演出。在 2014 年的南锣鼓巷戏剧展演季中，政府利用公益补贴资金购买部分演出票，群众可以通过东城区公共文化服务导航网的“摇号看戏”平台通过“电脑自动选号赠票系统”获得免费公益票，且面向社会公众免费发放演出票 4 000 余张。③

## （二）基层公共文化机构的社会化运营

### 1. 东总布胡同图书馆购买悠贝亲子图书馆少儿服务项目

东总布胡同图书馆是东城区第一图书馆开设的首家社区分馆，2014 年 10

---

① 王学思、刘璇：《北京市东城区公共文化建设八大亮点》，《中国文化报》2016 年 1 月 20 日。

② 《东城区大力创新供给方式　不断提升服务效能》，《中国文化报》2013 年 5 月 21 日。

③ 东城区公共文化服务导航网—看戏赠票系，http://cultureadmin.bjdch.gov.cn/culture/FreeTicketAction_freeTicketHome.do，2016 年 1 月 25 日。

月 1 日开放。东总布胡同图书馆以岗位购买的方式,购买了 2 名悠贝亲子图书馆工作人员参与图书馆管理与服务。

具体方式为东总布胡同图书馆有偿聘请悠贝亲子图书馆的两位工作人员参与日常管理与专门服务。悠贝的工作人员日常与其余馆员一样参与图书馆一般的管理与服务,包括值班、图书整理等。悠贝的工作人员并专门承担儿童阅读活动服务,每天上午 10 点至 11 点图书馆会固定开展故事会活动,周六日则会开展“绘本之旅”体验活动,做手工、画画,围绕绘本开展丰富的延展活动,其他时间活动老师会根据孩子的具体情况开展讲座、故事会等不同类型的活动,还可以为前来借阅图书的家长们推荐儿童图书。①

2. 东城区体育馆路街道和皮卡书屋合作开设中英文少儿图书馆

2014 年 7 月,北京市东城区体育馆路街道和皮卡书屋合作开设的中英文少儿图书馆开放。它是一家民办、公益、非营利性的少儿中英文图书馆,主要针对 0—15 岁的孩子,采用自己独立的分类法管理图书。

体育馆路街与皮卡书屋的合作采取民营公助、市场补充的运营模式。政府免费提供活动场地、承担水电费开销,并为图书馆提供一定金额的启动资金,资助其开馆经费、装修经费、硬件设施、购书经费等。皮卡书屋 9: 00—20: 30 开放,负责购书 1 万册左右,设日常馆员 3 名,还负责少儿阅读方面的专业化运营和日常管理。社区居民来馆阅读免费,借书和参与亲子阅读活动则需加入皮卡书屋会员,费用具体为该街道的居民 400 元/年,是会员价 800 的一半(街道的居民需要拿户口本、身份证办理),辖区低保家庭享受免费服务。会员可以无限次借书,借期是三周,并参与各种阅读活动。皮卡还成立理事会,定期召开理事会议,与街道共同商讨运营管理中的问题。②

3. 龙潭街道社区文化服务中心运营管理整体外包

龙潭街道社区文化服务中心辐射 11 个社区,中心面积为 2 000 平方米,由于面积大,编制人员少,街道因此决定将其运营管理整体外包。文化服务中心 2015 年 6 月开始开放,由“梦想家艺术中心”承接外包。中心每年的运维费约

① 隗瑞艳、张慧:《北京“胡同图书馆”展新颜》,《中国文化报》2014 年 11 月 24 日。

② 张慧:《“私人定制”社区图书馆诞生》,《中国文化报》2014 年 7 月 29 日。

300 万(每年的租金为 260 万元,物业费为 30 万元,水电运维费约 15 万元),区政府年投 150 万,其他费用由街道自筹。街道每年负担水电费用 12 万元,梦想家负担 3 万元。街道按照每年 8 人的补贴标准补贴工作人员经费。“梦想家”负责大部分场馆的运营、管理;组织文化活动、培训、非遗宣传;对文化队伍进行指导和培训,发放工资。具体为周一到周四的上午到下午 16:30 开展公益活动,大部分场地为免费开放,周一到周四晚上、周五到周日则进行低于市场价格 40—60%的收费培训(乒乓球室、健身室不限时,均收费)。

梦想家可以进行适当的宣传,但不得影响文化服务中心的公共服务形象。街道定期考核,每周三梦想家工作人员参加街道的例会,共同商讨运营管理中的问题。①

## (三)文化机构建设吸引社会资源参与

东城区社区博物馆在建设和日常运营、开展服务中注重引导社会力量参与,充分利用社会资源。

在馆舍建设方面,史家胡同博物馆的所在地——史家胡同 24 号院为陈西滢、凌淑华之女陈小滢女士捐赠,在建设过程中,接受由英国查尔斯王子(Prince Charles)创立的英国王储建筑社区基金会(Prince's Foundation for Building Community)捐助 530 万元人民币,用于馆舍修缮,还延请国外专家,对恢复凌府原貌提供帮助。②

在展品收集方面,安定门京城老物件陈列室的藏品全部由老北京民俗收藏爱好者宋振忠提供;东四奥林匹克社区博物馆展出的部分实物来自社区居民奥运期间的亲手制作和收藏,以及国际友人的捐赠;史家胡同博物馆中的许多展品也是由居民捐赠,部分有关人艺的展品由人艺博物馆提供;建国门社区博物馆互动厅的活动区展放的毛线编织品都是由建国门外交部街社区的退休

① 《东城龙潭街道新增文化活动中心》,人民网,http://bj.people.com.cn/n/2015/0310/c82846-24117851.html, 2016 年 1 月 25 日。

② 王学思、刘璇:《北京东城:以公共文化服务夯实“文化强区”基础》,《中国文化报》2015 年 5 月 29 日。

阿姨们纯手工编织的。

在开展公共文化活动方面,史家胡同博物馆与社会组织合作举办多种活动,如与“嘚吧嘚”先锋相声团联合策划推出“老北京消失的民俗”相声专场演出等。

### (四) 整合区域文化设施

东城区出台了《东城区学校(单位)体育文化设施向社会开放补贴资金管理办法》,设立专项资金用于鼓励驻区单位面向社会开放,自 2009 年开始,由区政府每年出资 500 万元,鼓励区内社会单位将文体设施向公众免费开放。

1. 蓬蒿剧场

东城区内拥有数量众多的剧场,东城区政府积极探索与剧场开展合作,利用剧场来往人流多且文化素质普遍较高的特点,采用政府购买的方式,运用剧场白天闲置的空间,开设阅览室,提供书刊阅览服务。

其中蓬蒿图书馆就是一个设在蓬蒿剧场空间内的以剧场艺术为核心的图书馆。图书馆的图书一部分由其自身积累,其余主要由东城区图书馆配送,以戏剧类为主,还有哲学、社会、艺术等近 300 册,由剧场工作人员负责管理,免费提供给观众、社区居民、戏剧工作者等阅读。东城区文委还为其配备 4 台电脑设备,提供书报及剧场影像图片资料的数字阅览。图书馆在白天还不定时地举办沙龙、讲座与座谈会等文化活动。①

2. 五环书吧

东城区文委还整合起数量多、位置好、灵活性强的小书店,为居民提供更多文化活动场所,提供免费阅读服务。街道为其补贴一部分资金用于租金和日常开支,书店为读者提供免费的阅览服务,开展文化活动。

五环书吧是中国体育报业总社下属的书店,面积四五十平方米,开放时间早九点到晚八点,过去专门经营体育健康类书籍。这家书店从 1984 年运营到现在,常年只能勉强存活。东城区文委看重其地理位置好,能弥补图书馆辐射人群有限的优势,因此政府搭台,对其进行政府购买。街道利用公共文化建设

---

① 王学思、刘璇:《北京东城:以公共文化服务夯实“文化强区”基础》,《中国文化报》2015 年 5 月 29 日。

专项资金对书吧进行资金补贴，还为其配备了电脑，后期还将配置电子读报机，方便读者阅览，使书吧变成一个公益性质的服务窗口，免费对读者开放。除了资金、设备扶持，街道图书馆为其配备一些图书，并定期轮换。书吧也会定期开展一系列丰富多彩、各类主题的手工、讲座、文化沙龙等活动。①

### （五）惠民文化消费

2015年，东城区政府为深入贯彻落实《北京市人民政府关于促进文化消费的意见》，配合北京市国有文化资产监督管理办公室做好第三届北京惠民文化消费季相关工作，结合自身特点，整合区域文化资源，开展了一系列文化消费季活动。专题活动分为八个板块内容：惠民文化演出季、惠民文化阅读季、“券游东城”、2015东城美食体验季、2015东城金秋购物季、2015“双11”线上折扣购物节、“前门历史文化节”“北京孔庙国子监国学文化节”。活动期间，东城区充分利用网络电视、东城区公共文化服务导航网、东城区政府官方微博、微信、“悠购东城”APP及北京市文化惠民卡等新媒体与相关场所户外媒体宣传相结合的方式，及时有效地发布有关消费季专题活动的信息，方便市民通过电视、电脑、手机等多种现代化网络工具参与其中。期间，面向消费者发放北京东城惠民观影券5 500张、北京东城图书惠民购书券2 500张。市民可登录“东城区公共文化服务导航网”并注册，通过参与“赠票看戏”栏目预约申请。通过这些方式让市民品味东城深厚的文化底蕴，畅享消费季给力的让利优惠。②

## 三、启　　示

### （一）因地制宜，具体问题具体分析

随着公共文化服务建设的全面推进，各地都在纷纷鼓励社会力量参与公

---

① 祁梦竹：《整合资源建文化活动场所　社区书吧现北京东城》，《北京日报》2015年7月24日。

② 《东城区2015年“品味文化·畅享优惠”惠民文化消费季活动方案》，东城区文化创意产业网，2016年1月25日，http://www.bjdch.gov.cn/n1516781/n1516811/n1516954/c1873490/content.html。

共文化服务,因此也出现了很多地区“模式”,这些成功的经验和案例,得到了其他地区的广泛学习,也成为了各地争相效仿的对象。

然而有些做法和方式,可以变成典型案例,得以总结和推广,但是很多的做法却不具有普遍性,而是该地区发挥地域特殊性,结合自身特色和当地的实际发展情况而创新的方式。

以东城区为例,采取多样性的购买方式打造“戏剧东城”的公共文化服务品牌;引入社会组织,采用购买岗位、民营公助等多种形式来优化基层公共文化服务;以便民为原则,采取公私合作的方式,扩大服务场所;以惠民为原则,培养市民的文化素养和消费习惯等等。

这些做法都表明,引入社会力量的最终目的是要发挥公共资金使用效率的最大化,并且让群众最大程度地受益并满意。每个地区公共文化建设的起点和具体情况都不同,如何在自身公共文化建设的具体情况下,创造出适合自身发展的方式,而不是一味地复制,才是公共文化服务引入社会力量的根本方式。①

### (二) 政府主导, 创新服务

在引入社会力量参与公共文化服务的过程中,政府发挥着至关重要的作用。公共文化服务引入社会力量参与,不应该成为政府“甩包袱”的方式,而是应该尽量通过引入社会力量,提高服务效能。政府的角色,应该从“办文化”向“管文化”转变,并依然保持在公共文化服务中的主导地位,积极发挥政府的协调、扶持和监督能力。

政府不但不能减少对公共文化服务投入的精力,相反更需要做好“把关者”和“伯乐”,充分发掘民间的和非政府资源,投入到公共文化服务中。政府需要鼓励社会力量发挥自身的优势,为其创造宽松的社会环境,除了提供基本的保障性服务,也要提供优质的个性化服务。政府要做一个市场培育者,给予不同社会力量以不同的参与方式。如东城区的体育馆路街与皮卡书屋的合作

① 薛帅:《公共文化社会化:不拘一格,殊途同归》,《中国文化报》2015 年 7 月 31 日。

就是采取民营公助、市场补充的运营模式。为了促进文化消费采取看戏增票、买书赠券的方式等。因为不同性质的文化服务社会化程度不同，为了将免费的基本服务和优惠的特色服务相结合，必须要创新运用社会力量开展公共文化服务的方式。这样不但能够使更多的人享受到更好的文化内容，还能够有效地培养起公共文化服务的社会化生态。①

## （三）科学性设计，专业化团队

引入社会力量参与公共文化服务并不能盲目，必须根据当地的实际情况做好前期调研，分析外部条件和内在需求，进行科学化设计，在政府决策层面做到科学化、合理化和规范化。社区文化建设的重点是规范运作体系。如将龙潭街道社区文化服务中心运营管理整体外包就是将社区公共文化服务的提供和管理分离，创建规范的运作体系。②

引入公共文化服务的社会力量包含各类社会服务组织，这些组织可以是营利的，也可以是非营利的，可以是民间非公办的社会组织，如悠贝亲子图书馆，也可以是营利的社会组织，如台湾艾迪讯公司等，以及各类社会团体等社会服务机构。他们通常具有专业的业务能力、充足的人力资源、先进的资源设备及科学的管理方式，能够很好地提供图书编目、阅读指导、艺术培训等专业性的服务，所提供的文化服务有一定的质量保证，甚至超过某些公共文化机构的服务水平。政府购买这些组织的公共文化服务，可以提高服务效率，充分发挥公共文化机构的社会效应。③

## （四）后期总结、监督与反思

引入社会力量参与，应以“培育”为主，而非“一买了之”。政府既不能像原来一样“包办代替”“大包大揽”，也不能“置之不理”“听之任之”，完全依赖

① 黄洁英：《社会力量参与公共文化建设研究——基于上海市徐汇区政府文化职能的视角》，华东师范大学硕士论文，2010 年。

② 阮可：《公共文化服务的社会力量参与研究》，《文化艺术研究》2013 年第 3 期。

③ 关思思：《政府购买公共图书馆服务的适用性研究》，《图书馆建设》2015 年第 7 期。

社会力量,政府应该把握好“度”,并重视对过程的监督和后期的经验总结。东城区在与社会力量合作之后,采取跟踪绩效的形式,如皮卡书屋定期召开理事会议,与街道共同商讨运营管理中的问题。龙潭街道社区文化服务中心的梦想家工作人员每周都要参加街道的例会,听取街道的建议。这样做更能实时调整社会组织的工作方式,保证政府资金投入的精准性。

# 19

# 公益文化团体的文化传承与文化创新

## ——台湾国光剧团的经验与启示

任 明*

摘 要 台湾国光剧团自1995年7月成立以来，以“延续传统戏剧，推动艺术教育”为使命，通过完善组织机制、引入现代剧场管理观念、维护传统经典、激励创新、拓展观众、推广艺术教育等举措，立基传统，衔接当代，树立了新的剧艺美学风格与创意精神，为海峡两岸公益文化团体的文化传承与文化创新提供了思考与借鉴。

关键词 国光剧团 伶人三部曲 王安祈 京剧新美学

台湾国光剧团2014年春季携系列新编京剧“伶人三部曲”来沪献演，以创新的风格引起大陆文化界的热烈讨论与关注。在20年发展过程中，国光剧团经历了京剧在台湾由日渐衰退到奋起直追，并且最终走出了一条“台湾京剧新美学”的路，其作为政府全额拨款的公益文化团体所走过的道路，值得我们了解与借鉴。

## 一、 国光剧团的发展历程与艺术成就

台湾国光剧团在长达13年的时间里，一度是隶属于台湾文化教育行政部

* 任明，上海社会科学院文学研究所助理研究员。

门的唯一公立剧团。①自1995年成立后，国光剧团在京剧基础、观众基础都相对较薄弱的台湾地区，积极开展文化传承与创新活动，经过20年的发展，在追求剧艺品质、拓展观众人口方面取得很大进展，受到各方面的肯定。

### (一) 成立缘起

京剧荟萃戏曲百家之长，素有“国粹”及“国剧”的美誉。京剧在台湾的发展经过早期“军中复兴”、中期“保守停滞”、近期“自我革新”三个阶段。最初，作为依靠政府资源的军中京剧团队，主要为来自大陆的老兵服务；1970年代末、1980年代初，台湾大力推动县市文化中心建设、开展基层文化活动，而此时军中剧团脱离社会发展脉络，陷入封闭保守的状态；1987年台湾解除戒严法以后，旧观念受到新世代的挑战，一向享受“政策照拂”而“一枝独秀”的京剧团队随着时代变迁而逐渐式微。1995年，“陆光国剧队”“海光国剧队”“大鹏国剧队”三支隶属于“国防部”的军中剧团被解散，由台湾教育部门整合成立国光剧团，以“维护文化资产，激励剧艺创新”为新剧团的目标。②2008年3月，国光剧团改归“文建会”管辖；2012年5月20日“文化部”成立后，改归“文化部”下属的传统艺术中心管辖。

1995年7月1日正式成立的国光剧团，成立的组织目的与使命为“延续传统戏剧，推动艺术教育”。此两项使命成为国光剧团历任团长与艺术总监向前发展的指南。其时，国光剧团的成立也寄寓着台湾文艺界对梨园旧习进行调整的希望。屏风表演班李国修在当时指出，京剧观众在哪里？国光必须努力于观众开发，不可再死守过去老旧观念和保守身段。绿光剧团李永丰表示，国光剧团不能变成博物馆供人瞻仰，唯有走入人群才有生机，因此要全面更新观念，扬弃老包袱。他同时希望大家对国光剧团的未来创作，应容许失败空间，期许创新之路，而不要在压力下愈趋保守。③

成立之初，国光剧团面临着三项考验：一是建立剧团制度，在兼顾传统做

① 国光剧团豫剧队于2008年独立出来，成立台湾豫剧团，与国光剧团同样直接隶属于“文建会”，并于2012年5月转归“文化部”下设的传统艺术中心管辖。

② 钟宝善:《现代社会中的京剧变迁:以国光剧团为例》，2008年台北县传统戏曲研讨会。

③ 钟宝善:《公营京剧团队之回顾与展望》，《乐韵》，1999年，第113页。

法与西方管理制度下，不管是团员的选聘、评鉴、酬金标准、出勤、训练等，都立法予以规范，以摈除戏曲界原有的陋规；二是积极将原有的传统经典剧目重新整理和编修，建立剧本资料库，同时创作更多新剧目，开拓更广泛的观众群；三是邀请戏剧界资深老师担任排练指导，借助他们对京剧专业及对演员的了解，妥当安排演出角色，并对演出做后续的关心及追踪，打破京剧演员“王不见王”的旧习。①经过第一年“调整期”以后，第二三年之内，国光剧团平均每三天即有一场演出。通过密集演出，大大增加了京剧在社会上的曝光度，培养了普通观众对京剧的了解与兴趣。

### （二）发展轨迹与艺术成就

国光剧团的运营策略可以被归纳为提升剧艺品质、拓展观众人口及加强对外文化交流这三点。前团长钟宝善曾在总结国光剧团发展经验的文章中指出，维护传统文化资产，具有传承和创新的双重意义。国光剧团在运营过程中一直明确并秉承“传统是创新的基础，传统是永恒的时尚”的坚定信念；国光剧团致力维护传统经典剧目，用意在于撷取古典智慧，作为触发现代人的想象能力，从而奠定创意发生的基础；国光剧团的“提升剧艺品质”，是既从传统，也从创新的角度来说的。②

从成立之初通过“台湾三部曲”——《妈祖》《郑成功与台湾》《廖添丁》力求打造“台湾本土化”京剧的努力，以及通过“主题规划”推出传统经典剧目，结合时代脉搏，有意识地连接传统与当代的文化自觉，到新世纪以后致力于京剧现代化与文学化的艺术走向，大胆呼应现代文化思潮彰显“台湾创意”，国光剧团的艺术探索之路获得了台湾各界的肯定，被认为是建构了“台湾崭新的剧艺美学”。

2002 年开始担任剧团艺术总监、为国光树立了现代化与文学化的发展方向的王安祈在一篇文章中表示：“我们仍坚信京剧能触动现代人的心灵，不仅凭借它精湛的唱念作打，更是因为精湛表演所述说的有趣又有深度的故事引发现代人的兴趣。今天的年轻人不懂戏，但是他们喜欢音乐、舞蹈、电影、舞台剧、

---

① 杨雅雯：《起造传统艺术的梦想工程》，《国光艺讯》第 76 期，2011 年 7 月。

② 钟宝善：《现代社会中的京剧变迁：以国光剧团为例》，2008 年台北县传统戏曲研讨会。

文学……,他们不是‘戏迷’却是‘艺文爱好者’,《天地一秀才——阎罗梦》赢得他们的喜爱,不是和《红鬃烈马》《四郎探母》评比后的结果,而是和许许多多艺术节目文学作品相比后出线的,这批新观众的加入,使得《天地一秀才——阎罗梦》突破‘京剧新戏’的范畴而进入更广阔的领域成为‘艺文精品’……”①同样从京剧中汲取了诸多养分、并且开创出另一片天地的云门舞台艺术总监林怀民对国光的努力非常肯定:“国光近年来以罕有的热力,试新声、排新戏,也竭力到校园社区做推广的工作,充满干劲,让人看到台湾剧场的希望。”②

通过结合现代剧场理念,吸引年轻人成为戏曲观众,是国光剧团在传统戏迷日渐老迈、台湾京剧面临市场流失、戏迷流失、演员青黄不接的情况下所采取的生存与发展策略。在“维护传统经典”与“激励创新”的双翼辅助下,国光剧团渐渐打造出了新的台式京剧美学,得到了本土观众的肯定与拥戴,开始拥有较为固定的观众群体。目前国光剧团的演出,高达七成以上的票房比例属直销票券,可以说剧团开发基本观众的努力已见成效。国光剧团的创新作品也多次获得“台新奖”“金钟奖”等奖项的肯定(见表1)。

**表1 国光剧团创新剧作获奖一览**

| 剧目 | 创新剧作奖项 |
|---|---|
| 《十八罗汉图》 | 2016年入围第十四届台新艺术奖 |
| 《百年戏楼》 | 2011年第10届台新艺术奖“十大表演艺术节目” |
| 《青冢前的对话》 | 第5届台新艺术奖“2006年度十大表演艺术节目” |
| 《金锁记》 | 第5届台新艺术奖“2006年度十大表演艺术节目” |
| 《三个人儿两盏灯》 | 2005年第4届台新艺术奖评审团特别奖及奖金30万台币、2006年电视金钟奖 |
| 《三探东风》 | 第4届台新艺术奖“九大表演艺术节目” |
| 《再探东风》 | 第2届台新艺术奖“九大表演艺术节目” |
| 《王熙凤——大闹宁国府》 | 2003年第2届台新艺术奖“九大表演艺术节目” |
| 《阎罗梦》 | 2002年第1届台新艺术奖“十大表演艺术节目”、电视金钟奖 |
| 《大将春秋》 | 2000年电视金钟奖 |

来源:根据国光剧团资料整理。

① 王安祈:《国光剧团北京长安演出的意义》,《中国京剧》2005年第1期。
② 林怀民:《国光艺讯》第64期,2008年7月。

## 二、 国光剧团的传承创新与教育拓展机制

“延续传统戏剧，推动艺术教育”是国光剧团成立的主要使命，在传承与创新、演出与教育这几个相辅相成的领域，国光剧团做出了大胆的探索与努力。

1970年代末，台湾的京剧观众已经“老化”，当时走进剧院，见到的观众大多在60岁以上。①为了改变京剧的这种状态，台湾京剧表演名家郭小庄在1979年创立“雅音小集”，成为台湾京剧改革公认的起点。郭小庄将现代戏剧的理念渗透入京剧，京剧从“曲”转向“剧”；在她的推动下，京剧观众由“传统观众”扩大至“艺文界人士、青年知识分子”。1985年吴兴国创立的当代传奇剧团，将莎剧、古希腊悲剧移植到京剧中，推出《欲望城国》《楼兰女》和《奥瑞斯提亚》等剧作，企图由传统京剧中蜕变出新的剧种。②王安祈受邀担任国光剧团艺术总监以后，“文学性”开始成为台湾京剧创新的核心源泉。“我们就打造‘文学剧场’，强调精致，吸引从不看戏的年轻观众，让他们惊讶‘原来京剧也可以这么文学’。”③

一手抓艺术创作的进取，一手抓观众群的培养，国光剧团在传承创新与教育拓展上逐渐取得了协力前进的效果。

### （一）文化传承与文化创新

#### 1. 以现代化与实验性为主的创新思想

2002年，台湾清华大学中文系教授、为郭小庄和吴兴国写过多个京剧剧本并获得多项编剧奖的王安祈接受了国光剧团的邀请，担任剧团艺术总监。具有深厚古典戏曲学术功底的王安祈非常清楚地看到传统戏曲所面对的挑

①② 沈寅：《魏海敏与国光剧团：一个台湾京剧团的现代突围》，《外滩画报》2014年4月25日。

③ 陈斌华、王亚光：《寂寞山谷里的野百合——近访台湾国光剧团》，http://news.xinhuanet.com/tw/2013-04/12/c_115371751.htm，2016年3月5日。

战:“我们的竞争对象变大了:不是同一剧种内部的梅尚程荀,而是赖声川、李国修、林怀民、吴兴国、周杰伦、哈利·波特。”①她曾这样描述对戏曲艺术未必专精了解、但却关怀艺术人文的新一代观众:

“上个月看了表坊《如梦之梦》后,迷迷蒙蒙的还没醒过来呢,国光京剧《阎罗梦》,又让我陷入另一番轮回梦境。好在紧接着看了《王熙凤》,魏海敏的变脸演技逗得我大乐,心情总算开朗了!下周云门舞集的《春斗》,不知又将惹起一番怎样的心绪?再下周电影《星战3》就要上映啦!下个月要参加小剧场演出,一连串忙碌就不必说了!接下来期末考,希望安全过关。暑假一开始,可就要准备买唐美云歌仔戏的票了。”②

“现代化是延续传统戏曲的积极手段”,王安祈决心将“现代化”作为引领剧团继续发展的方向。她在文章中指出,所谓现代化,一是剧情的情思内涵必须能反映现代人的欲求向往,贴近现代人心灵,二是叙事技法必须多元。③王安祈上任以后推动的第一项工作是“京剧实验小剧场”,希望“以小博大”,以边缘对抗主流,推动戏曲创新。实验小剧场推出的第一个戏是根据《御碑亭》改编的《王有道休妻》,探索古代女性的性别意识。王安祈在谈到创作意旨时说:我让两个演员来演妻子,一个青衣、一个花旦,青衣是温婉的外表,花旦是不甘的心。最后一幕,青衣要接受道歉,花旦轻拉她的袖子:你就这么云淡风轻?最后青衣跟丈夫回家,花旦不知道她该往哪里去。2004年推出的是由国光剧团下属的豫剧队④推出的声音剧场《试妻!杀妻!》,全剧以现代音乐为主轴,豫剧诗词之念白吟唱为舞台语言,以现代观点来探讨“人性之忠贞是否只在于不曾被测试考验”。2006年的《青冢前的对话》,设想“出塞”的王昭君与“归汉”的蔡文姬在青冢前有了一场跨时空的对话……

2013年暑假,国光剧团全团36位演员有超过半数要参加长达6周的人才

---

① 《“一轮明月干我什么事?”——王安祈谈台湾的京剧改革》,http://www.infzm.com/content/74147/, 2016年3月5日。

②③ 王安祈:《现代化是延续传统戏曲的积极手段》,《国光十年》,2005年,第12—23页。

④ 国光剧团豫剧队已于2008年独立成立“台湾豫剧团”。

培训与老戏传授活动,为不影响团务工作的正常展开,团长钟宝善结合台湾技术剧场协会的人才培训活动,于暑期推出"小剧场·大梦想"策展平台,邀请外来团队结合京剧和当代剧场艺术,进行京剧的跨界实验,鼓励当代剧团多多利用京剧的艺术基因。"小剧场·大梦想"为观众提供了新的观剧体验。2013—2015 三年,国光剧团分别和三缺一剧团、柏优座剧团、EX 亚洲剧团、文和剧团、狂想剧团等合作诞生了《青春谢幕》《卖鬼狂想》《幻戏》三部作品,《青春谢幕》以《游园惊梦》《霸王别姬》折子戏与西方的《浮士德》故事相结合,《卖鬼狂想》以《定伯卖鬼》志怪小说为蓝本,结合京剧的丑角表演……这些创作进一步模糊了戏剧与戏曲的舞台界限,拓宽了年轻一代的创作视野。

2. 传承与创新相结合的创演机制

国光剧团的大型公演大致可分为三类:创新制作、老戏新编和传统老戏。其中创新制作属于"年度大戏",是国光每年的重头戏,以登上台湾最重要的剧院进行演出作为制作目标;老戏新编主要出现在"季公演"中,精选传统经典戏码去芜存菁,强化戏剧节奏与剧情张力,演出场地主要集中在台北的新舞台、城市舞台及中山堂等;传统老戏则作为演员研习传统经典的成果展现,在国光剧场进行周末常规演出,平均每年要演出 20—30 出不同剧目。20 年下来,剧团基本形成了"创新制作—年度大戏、老戏新编—季度公演、传统老戏—研习经典"的公演机制。

如今,国光剧团维持每年数部传统戏加一部新编剧的节奏。其核心创作群体结合剧本文学、传统戏曲精英及海外留学归来学人,打造兼具传统与现代视野的戏剧作品,开创了别具一格的当代戏剧美学风格,被称为"台湾戏曲新美学"。王安祈认为:京剧不仅是传统观念中的表演艺术、演唱艺术、流派艺术,更应该是具有现代观点的当代文坛作品。编导演创作群体永远要有现代化、个性化、文学化的原则掌握,"属于我们这一代人的七宝楼台才能打造"①。在王安祈的带领下,国光剧团近年来的创作中,《三个人儿两盏灯》通过唐代

① 王安祈:《台湾京剧的追求:从剧坛挺进文坛》,《旺报文化周报》2011 年 5 月 1 日。

宫中女同性恋的故事,写人生的千古寂寞;《金锁记》借张爱玲的苍凉笔墨,为京剧添一抹“恶的风景”;《百年戏楼》从男旦、海派、伶人在“文革”中的遭遇,勾勒京剧的百年沧桑……目前国光的三大保留剧目《天地一秀才——阎罗梦》《王熙凤》《金锁记》已有20多场的演出纪录,“伶人三部曲”的《孟小冬》《水袖与胭脂》《百年戏楼》的演出也已超过10场,国光优秀剧目的品牌效应与长销效应正在形成。基于表演艺术的特殊性,国光剧团的创作同样体现了既要出戏、也要出人的原则,一些作品往往根据团里演员的特点来进行。

为了呈现传统老戏的生命力,国光剧团积极融合现代剧场观念,致力于“老戏新编”的重新阐释,并且通过“主题策划”的方式,从台湾的时代脉络出发,挑选贴近时代诉求的戏码来进行主题系列呈现,迄今为止策划的主题系列包括“禁戏汇演”系列、“司法万岁,雨过天晴”系列、古代女性情爱系列、“戏里帝王家”系列等,通过激发传统剧目与当下的联系,吸引观众兴趣,取得了良好的社会反响。

同时,研习经典、传承经典仍然是国光剧团未曾忽略的“基本功”。因为当年来台艺人的凋零,为了让团里的青年演员能够得到名师亲传,国光剧团于2013年开始“传统老戏传授计划”。2013年暑假针对生、旦、净、丑四个行当,邀请大陆京剧团的表演艺术家前来授课;2014年暑假则邀请了来自北京、天津、江苏、台湾等地的7位京剧艺术家开展“暑期人才培训计划”,传承京剧艺术的经典剧目。老师们从基本功的规范开始说起,逐渐谈到人物及戏的情味,让学员们领会到了“泡在戏里”的感觉。①

以2008年为例,国光剧团全年度演出(含推广讲座、涉外支援)共224场,其中大型公演18场,应邀演出16场,推广及小型演出110场,支援其他团队80场。多场重要演出如《金锁记》《阎罗梦》《王有道休妻》等票房全部售罄,全年度平均售票率约达9成。②

---

① 李铭伟:《我是好角色》,《国光艺讯》第89期,2014年10月。

② 国光剧团2008年成果专辑,台湾传统艺术总处筹备处,2009年4月。

**表 2　国光剧团创作演出(不完全)分类**

| 创作分类 | 主　题 | 剧　　目 |
|---|---|---|
| 新编戏 | 本土题材 | 台湾三部曲(妈祖、郑成功与台湾、廖添丁)、快雪时晴 |
| | 女性系列 | 王有道休妻、三个人儿两盏灯、金锁记、青冢前的对话、孟小冬、水袖与胭脂 |
| | 思维京剧 | 天地一秀才——阎罗梦 |
| | 政坛/宦海/商场 | 清装戏三部曲(胡雪岩、天下第一家、康熙与鳌拜)、李世民与魏征、大将春秋、霸王别姬——寻找失落的午后 |
| | 引用大陆名作 | 大将春秋——萧何与韩信、阎罗梦、王熙凤大闹宁国府(衍生新作《探春》)、李世民与魏征 |
| | 爱情题材 | 牛郎织女天狼星、钗钿情 |
| | 历史题材 | 百年戏楼 |
| 传统老戏 | 禁戏汇演 | 戒严时期被禁演的十部传统戏 |
| | 折戟黄沙杨家将 | 穆桂英挂帅、杨门女将 |
| | 小戏系列 | 张古董借妻、荷珠配、王有道休妻 |
| | 古代女性情爱系列 | 跪池(昆曲)、平贵别窑、武家坡、杜十娘、周仁献嫂、翠屏山、哭灵碑、火烧连营、赵云救驾、别宫祭江、三娘教子、朱痕记、武松与潘金莲、西厢记 |
| | 司法万岁、雨过天晴 | 三堂会审、四进士、陈三两爬堂、庆顶珠、法门寺 |
| | 戏里帝王家 | 打瓜园、斩黄袍、大脚皇后、杀四门、银屏公主、锤震锁阳关、秦香莲 |
| | 欢喜好过年 | 梅玉配、盘夫、巴洛和 |
| | 鬼・疯 | 乌龙院、李慧娘、伐子都、幽媾、宇宙锋、琼林宴 |
| | 冒名・错认 | 一捧雪、凤还巢 |
| | 女人我最大 | 珠帘寨、棋盘山、新樊梨花、盘夫索夫、梳妆・跪池(昆剧) |
| | 喜剧京典・欢乐百分百 | 游龙戏凤、锁麟囊・春秋亭、送亲演礼、五花洞・扫荡群魔、天下第一家、神算记、春草闯堂 |
| | 小丑报道 | 小上坟、小放牛、打面缸、纺棉花、锯大缸、送亲演礼、湖楼、盗银壶、活捉、打渔杀家、八五花洞、大劈棺、孔雀东南飞(织绢) |
| | 水浒风情系列 | 林十回、武十回、石十回、宋十回 |
| | 公平正义・安心过年 | 四进士、子胥投吴、红鸾喜、武家坡、寇珠换太子、奇双会、打城隍、窦娥冤(法场)、杜十娘(夜叹、怒沉)、青石山关公捉妖 |
| 儿童剧 | 环境保育 | 武大郎奇遇记、禧龙珠、京星密码 |
| | 金钱观 | 钱要搬家了 |
| | 三国戏 | 三国计中计 |
| | 西游戏 | 三打白骨精、孙悟空大战玉鼠精、风火小子红孩儿 |

**续表**

| 创作分类 | 主　　题 | 剧　　　　目 |
|---|---|---|
| 跨界演出 | 歌仔戏 | 再生缘 |
| | 偶　戏 | 巧遇姻缘 |
| | 舞　蹈 | 再现东风、三探东风 |
| | 交响乐 | 快雪时晴 |
| | 莎士比亚戏剧 | 艳后和她的小丑们 |
| | 现代舞、打击乐、视觉剧场 | 欧兰朵 |
| | 昆　曲 | 梁祝 |
| | 当代剧场实验 | 青春谢幕、卖鬼狂想、幻戏 |

来源:根据国光剧团资料整理。

### 3. 积极推进跨界合作与新科技的使用

除了在传统与当代剧场之间所进行的理念融合与激荡创新,为了汲取不同艺术形式的创意养分,国光剧团还大胆尝试“跨界演出”。2003、2005 年分别与台湾现代舞团“舞蹈空间”跨界合作《再现东风》《三探东风》,2007 年与台湾交响乐团共谱以王羲之《快雪时晴帖》为基础的《快雪时晴》,2009 年与美国先锋派话剧导演罗伯·威尔森合作融合现代舞、打击乐与视觉剧场的《欧兰朵》,2012 年与两厅院台湾国际艺术节 TIFA 合作由莎士比亚剧作衍生的《艳后和她的小丑们》,2013 年与台湾朱宗庆打击乐团合作击乐剧场《木兰》……这些跨界合作以京剧戏曲的典雅格律融合多种艺术形式,其结果是形成一种新的剧场美学,并作为“台湾制造”的文化创意输出到世界各地。①

为推动传统艺术与新一代的接轨,国光剧团还积极将新科技运用到舞台表现中,开拓出新的艺术天地。2014 年在“小剧场·大梦想”平台上推出的《卖鬼狂想》,结合了“浮空投影”技术,将现实生活中的“羊”化为投影,与戏曲演员互动,然后投影的“羊”消失,演员手中的“鞭子”替代了“羊”继续存在在舞台上,②

---

① 于雪:《国光剧团剑走偏锋大胆尝试:从京剧挺进文学界》,《深圳商报》2013 年 4 月 12 日。

② 方尹纶:《传统戏曲与现代科技的碰撞:国光剧团于戏曲舞台上的跨界实验》,《国光艺讯》第 89 期,2014 年 10 月。

这种通过科技展示“虚实结合”的方式，不仅体现了戏曲舞台上的象征性，并且为整台演出增添了新的意味。

随着时代大环境的不断变化，以“口传身授”为特点的京剧表演经验与智慧的传承也面临着考验。为解决这一问题，在台湾科技部门的支持下，国光剧团着手研发了两套以“保留传统，传承京剧”为目的的系统，一为“演员身段培训自动化教学系统”，一为“RFID 服装道具管理系统”。前者采用动态撷取技术结合 3D 模型的绘制，使用者可以根据需求切换视角、局部缩放及调整动作速度，从而进行近距离的观摩、温习与欣赏。系统还依据京剧学习过程与经验，包括了身段名称的提点、眼神与动作的搭配提示、心法讲述等内容。2014 年的“演员身段培训自动化教学系统”以经典剧目《贵妃醉酒》为制作对象。后者则是使用无线射频辨识技术管理仓库中的 6.5 万件服装及道具的资产，通过使用 RFID 标签及读取器，能更轻松找到所需物品并降低资产丢失率。①

### （二）普及教育与观众拓展

国光剧团成立之初，台湾京剧面临着演员青黄不接、观众日益减少的艰难局面。受“三军剧团”印象影响，人们对京剧有着“与社会脱节”“意识形态教化”等刻板印象。京剧作为传统艺术瑰宝，不仅面临着代际技艺传承的危机、更面临着教育培养新一代京剧观众的战略需要。

#### 1. 以社会教育终身学习拓展观众

国光剧团因此以“推动社会教育终身学习”作为团队的教育理念，指出，“从 7 岁到 70 岁观众，都是剧团必须服务的面向。”他们积极拓展演艺场域，从殿堂级剧院到庙口野台，从社区广场到学校课堂，都是他们演出的场所，并且经常到偏远的县市乡镇进行巡回演出。为了吸引年轻一代观众，他们还设计了轻松活泼的京剧健身操、京剧舞供年轻观众学习体验。

创团以来，国光推出了各种艺术教育活动：举办教师研习营、儿童夏令营、

① 方尹纶：《传统戏曲与现代科技的碰撞：国光剧团于戏曲舞台上的跨界实验》，《国光艺讯》第 89 期，2014 年 10 月。

来团看戏、送戏上门、大学校园"驻校艺术家"计划等。其中与传统艺术中心、中正纪念堂等合作举办的研习工作坊、戏曲夏令营等活动,参与者从喊嗓、毯子功、基本功、把子功等,一点一点开始体验戏曲演员的科班生活。参与教师研习营的老师们回到工作岗位以后,往往摇身一变成为传播京剧的最佳代言人。2003 年大安高工语文教师林淑芬在参加了国光剧团"教师国剧研习营"活动以后,立下了"培养传统戏曲的年轻观众"的志向,其后 8 年,她带领了约 8 000 人次的大安学子欣赏了国光剧场的演出①。林淑芬老师认为戏曲是值得推广的雅俗共赏的综合文学、"看戏"是必要的学习活动,而国光为购票学生团体所提供的专业而又有趣的入门讲演,不仅是看戏前的暖身活动,"连教师也受益良多"。通过规定学生撰写"看戏心得",林淑芬认为看戏活动不仅提升了学生的语文能力,也提高了学生思考的深度及对艺术的感悟。此外,国光剧团对超过 100 张的学生票提供 5 折优惠,这一举措也推动了学校与教师组织看戏活动的积极性。

2007 年,国光剧团针对幼教人员也首次举办了戏曲艺术研习营,针对如何开发幼儿创意,介绍了"戏曲剧场的想象世界"。共有 82 位台北市幼教人员报名参加,取得了良好效果。

国光剧团为各大专院校推出"驻校艺术家"计划,通过展演、体验,结合演员现身说法、舞台演出等,开展京剧演出的系列行销与京剧艺术扎根活动。在剧团驻校期间,整座校园往往沉浸在浓厚的艺术氛围之中。《金锁记》这样一部打破了戏曲演员诠释规范及戏曲与话剧之间界限的戏,在台湾受到大学生的普遍好评,走遍各大院校,并且经由这出戏重又掀起了学生们对张爱玲小说的兴趣。国光剧团推动艺术教育的成果,获得香港城市大学的赞赏,2008 年他们特地邀请国光剧团前往该校担任驻校艺术团队。

这些大力开展学校艺术教育活动的价值,正如美国国家艺术基金会在其研究报告《拓展表演艺术观众》中所指出的,开发演艺欣赏人口,培养潜在观众,最有效的方式,在于尽早开创学童接触演艺的环境,其中又以通过学

① 林淑芬:《国光艺讯》第 76 期,2011 年 7 月。

校教育最易发挥功能①。以 2008 年为例,国光剧团全年共完成校园讲座 66 场次②。

2. 精心打造艺术教育素材

国光剧团的"艺术直达列车"既可送戏上门,也可来团看戏。除了每周末的常态演出,国光剧场还可以根据学校预约情况进行专场演出。认为京剧蕴含着丰富的宝藏可以用来启发年轻观众的想象力,国光剧团制作了很多从传统出发、为了拓展儿童观众而制作的儿童京剧,譬如取材自《西游记》的《风火小子红孩儿》,取材自《水浒传》的《武大郎奇遇记》,取材自《三国演义》、承继京剧经典老戏《群英会》的《三国计中计》等。剧团可以依据观赏者年龄不同,从台前幕后到演出,进行深入浅出的讲解、欣赏与互动;目前"艺术直达列车"的范围已经从台北扩展到台南、嘉义等城市。

为了拓展校园观众,配合各级学校艺术人文教学的需要,国光剧团还制作出版了一系列京剧艺术教育影音教材,其中具备中英双语的《拍案京奇——概论篇、入门篇、欣赏篇》系列光碟最受好评。该系列深入浅出地介绍了京剧历史、表演特色、角色行当、扮相行头、身段砌末、唱腔念白、舞台的虚拟写意观念等,为各级艺术与人文教师开展剧场艺术教育提供了辅助教材,此外还特别规划了以京剧艺术为主体的教案。《拍案京奇——欣赏篇》由林怀民、聂光炎等台湾剧场大师现身说法,结合传统戏曲与现代剧场,描绘剧场艺术发展中的京剧价值,体现了融会贯通、推陈出新的艺术发展观点。

## 三、 国光剧团的经验与启示

21 年前国光剧团成立伊始,肩负着"延续传统戏剧,推动艺术教育"的使命,也背负着很多人"不出三年,京剧将如广东戏、绍兴戏一样在台湾消失"的猜测。然而,经过历任团长与艺术总监的不断努力,国光剧团将传统艺术的传

① Alan R.Andreasen, Expanding the Audience for the Performing Arts: Research Division Report #24, National Endowment for the Arts, Washington D.C.: Seven Locks Press, 1991, pp.3—16.

② 国光剧团 2008 年成果专辑,台湾传统艺术总处筹备处,2009 年 4 月。

承、创新与普及教育搞得红红火火,有声有色,已然成为一支能够体现台湾文化特色与创新能力的代表性文化团体。从京剧作为“人类非物质文化遗产”①及自身作为接受公共拨款的公益文化团体的角度出发,国光剧团践行着“取之于民,用之于民”的信念及通过全面观照文化的过去、现在与未来,实现文化的世代传承与时尚引领的使命。

2011 年 12 月 30 日,上海在全国首创风气之先,设置了以保护、传承、创新、发展传统戏曲艺术、推动上海戏曲事业健康发展为宗旨的公益服务性事业单位——上海戏曲艺术中心,下辖京剧、昆剧、沪剧、越剧、淮剧、评弹等六大院团。传统戏曲院团作为文化公益团体的责任与使命,在上海得到越来越高度的重视。传统戏曲艺术的传承与创新是两岸共同的文化使命。总结国光剧团 21 年的发展历程,有如下几条经验值得重视:

1. 将传统戏曲艺术作为文化软实力的重要组成部分加以认同与推广

传统戏曲是民族文化的独特结晶,具有丰富的文化内涵,是体现与形塑文化认同的重要手段,以歌剧、歌舞剧等艺术形式在西方社会久演不衰、形成一道独特的风景线为榜样,体会与学习在现代社会推广与发展本土传统文化艺术的重要性。

2. 重视对青少年观众的教育与培养

将戏曲艺术列为学校艺术教育的重要组成部分,积极动员校长、教师等群体对戏曲艺术教育的积极性。通过加强体验、降低入门门槛,将戏曲教育与人文、历史与艺术教育结合起来,体现戏曲艺术融文学、音乐、舞蹈、表演、舞台美术等为一体的综合性优势。

3. 将继承传统与激励创新作为两翼,实践文化传承与文化创新的使命

“传统是创新的基础,传统是永恒的时尚”,“愈想创新,愈要从传统撷取养分”,这些口号体现了国光剧团将传统与当代“对接”的坚定信念,其背后是对传统的尊重及对创新的追求,而这两点是文艺团体与文艺创作保持“源头活水”的创意活力的基础。

① 2010 年 11 月,中国的京剧和中医针灸成功入选“人类非物质文化遗产名录”。

4. 引进现代剧场管理经验与制度

国光剧团在成立之初参考欧美先进国家的剧团组织架构及剧艺特性，建立行政、艺术二元领导，制定团员遴选、评鉴、奖惩、升迁及场次酬金等相配套的管理制度；团员不分等级高低，皆能通过量化评量，依主观剧艺表现及客观场次进行评量奖惩。完善的管理制度保障让国光剧团越走越稳。

5. 重视管理程序及经验积累

在剧目制作过程中，国光剧团实施目标管理、制作周期及预算预估及管控，让制作流程透明化，从而累积经验，转化为未来组织的核心资源；将京剧推广课程模块化，提高了教学与推广效率；重视资源规划程序，系统性地累积具有策略价值的资源。

6. 积极利用高科技加强管理，辅助传统艺术的推广与传播

在科技部门的支持下，成立专门研发部门，通过部署、使用 RFID 标签及读取器来管理服装及道具资产，做到更轻松找到所需物品并减少资产丢失率；通过开发 3D“演员身段培训自动化教学系统”，以 3D 与“动作撷取”技术达到学习教材的“定制化”目标，部分解决传统京剧教育所必须经过的“口传心授”问题。

# 20

# 美国大都会艺术博物馆的多元投入机制研究

钱泽红 *

摘　要　大都会艺术博物馆是基于公共教育的目的，由纽约社会精英阶层创建，采用非营利模式经营的艺术慈善机构，其实质是一个由私人董事会创建、筹集资金、管理以维持运营的公司。大都会艺术博物馆的投入机制，是美国艺术类博物馆颇具代表性的投入方式之一，它的基本模式是吸收来自全社会——包括政府、社会富裕阶层和公众的资金，用于博物馆的建设和发展。正是多元社会力量的共同参与和支持，使该馆历经145年的发展，凭借珍贵的藏品，优质的展览和服务，高效的运营方式，不仅弘扬了文化与艺术价值，而且成为美国强盛和富裕的象征。

关键词　大都会艺术博物馆　多元投入机制　政府　精英阶层　公众

## 一、 大都会博物馆创建的初衷

早在1866年，一群美国社会的精英人士就动议创建一座博物馆，当时，美国著名律师约翰·杰伊宣称："对美国人来说，目前已进入为创建国家公共机构和艺术博物馆打基础的时代。"①杰伊在出任美国联合同盟俱乐部主席之

* 钱泽红，上海社会科学院文学研究所助理研究员，主要从事公共文化、城市文化研究。

① （美）卡尔文·汤姆金斯：《商人与收藏：大都会艺术博物馆创建记》，张建新译，译林出版社2014年版，第21—22页。

后,便开始着手创立一家独立于政府之外的艺术机构。

1870 年 1 月,首届博物馆董事会成立,27 名董事包括实业家、金融家、律师、政府官员、作家、建筑家以及职业艺术家,董事长由铁路公司经理、艺术收藏家泰勒·约翰斯顿出任。这群人同属于纽约新教徒中的社会精英,他们共同的特点是崇尚欧洲文化,对社会抱有使命感,怀着提高国民教育水平和道德水平、实现社会改良的愿望,相信文化艺术有利于推动社会进步,将出任博物馆董事视为体现公共服务精神的最佳途径。

1870 年 4 月 13 日,纽约立法局投票通过法案,同意成立以“大都会艺术博物馆”为名的组织机构,随即制定了组织机构章程,明确其宗旨是基于在纽约建立和保护艺术博物馆的目的,“鼓励并推动美术研究、艺术生产及其在实际生活中的应用,普及艺术相关知识,进而向公众提供艺术指导和娱乐。”①自此博物馆正式成立。

决定创建大都会艺术博物馆的目的是公共教育。约瑟夫·乔特在 1872 年 2 月大都会博物馆开幕礼致辞中强调,大都会博物馆创建的目的在于“或多或少收集一套体现艺术史的藏品,包括从最早时期至今的所有门类。这些藏品不仅应给人指导、娱乐,还应以最高知识水平的形式和色彩,向各行各业的研究者和工匠展示过去取得的成就,供其模仿和超越。”②在博物馆 1873 年的年度报告中明确表示:“董事们铭记于心的是公共教育和在我国培育高标准的艺术品位。”③到 1876 年,博物馆年度报告中自豪地宣称:“作为公民教育机构,今天的博物馆已超越了大都市的所有大学、学院或神学院。”④

## 二、 大都会艺术博物馆的基本运营模式

大都会艺术博物馆在成立之际没有藏品,也没有收藏和展示藏品的场馆。

---

①②③④ (美)卡尔文·汤姆金斯:《商人与收藏:大都会艺术博物馆创建记》,张建新译,译林出版社 2014 年版,第 27 页、16 页、35 页、37 页。

为筹集博物馆经费,董事会首先发起了向纽约市民筹款的活动,筹款目标为25万美元。首任董事长约翰斯顿设计了三级会员制:赞助人的标准是1 000美元;永久会员500美元;终身会员200美元。但筹款活动第二年以失败告终——社会名流和市民们拒绝捐助,他们普遍认为,没有国家和政府的大力支持,博物馆的生存几率极小。公募集资的失败,迫使大都会艺术博物馆董事会改变筹款模式,要求董事们自掏腰包,慷慨解囊——每位董事至少认捐1 000美元。这笔捐款,为博物馆建设提供了第一笔资金。

在筹款的同时,董事会还就博物馆场馆建设问题与纽约市政府进行沟通,一方面,董事们不希望政府干预博物馆的管理;另一方面,又希望市政府在土地和财政资助馆舍建设方面给予支持。经过复杂的谈判,1871年4月,州立法局通过法案,授权中央公园委员会"在中央公园树立、建立、经营和维持……一个艺术博物馆和美术馆,为艺术提供必要的机构、装备和设施"。[①]大都会艺术博物馆落户位于纽约郊区的中央公园。根据法案规定,"拨款500 000美元建立一座建筑物,其所有权属于本市,其容纳物——艺术藏品,属于博物馆董事并由他们支配。"[②]自此政府与董事会对博物馆资产的所有权归属问题得到清晰的界定,即纽约市政府拥有大都会艺术博物馆建筑及所占用土地的所有权,而博物馆董事会拥有对博物馆藏品的所有权。

在收藏方面,大都会艺术博物馆开始广泛征集艺术品,其征集艺术品的主要方式是接受捐赠和董事会出资购买。1872年2月20日,博物馆临时展馆开始对公众开放。在1873年的《年度报告》里,大都会艺术博物馆宣称:"博物馆创建工作已经完成,作为美国的主要艺术类博物馆,其未来的持续发展已确信无疑"。大都会艺术博物馆的创建,在很大程度上得益于纽约富裕阶层的个人捐赠。董事会通过向全社会公开募集和接受赠予的方式,为博物馆征集到大批资金和藏品。

这家博物馆的性质是一间私人公司。在1885年博物馆副董事长威廉·

①② (美)南希·艾因瑞恩胡弗:《美国艺术博物馆》,金眉译,湖南美术出版社2007年版,第34页。

柯珀·普莱姆给董事长约翰斯顿的信件中宣称:“目前,公众认为大都会博物馆是一家公共机构,公众对其管理具有发言权;一定要使公众认识到大都会博物馆是一家私人机构……必须使公众明白拥有和支撑大都会博物馆的是我们而不是他们(政府),是我们在以纯粹慈善的方式让大都会博物馆服务于公共教育。”①这段文字清晰地显示了大都会艺术博物馆非政府、非营利、独立经营以服务社会的属性,“大都会”名称虽然是博物馆,但实质是一个由私人董事会创建、筹集资金、管理以维持运营的公司,它创立的时候如此,一直到今天仍然如此。对于大都会艺术博物馆而言,它的基本运营模式是吸收来自全社会的资金,用于博物馆的建设和发展。

## 三、 大都会艺术博物馆投入机制的构成及影响

大都会艺术博物馆是由一群社会精英创办,采用非营利模式经营的艺术慈善机构。大都会艺术博物馆的投入机制,是美国艺术类博物馆颇具代表性的投入模式之一,它体现了多元社会力量的参与,大都会艺术博物馆投入模式的构成主要包括政府、社会富裕阶层和公众三个方面。

1. 政府财政资助及相关政策支持

大都会艺术博物馆从政府方面获得的资助来自纽约市政府和联邦政府。其中,纽约市政府主要为馆舍的建设和日常基本运营提供财政拨款支持。纽约市政府对大都会艺术博物馆财政拨款始于 1873 年,当时市政府同意每年给大都会艺术博物馆财政拨款 3 万美元,用于支付馆舍运营费用。此后,财政拨款逐步增加,1893 年,来自政府的财政拨款为 7 万美元;②1904 年提高到 15 万美元;1913 年,政府拨款达到 20 万美元。③

进入 20 世纪,大都会艺术博物馆获得空前发展,藏品数量大幅增加,博物

①② (美)卡尔文·汤姆金斯:《商人与收藏:大都会艺术博物馆创建记》,张建新译,译林出版社 2014 年版,第 64 页、162 页。

③ (美)南希·艾因瑞恩胡弗:《美国艺术博物馆》,金眉译,湖南美术出版社 2007 年版,第 45 页。

馆规模急剧膨胀,而政府的财政拨款额度虽然不断增加,但在博物馆运营投入中所占的比例却在下降。1954 年,博物馆董事会接受了纽约市政府的新合作规则。根据此项规则,“对于大都会博物馆的基建和翻修工程,市政府的出资将不会超过总费用的一半,市政府不会为博物馆任何布展项目掏钱。同时,市政府不到 100 万美元的拨款份额不能纳入大都会博物馆任何一年的年度基建预算,这意味着博物馆不得不将长期重建项目分割成几个阶段并逐段实施。大都会博物馆 1954 年完成的整修属于第一阶段,共耗资 960 万美元,市政府出资不到三分之一。”①到 2014 年度,在大都会艺术博物馆的运营收入中,政府拨款为 2 600 万美元,分为两部分,一部分是公共事业经费,用以保障博物馆基本运营;另一部分用以支付场馆的安保和维护,这两部分共计占博物馆运营投入总额的 10%,②纽约市政府的财政拨款,在大都会艺术博物馆的运营中,起到“托底”的作用,即保证博物馆可以开放,但不对具体的文化项目、文化服务提供支持。

虽然纽约市政府直接的财政拨款在博物馆运营总投入中所占比例在下降,但是另一方面,美国联邦政府通过相关税收政策的调整,为博物馆募集资金提供了制度性的保证,相当于间接资助了文化艺术的发展,大都会艺术博物馆正是这一系列税收政策的直接受益者。

美国在相当长的时间里,对所有进口艺术品施以重税,征税额至少是申报价值的两成,使艺术品入境非常困难。1909 年,美国国会通过佩恩—阿尔德里奇关税法,规定进口 20 年以上的艺术品免税,1913 年又修订为对所有进口艺术品实行免税,这项关税法废除了已经实行百年之久的艺术品进口税,美国富豪购买的大批高质量欧洲艺术品得以进入美国,而大都会博物馆也是此项税法改革最早的受益者。1911—1912 年,皮尔庞特·摩根将其在英国购买的大批艺术品装箱 351 箱运往美国,而这批艺术品中,有近四成后来永久落户大都会艺术博物馆。

① (美)卡尔文·汤姆金斯:《商人与收藏:大都会艺术博物馆创建记》,张建新译,译林出版社 2014 年版,第 273 页。

② 数据来自大都会艺术博物馆官方网站发布的《大都会艺术博物馆 2013—2014 年度报告》。

美国 1913 年通过了税法修正案，其中规定，凡致力于文化、教育及其他公益目的的非营利机构，可列入税收豁免实体，这些机构不用为其运行所得收入向联邦政府纳税；凡向这些机构进行捐助者可以将其捐赠用于减免纳税额。美国艺术类博物馆的收入包括社会捐赠收入、营业收入、投资收入等，都在免税范围内。1917 年，国会通过联邦遗产税法，鼓励个人和企业向非营利文化组织捐赠金钱、艺术品和其他物资，遗产税法的推行，“使捐助绘画或其他艺术品给美国博物馆比将其传给子孙或交给拍卖行更加有利可图。”①

资金在社会中原本处于流动的、零散的状态，资金的流向是无序的，联邦政府在大都会艺术博物馆投入机制中扮演的是一个引导者的角色——不是引导博物馆的发展，也不是引导文化和艺术，而是引导资金的流向。美国联邦政府避免了在行政上和财政上直接干预博物馆，而是通过一系列税收优惠政策，将社会财富引向非营利文化艺术机构。美国文化社会学家戴安娜·克兰就曾经指出：“以税收为基础的对艺术的间接襄助是美国艺术基金的主要来源。这种襄助主要对博物馆有利。”②正是这些来自社会的财富，为大都会艺术博物馆提供了保证其持续发展的巨额资金。税收政策体现为政府对博物馆的隐性投入和间接支持，总体看，政府在大都会艺术博物馆运营投入中所占的比例并不高，政府并不是投入的主体。

2. 社会精英和富裕阶层的捐赠

大都会艺术博物馆最初的运营资金来自董事会自掏腰包。纽约富豪阶层基于基督教价值观、重视教育的传统，信奉“尽其所能获取，尽其所能给予”，乐意通过资助各种教育、科学、文化事业，培养社会人才，缓冲社会矛盾，以此谋求社会地位和声誉，使金钱产生最大的社会效益，博物馆是其理想的捐赠对象。政府通过立法实施各种税收优惠政策，更是从制度上对捐赠行为的鼓励。

艺术品的流向和资本的流向往往保持着惊人的一致性。美国从 19 世纪中叶以后涌现了大批百万富翁和实业巨子，他们凭借雄厚的经济实力，在短短的几十年间买走了欧洲大批一流的艺术品，更重要的是，美国富裕阶层带动了

① 数据来自大都会艺术博物馆官方网站发布的《大都会艺术博物馆 2013—2014 年度报告》。

② （美）南希·艾因瑞恩胡弗：《美国艺术博物馆》，金眉译，湖南美术出版社 2007 年版，第 42 页。

通过捐款、捐赠等方式支持博物馆和美术馆的风气。大都会艺术博物馆诞生之后,大量接受来自这一阶层的捐款和捐赠,完成了早期的发展。

在博物馆资金拮据的前30年,富豪和精英的捐赠是一个非常高效的投入机制,这个阶层,在相当长的时间里,是大都会艺术博物馆运营投入的主体,尤其是在博物馆出现经费不足的时候,凭借富豪的“雪中送炭”和董事们慷慨的临时认捐,往往帮助博物馆渡过难关,并为购置艺术珍品提供强有力的支持。除了捐款以外,大都会艺术博物馆还得到了当时纽约社会贤达和慈善人士的大批艺术品捐赠,其中威廉·伯纳杰特、皮尔庞特·摩根、凯瑟琳·洛里亚尔·伍尔夫、亨利·马昆德、约翰·雅各布·阿斯特、罗伯特·利曼等人的慷慨捐赠,对大都会艺术博物馆百科全书式的收藏功不可没。经由捐献、捐赠、捐款起步的大都会艺术博物馆,成就了令人震惊的规模和伟大珍藏。

富豪在捐赠的同时,为了谋求社会声誉和地位,往往会提出附带条件和限制性条款,博物馆董事会在接受馈赠的同时,也必须严格履行相关的合约。于是在大都会艺术博物馆发展的最初几十年,这座基于公共教育而建立的博物馆一直保持着高傲的精英品味,这是由捐赠者的品位决定的。在和公众的关系方面,博物馆常常流露出一种盛气凌人的姿态。1897年,大都会博物馆拒绝了一名穿工装裤的水管工参观,此事经媒体报道,引发了一场舆论风波。面对社会一边倒的批评,馆长切斯诺拉却坚持认为,大都会博物馆“是一个严密的公司”,因此有权选择观众:“我们不想也不会允许一个一直在挖肮脏下水道或与动物油脂和油状物打交道的人进入博物馆,而且,他身上的污秽发出令人讨厌的气味,使周围的其他人感觉难受。”①从这件曾引起巨大争议的公共事件不难看出,当时精英和富豪是博物馆运营投入的绝对主体,而博物馆的定位也是与之相应的精英主义的立场,管理层并不在乎公众的感受,博物馆也因此被批评为“从开始起,大都会博物馆就是一个唯我独尊社会的玩具。”②大都

①② (美)卡尔文·汤姆金斯:《商人与收藏:大都会艺术博物馆创建记》,张建新译,译林出版社2014年版,第71页、47页。

会艺术博物馆开馆以后，长期奉行“收藏+学术+展览”的模式，它相当于一座庞大的艺术品收藏库房，占据了大量社会资源，是一个满足于收藏、鉴赏和研究的高级文化圈。

3. 公众的参与和支持

1960年代，美国博物馆普遍面临财政难题，城镇、教育和福利危机持续恶化，文化机构的公共拨款被削减。而在政治民主化，娱乐大众化的背景下，大都会艺术博物馆的精英定位显得越来越落伍——在公众眼里，这座博物馆显得“不友善、过于精英化和无所作为。”①

大都会艺术博物馆面临着严峻的挑战：一方面，政府补贴和富有阶层的捐助已经无法支付急剧膨胀的运营开销；另一方面，越来越多的纽约市民成为艺术爱好者，愿意到艺术类博物馆参观，大都会博物馆的年观众量已经超过500万。经费的缺口和观众的大幅增加，迫使博物馆寻找新的、可以弥补经费不足的渠道。

1967年，托马斯·霍文就任大都会艺术博物馆馆长，标志着大都会艺术博物馆改革时代的到来。霍文批评当时的大都会艺术博物馆只是“死气沉沉的精英分子和伪学者的小天地”，②认为真正的博物馆应该是“人民的文化天堂”③，霍文认为管理好大都会艺术博物馆唯一的办法是引入民主制，并提出了一个响亮的口号——“博物馆是民主的接生婆”。霍文要求对展品从“收藏”“保护”“研究”上升到“表现”的高度，即“努力传达展品自身的精彩，传达它们被创造出来的那个时代以及创造者们的激情。”④所谓“表现”，意在把艺术品的魅力展现给观众，打动观众。霍文进而强调博物馆务必要以人为本：“我想利用所有可能的技术服务公共教育——电子媒体讲座，新的灯光——通过一切可以想见的手段，使不同年龄的观众，甚至在步入展厅之前，都能接受、并享受他们在博物馆的所见所闻。”⑤霍文基于公众需求，在馆内施展了一连串大刀阔斧的改革——集资改扩建博物馆馆舍，重新设计参观路线，策划体现

①②③④⑤ （美）托马斯·霍文：《让木乃伊跳舞：大都会艺术博物馆变革记》，张建新译，译林出版社2012年版，第16页、353页、31页。

文化多元性的展览和大型特展,这一系列举措,将大都会艺术博物馆引入一个焕发活力的新时代。

霍文深知,资金投入是困扰博物馆发展的首要问题,维持这个庞大博物馆的运营,光靠政府拨款和富豪捐助、临时筹款和馆内基金拆借只能是杯水车薪。霍文认为博物馆实现现代化应该走"学术+大众"模式:"艺术展不应只是单纯的学术展,我希望展览具有知识性、教育性和普及性,以满足不同观众的需要;我坚持认为,所有展览必须兼顾学术性和公众需求,既要有深刻的意义,又要有门票收益。"①很显然,霍文把"公众需求"和"门票收益"挂钩,为了增加收益,霍文实施了一系列市场化运营手段,包括扩大消费,如开设收费停车场,在馆内增设餐厅,扩大博物馆商店,特许经营或独家垄断藏品仿制品和博物馆文化衍生品;邀请时尚明星为展览代言;拉美国企业赞助大型特展;通过公开拍卖或私下交易,秘密淘汰藏品等种种方式筹措博物馆经费,霍文将这一系列举措比喻为"让木乃伊跳舞"。

在霍文的经营思路下,博物馆的资源和公众的身份都发生了微妙的变化:公众由"参观者"变为"消费者";博物馆及其藏品变成了文化资产;各种大型展览、特展以及相关辅助服务成为文化产品。公众的参观过程,是在博物馆内的消费过程。在文化消费面前,博物馆资源全面资产化,博物馆本身也成为了一场生意,每年 500 多万的参观者(公众)由被动的受教育者变成为博物馆提供长久、稳定资金支持的投入群体。这套源自美国公司"以钱生钱"的经营逻辑被美国艺术界称为"霍文主义"。

"霍文主义"的推行,效果显著。1967 年,霍文上任,大都会艺术博物馆的总预算 698 万美元,其中 62%来自捐助基金,29%来自纽约市政府补贴,5%来自会员费。②到 1976 年,因"霍文主义"的实施,给大都会艺术博物馆带来 1 633.4 万美元的收入,包括门票、博物馆商店销售、餐馆及停车费等项目,占年度总预算(2 777.7 万美元)的 58.9%;市政府的资助占不到 10%(267.8 万美

① (美)托马斯·霍文:《让木乃伊跳舞:大都会艺术博物馆变革记》,张建新译,译林出版社 2012 年版,第 360 页。

② 李激:《国家艺术支持:西方艺术政策与体制研究》,中国美术学院出版社 2013 年版,第 186 页。

元);捐赠基金占17.7%(492.9万美元),①从这组数据不难看出,从1967—1976年的近十年间,大都会艺术博物馆投入的社会要素没有改变,仍然是政府、精英阶层和公众,但各要素在投入中所占的比例却发生了根本变化,投入的主体,不再是精英阶层,而是公众。

"霍文主义"的实质,是在博物馆体制中盘活各类资源,并使之发挥最大的效益。霍文从不断飙升的观众数量敏锐地意识到,在消费的时代,公众将有可能成为博物馆未来最稳定的支持者,并因此确定了"艺术博物馆的参观者同时也是消费者"的理念。霍文的尝试,在当时颇具改革者的勇气和胆识,其积极意义在于,使博物馆不再只是被动地等待政府和富豪们的资助,而是主动寻找市场,最大限度依靠公众和自身力量解决资金短缺问题。从大都会艺术博物馆发展来看,在它创立的时候,性质就是一家私立的公司,博物馆的董事会结构也与美国公司董事会模式基本一致。公司关注的是通过有效的财产运作实现资产的保值和增值,即追求利润,从这个角度看,霍文在公司的思路下推行的改革似乎顺理成章,因为他不仅实现了资产的增值,而且把增值的部分投入到博物馆运营中,实现了资金的再循环。

但是,在公众视野里,"大都会"是一座博物馆。作为体现文化价值的博物馆,它不等同于追逐利润的公司,更不是文化商品的交易市场,它承担着公共价值和使命。霍文的"公司策略"在实现了机构可持续发展的同时,也不可避免地伤害了博物馆的公共形象,尽管他强调博物馆的教育功能,但是,其过分公司化的营销手段本身也存在对教育玩弄的色彩。于是"霍文主义"成为了一把双刃剑——一方面成为博物馆资金投入的有力保障;另一方面又威胁到博物馆的道德操守。

在霍文任职博物馆馆长期间,不断受到美国社会各派的批评。保守派艺术评论家、《新准则》杂志的主编希尔顿·克莱默立足于精英主义的立场,宣称:"霍文时代的大都会处处都在抹煞着一种宝贵的特征——博物馆之存在的

---

① 以上数据来自(美)南希·艾因瑞恩胡弗:《美国艺术博物馆》,金眉译,湖南美术出版社2007年版,第121页。

初始原因……大都会正在艺术与伪艺术间摇晃。霍文先生拿走了我们的信心:即博物馆是可以被完全信赖的、对高雅艺术加以保护的场所。”①艺术家汉斯·哈克站在自由派的角度,通过研究美国重要艺术博物馆吸引企业赞助特展的行为,揭示出在这些博物馆中存在着一种权力共生结构:博物馆通过与企业的合作,不仅为企业赞助展览铺平了道路,而且使企业获利。哈克指出,艺术博物馆在企业赞助的光环之下,使艺术沦为企业的公关工具。企业借赞助展览提升自身的品牌形象,疏通游说渠道,减缓社会舆论对企业的批评。而谋求公司赞助的博物馆不得不努力取悦赞助者,并担保其通过赞助受益,因此博物馆不得不对于即将举办的展览进行自我审查和自我限制,尽量推出能刺激观众的、流行的展览,这种博物馆与企业的伙伴关系不仅侵蚀了博物馆学术研究的基本核心,更有损公众的文化权益。大都会艺术博物馆发放给企业的营销手册印证了哈克的判断:“许多建立公共关系的机会通过捐助活动、定期展览及服务等变得易于获得。捐助艺术经常可以为特定市场目标提供建设性且有效的回应,特别在国际间、政府间或消费者间可能会生成至关重要的联系。”②

戴安娜·克兰也研究了文化生产中的企业赞助行为,她认为:“公司出于两种目的赞助艺术,一是把赞助当做负起社会责任的行为,二是为了创造良好的公共关系。在某些情况下,赞助被当做一种间接销售形式来使用。这种策略导致了强调艺术是产品。”③霍文显然抱着“艺术是产品”的策略。在筹办“佛罗伦萨文艺复兴时期壁画展”期间,霍文及其团队找到了“欧力伟迪·安德伍德公司”作为赞助方——“那是一家正努力在意大利塑造新形象的电子公司,也期待着来美国市场一展身手。它试图树立自身的高科技公司形象:现代、设计精良、生龙活虎、充满人性、致力于卓越、融合传统与现代、专注于公共服务。”④该公司同意赞助展览60万美元,但在双方合作的过程中,赞助方却

①② (美)南希·艾因瑞恩胡弗:《美国艺术博物馆》,金眉译,湖南美术出版社2007年版,第122页、126页。

③ (美)戴安娜·克兰:《文化生产:媒体与都市艺术》,赵国新译,译林出版社2012年版,第155页。

④ (美)托马斯·霍文:《让木乃伊跳舞:大都会艺术博物馆变革记》,张建新译,译林出版社2012年版,第131页。

“根本不在乎具体展品目录，只关心展览宣传材料上自己名字的尺寸，以及如何‘在博物馆门面上’凸显这个名字。”①从这个策展的案例可以看到，汉斯·哈克的批评，绝非空穴来风，他指出企业在艺术赞助的幌子下的出资行为意味着一种“财产交换”：“是出资人的金融财产与受惠人的 symbolique（象征）财产之间的交换。”②美国大量艺术机构都是私立的，博物馆的运营一度依赖慷慨的捐赠和赞助，“私有化使文化机构付出了昂贵的代价。共和国，respublica，即公共事务被抛弃了。”③

霍文允许企业将其形象和产品强加于博物馆的做法，引起社会强烈质疑，如艺术学者希尔曼·李认为：“艺术博物馆是不等同于公司的机构。我不认为许多商人的任职对艺术博物馆来说是合理的。我们不能以财务平衡表来考虑问题。我认为许多博物馆已被拖入财政思维的泥沼中，正被滥用的商业原则不当管理着。”④甚至霍文自己也承认，他的这一套做法“损害了博物馆传统，迫使博物馆变为它永远不可能变成的机构——一家公司。”⑤其实，作为大都会艺术博物馆的馆长，霍文最清楚这个机构的性质就是一家公司，但是，他同时意识到，公共形象的受损，却极有可能带来更加严重的后果——失去公众。博物馆与企业合作赞助特展的营销行为如下图所示：

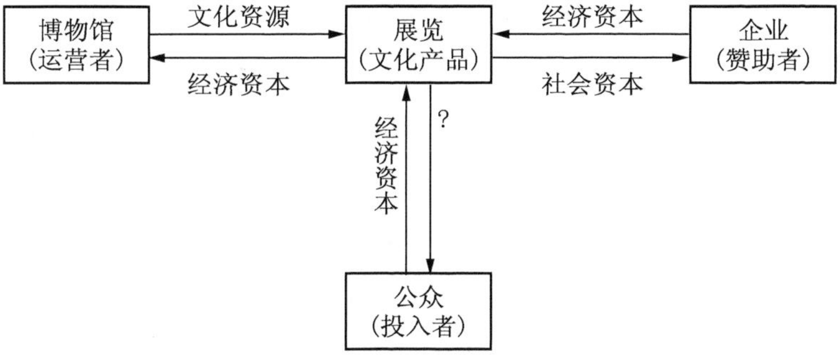


①⑤　（美）托马斯·霍文：《让木乃伊跳舞：大都会艺术博物馆变革记》，张建新译，译林出版社 2012 年版，第 131 页、288 页。

②③　（法）布尔迪厄、（美）哈克：《自由交流》，桂裕芳译，生活·读书·新知三联书店 1996 年版，第 16 页。

④　见（美）南希·艾因瑞恩胡弗：《美国艺术博物馆》，金眉译，湖南美术出版社 2007 年版，第 141 页。

在这个结构中,博物馆作为运营者,通过提供艺术收藏品、策展创意等方式投入文化资源,通过展览吸引公众文化消费,获得经济资本作为回报;企业作为赞助者,投入了经济资本,同样通过展览,完成企业公关,获得提升品牌形象、疏通游说渠道、收买社会舆论等社会资本;而公众参观展览的消费行为,为博物馆提供了经济资本,并成为博物馆真正的投入者,但是,博物馆与企业的共生结构的存在,使公众的收益变得模糊不清。公众在博物馆的"消费"行为,并不是购买一件有形的商品,其实质是寻求文化和教育。公众选择博物馆,是基于对博物馆崇高声誉、权威的信任。一旦对这种声誉、权威和信任产生怀疑,这一场"社会炼金术"便很难持续下去,博物馆极有可能因此失去公众的支持。霍文的改革回避了两个问题:第一,市场化运作的底线在哪里? 第二,怎样真正赢得公众? 这成为霍文留给大都会艺术博物馆的一大课题。

接替霍文的菲利普·蒙特柏罗馆长反思公司赞助行为是一套内部机制:"这是一种隐藏的、邪恶的审查形式。"①开始致力于营造博物馆良好的公共形象。霍文的继任者们继承了霍文改革的积极成果——"从以藏品为中心到以公众为中心"的基本观念,努力通过教育和服务体现博物馆的公共价值。1990年美国博物馆协会将"教育"与"为公众服务"共同看作博物馆的核心要素。大都会艺术博物馆不断拓展教育项目,博物馆教育部根据观众的差异进行项目设计,使其能够服务不同类型、不同需求的公众,包括幼儿、学生、成人、女性、残疾人、老人、低收入者、少数族裔、残疾人和劳教人员等,这种以观众需求为导向的趋势,引导着博物馆完成了从传统向现代的转型,并成为美国社会一股充满活力的教育力量。大都会艺术博物馆第九任馆长托马斯·坎贝尔上任之际,适逢2008年全球性经济衰退,他将博物馆营销战略重新界定为:"服务博物馆的品牌战略、发展趋势而在公众中推介博物馆的行为",②这一战略包括五个具体目标:"一是机构的权威化。就是告诉观众博物馆是权威机构,博

① (法)布尔迪厄、(美)哈克:《自由交流》,桂裕芳译,生活·读书·新知三联书店1996年版,第139页。

② 龚良、毛颖:《全球视野下中国博物馆的建设发展:借鉴大都会博物馆——龚良院长专访》,《东南文化》2014年第3期,第31页。

物馆的行为是正确的。二是新的学习体验。观众每次来参观都能获得新的发现,这种发现源于他自己的体验。三是可信度。就是让观众相信当年人们的生活就是这样的。四是精神是超越宗教以外的力量。观众在博物馆里能体会到传统文化的正能量。五是观众参观享受的是艺术。总之,博物馆营销就是让公众'更了解',大都会将此归结为'认同'"。①从这段表述中不难看到,大都会艺术博物馆的"营销",正在淡化商业和资本的色彩,努力营造一种建立在文化体验上的认同感。面对全球性的金融风暴,大都会博物馆认识到需要更多地依靠社会资源,需要建立和观众更良好的互动关系,不仅靠特展吸引观众,还要能留住观众,使其成为博物馆的常客。"与观众一起成长""让博物馆成为您一生的朋友",这些口号的提出,反映了大都会博物馆不仅鼓励公众参与,还意识到提高公众"重复参与"的几率,将成为博物馆的成功之道。大都会艺术博物馆新的营销策略当然有商业的考虑,但我们不能简单地将这种表述理解为更高明和隐蔽的商业骗局,虽然大都会艺术博物馆几乎保留了所有霍文留下的商业运营模式。我们不能否认,1870 年一群纽约精英创建这座博物馆时的理想,那个基于公共教育的理想,今天的确在大都会推出的一系列高质量的教育计划、导览服务、网络延伸服务中得到了传承和延续。文化和教育,是博物馆能够给公众提供的最丰厚和最好的回报。比起 19 世纪,今天的大都会艺术博物馆对公众而言,更具亲和力,也更友善,正是对公众的尊重,和不断提升的服务精神,使大都会艺术博物馆赢得了公众持续的支持。

2015 年 1 月,大都会艺术博物馆将其宗旨修订为:"大都会艺术博物馆收藏、研究、保存并展示跨时代与跨文化的伟大艺术作品,并向民众传播创造力、知识和理念。"与 1870 年的表述相比,这个宗旨更加清晰地凸显了一座传播文化的博物馆的定位。

通过对大都会艺术博物馆多元投入机制中各种要素的分析,我们发现,投入的要素固然重要,但各个要素在投入中所占的比重才是关键,投入比例最高的那个要素,是投入的主体,并最终决定着博物馆发展的方向。在 145 年间,

① 龚良、毛颖:《全球视野下中国博物馆的建设发展:借鉴大都会博物馆——龚良院长专访》,《东南文化》2014 年第 3 期,第 31 页。

投入主体从精英阶层转移到公众,使大都会艺术博物馆的定位也发生了相应的调整。这座博物馆的伟大之处在于,经过漫长的探索和努力,它实现了博物馆所蕴藏的文化价值,从精英阶层向公众的流动和传递,它不仅使纽约人民获益,也使全世界范围内更广泛的公众获益。

## 四、余　论

根据国家文物局发布的数据显示,截至 2014 年底,中国博物馆总数已经达到 4 510 座。中国是目前世界上拥有在建博物馆数量最多的国家,在未来 10 年内,预计将有 1 000 座新博物馆建成。毫无疑问,博物馆是为社会发展服务的文化机构,它的运作必须通过合法的、负责任的职业精神保护文化遗存和遗产。

按照国际博物馆协会(ICOM)的定义,"博物馆是一个不追求营利的,为社会和社会发展服务、向公众开放的永久性机构。它为研究、教育、欣赏之目的搜集、保存、研究、传播并展出有关人类及人类环境的见证物。"①随着社会变革速度的加快,权力、财富、知识快速转移,博物馆亟须适应这种变化,以更加开放的姿态,采取更加包容的措施,积极服务于社会。今天,随着中国博物馆的高速发展,单一依赖政府的投入模式已难以适应时代的步伐,鼓励各种社会力量参与,构建更加灵活和有弹性的多元投入机制已经势在必行。同时,中国博物馆的发展也不得不面对一系列随之而来的问题:我们需要什么样的博物馆?博物馆如何体现文化的多样性?如何尊重并保护公众的文化权利?通过对大都会艺术博物馆的考察,不难发现,在吸引公众,实现博物馆的良性循环方面,这种多元投入机制曾经有过成功的探索;但在保护公民文化权益方面,过度的公司化运作,却曾经把博物馆带进了误区。大都会艺术博物馆 145 年来走过的路,对于中国博物馆乃至公共文化多元投入机制的探索,有值得借鉴之处,也有应引起警醒之处。

---

① 《国际博物馆协会章程(2007 版)》,该章程于 2007 年 8 月 24 日在维也纳召开的国际博物馆协会第 21 届全体大会上通过。

# 后　记

《上海公共文化服务发展报告》又称上海公共文化蓝皮书，系上海社会科学院“公共文化服务与文化治理研究”智库创新团队年度性研究成果之一。该成果在研究编撰过程中，得到了上海市文化广播影视管理局有关领导及有关处室负责同志的关心和鼓励，得到了本智库创新团队责任单位——上海社会科学院文学研究所的大力支持，同时还得到了来自上海大学、同济大学、华东政法大学、天津外国语大学、上海市浦东新区文广局、上海市青浦区文广局、上海市非物质文化遗产保护中心、中华艺术宫及当代艺术博物馆等单位相关专家学者的鼎力参与，这里特表谢意！在本书出版过程中，上海社会科学院文学研究所沈洁副编审承担了编辑协调工作，上海社会科学院文学研究所袁雁悦博士承担了目录和摘要的英译工作，也向她们表示感谢！

《上海公共文化服务发展报告》研究项目，计划每年聚焦研究上海现代公共文化服务体系建设过程中人们最关注的理论和实践问题，并特别侧重研究分析最具代表性的年度专题主题，同时对于国内兄弟省市地区乃至国外一些地区的公共文化服务发展动向个案也给予适度关照介绍。力争作到有理论、有案例、有数据、有分析、有对策，以便为推进上海现代公共文化服务体系建设取得新进展，提供必要的思路启发和决策咨询参考。读者手里的这本 2016 上海公共文化蓝皮书，从策划、启动到研究、撰写、出版，前后不过短短的数月，其不足之处在所难免，还请读者批评指正！以便帮助我们将该蓝皮书项目越做越好。

《上海公共文化服务发展报告》编委会

**图书在版编目(CIP)数据**

上海公共文化服务发展报告.2016/徐清泉主编.
—上海:上海社会科学院出版社,2016
ISBN 978-7-5520-1437-2

Ⅰ.①上…　Ⅱ.①徐…　Ⅲ.①公共管理-文化工作-研究报告-上海市-2016　Ⅳ.①G127.51

中国版本图书馆 CIP 数据核字(2016)第 146848 号

**上海公共文化服务发展报告(2016)**

主　　编:徐清泉
责任编辑:王晨曦
封面设计:周清华
出版发行:上海社会科学院出版社
上海顺昌路 622 号　邮编 200025
电话总机 021-63315900　销售热线 021-53063735
http://www.sassp.org.cn　E-mail:sassp@sass.org.cn
照　　排:南京理工出版信息技术有限公司
印　　刷:江苏凤凰数码印务有限公司
开　　本:710×1010 毫米　1/16 开
印　　张:21.5
字　　数:310 千字
版　　次:2016 年 6 月第 1 版　2016 年 6 月第 1 次印刷

ISBN 978-7-5520-1437-2/G·565　定价:108.00 元